JN204675

「究」叢書・知を究める 12

新築がお好きですか？

日本における住宅と政治

砂原庸介［著］

ミネルヴァ書房

新築がお好きですか？——日本における住宅と政治

目次

目　次

Neophilia? Housing and Politics in Japan

序章　本書の課題

1　都市政治の争点としての住宅

住宅へのニーズ

人々が集まって住む都市で、人々が必要とするものは多様である。子どもを持つ親は、保育や教育の充実を望むだろうし、歳を取れば医療や介護がきちんと提供されることを重視するようになる。また、普段のくらしを営むためには、生活のための上下水道や道路が整備され、毎日のごみ収集が行われるようなことが望まれる。これらのニーズは、国や地方自治体によって全て満たされるものではない。それどころか、ほとんどは民間事業者が主な提供者となって満たされるものだろう。特にサービスが民間事業者によって提供されていれば、人々はサービスの対価を払ってそれを個人として利用しているように見える。しかし同時に、これらのサービスは、多くの人々が共同で相互に影響を与えながら利用する集合的な性格を持っている。

都市で提供されるそのようなサービスのうち、本書で注目するのは「住宅」である。住宅は、私たちが雨風をしのぎ快適な生活を送るために必要不可欠のものであるとともに、多くの人が人生で最も出費する対象である。立派な一戸建ての家を建てるとすれば、土地代と建設費で相当の出費となるのは言うまでもない。それほど広いとは言えない集合住宅の一室でも、購入するとなれば個人の人生にとって最も高い「買い物」となることは少なくない。住宅を買わなければよいというわけでもなくて、賃貸住宅に住むとしてもそれなりの費用がかかる。しばしば賃貸住宅の家賃は「給料の三分の一まで」と言われたりするが、逆に言えば自分の稼ぎのそれほど大きな割合を住宅に対する費用として支払うことが半ば当然になっている。

直近のデータを見ると、たとえば東京二三区における二〇一七年末の七〇㎡あたりの中古マンション価格は五〇〇〇万円を超えている(1)。特に人気の高い都心六区だけで見ると、その価格はゆうに七〇〇〇万円を超えてくる。七〇㎡といえば、たとえば家族四人で暮らすとすれば決して十分とは言えない広さだが、それを中古で買おうとしても、平均的なサラリーマンの年収の一〇倍をはるかに超えた費用が必要になる。利便性が高く、人気の地域では、それに応じた価格が付けられることになるのだ。利便性が高い地域は価格も高い、つまり住宅価格も市場原理に従っている。そう考えると、どのような住宅を選ぶか、購入するか借りるか、といった決定は、あくまでも個人的な意思決定のようにも思える。他の財やサービスと同じように、基本的には、市場を通じて住むところを買い求めるということである。

しかし、私たちが自分たちの住まいを買ったり借りたりすることを、純粋に市場的・個人的な決定として行うことができるかといえば、そうではない。なぜかといえば次の二つが主要な理由として考えられる。まず住宅やそれを建設した土地は、限りある都市空間の中で所有者以外にも利用され、評価される可能性があることが挙げられる。持家として購入した住宅でも、賃貸住宅として貸したり中古住宅として売却したりすることができる。たとえある時点でそのようなことがないとしても、その住宅の価値は、他の人々が中古住宅や賃貸住宅として利用できるか、あるいはその住宅を取り壊して土地を新たなかたちで利用できるかによって評価されるだろう。次にその価値は、周辺の環境によっても大きく左右されることがある。人が集まる都心部であれば、様々なサービスをすぐに利用できるような利点がある一方で、近くに工場や商業地があると大気汚染や騒音などの問題があるだろうし、住宅が密集していれば混雑が生活に大きな影響を与えることもある。限られた都市空間の中で、人々が他者とかかわりなく土地やそのうえに建設される住宅を利用することはできないのである。

政治の役割・市場の役割　住宅は集合的な性格を持っているがゆえに、集合的な意思決定である政治が深くかかわることになる。人々を代表する政治家や利害関係者などが参加する一定の手続きを経て住宅に関する決定が行われ、人々は基本的にその決定に従うことを求められるのである。それでは政治はどのようなかたちで住宅にかかわることになるだろうか。たとえば住宅を購入する多くの人々にかかわりがあるとすれば、政府系金融機関による低利融資や住宅ローン減税といった伝統的な支援から、「住宅エコポイント」のように省エネという特定の性能を有する住宅の購入に補助を出すものまで、住宅の消費者である人々の需要を喚起し、住宅をより買いやすいように支援するものがある。住宅という高い「買い物」が多くなされれば、それだけ経済に与える影響は大きくなるために、政府はこのような支援を行うことがある。

また、政治が直接かかわる住宅政策は、公営住宅の整備が代表だろう。買うにせよ借りるにせよ、市場で住宅を調達することが難しい低所得の人々に対して、地方自治体が安い価格で住宅を貸し出すものである。このような政策は、市場での取引とは全く性格が異なっているように見える。住宅を取得できない人々に対する再分配、社会福祉という性格を持つために、自ら住宅を買ったり借りたりしている人々には、自分たちとは縁遠い、特別な人たちに対して政治が働いている、逆に言えば自分たちにはたいしたサービスをしてくれない、といった不公平感があるかもしれない。

よりラディカルに政治的な意思決定が可視化されることもある。たとえば、道路開発やダム建設など生活の利便性を高めるための大規模公共事業、あるいは民間事業者による巨大なマンション建設の影響などである。道路やダムの計画が持ち上がると、以前からの居住者たちは立ち退きを求められる。また、公共事業ではなくても、巨大なマンションが建設されると、日照権や景観を理由として反対運動が行われたり、新住民と旧住民の紛争が生じたりすることもある。このように紛争が明示的に発生するような限界事例では、住民による抵抗が注目を集めることはある。

これらは、いずれも明らかに集合的な決定を行う政治が住宅にかかわる事例である。しかし、住宅を購入しない人や公営住宅を利用しない人、あるいは立ち退きを求められない人から見れば、自分にとって直接関係しない問題として扱われがちだろう。長く民間の賃貸住宅を借りた後に、民間の金融機関で住宅ローンを組み、特に政府からの補助金を受けずに中古住宅を購入したような人にとっては、自分が政治とは関係なく住まいを得たと思っていても不思議ではない。自分自身のニーズに応じて住宅を選択し、自分自身の資金を用いてそのための費用を支払っており、重要なのは市場であって政治ではないというのである。

確かに、個別の住宅をめぐる意思決定において重要なのは市場である。しかし、本書で見ていくように、集合的な性格を持つ住宅の利用において、市場は必ずしも他の一般的な財・サービスの場合と同様の機能を果たすわけではない。経済学で「市場の失敗」と概念化されるような現象が起こりやすいのである（金本・藤原 二〇一五）。そのような「市場の失敗」に対して、政府は対応を行うこともあればそうでないこともある。また対応したもののうまくいかないという場合も少なくない（「政府の失敗」）。いずれにしても政府が「市場の失敗」にどのような対応を行っているかということは、人々の住宅をめぐる選択にも影響を与えていくことになる。

本書で論じていくことは、私たちの住宅をめぐる選択が、「市場の失敗」への対応をはじめとした政治的な決定を通じて歴史的に構築されてきた「制度」を前提として行われているということである。住宅に対するニーズは、国や地方自治体によって全て満たされるものではない。それどころか、ほとんどは民間事業者が主な提供者となって満たされるものだろう。公営住宅のように国や地方自治体がサービスをどのように提供するかを決めるというところだけが政治ではないのである。人々が都市においてどのようなサービスを求めているかというニーズに対応して、民間事業者によるサービス供給を含めて問題解決の枠組みを作っていくことが、都市における重要な政治の決定であり、私たちは、そのような営みに否応なしに巻き込まれているのである。

2　都市と政治権力

都市空間の広がり

人々の住宅をめぐる選択は、都市空間がどのように広がるかによって大きな影響を受ける。都市空間の広がりが、住宅に不可欠な土地の供給にかかわるからである。都市の中には、境界が不明確なままにその外延を広げていく都市もあれば、そうではなく境界によって囲われた都市もある。都市空間に広がる余地がなければ、住宅を増やすのは困難となり、価格が上がるだろう。そして、そのような都市空間の広がりはそれを決定する政治と密接にかかわっている。

都市空間の広がりを制約する代表的なものは、都市の境界を定める城壁のようなものだろう。日本の場合も近世において、京都をはじめとした一部の都市には惣構（そうがまえ）と呼ばれる防御施設があったと言われる（中村 二〇〇五）。しかしながら、それは例外的で、日本の都市には都市を取り囲む城壁のようなものはほとんど見られない。それに対してヨーロッパの都市は、その多くが高い城壁に囲まれて、明確な境界を持っていたとされる。「都市の空気は自由にする」という言葉があるが、これは封建領主の支配下にあった農民が領主の支配から逃れ、城壁に囲まれた都市の中で一定期間を過ごせば領主から解放されたことを言う。つまり、政治権力によって城壁などの明確な境界で都市という空間が限定され、その中での「自由」が認められたのだ。

現代では、ものものしい城壁こそなくなっているが、ヨーロッパの多くの都市では厳しい規制が行われ、都市が無秩序に広がっていくことは少ない。そのように都市に境界があることは、人々が居住することができる空間を限定することにつながる。「都市の空気は自由にする」といっても、多くの人が自由を求めて都市に流れ込んでいくと、都市の内部では人が増えすぎて過密が問題になり、人口の増加が制約される。他方、日本の都市のように水平方向への制約が弱いと、発展する都市では住宅が連坦して拡大していくことができる。新しく都市に流入してくる人々は、相対的に住宅サービスが安く提供される周辺部に住み、都心部と周辺部を結ぶ公共交通機関の発展とともに、都市の面積も広がっていくのである。単に面積が拡大するだけではなく、境界が明確ではない都市の方が、多くの人々の流入を可能にすることで経済的にも重要な地位を占めるようになっているという指摘もある（増田 二〇一四）。

都市の中心で、人々や様々なサービスが集積している地域は利便性が高く、住宅の需要に比べて供給が少ないので価格が高くなる。これはすでに確認したように、東京の都心で住宅価格が非常に高いのを想起すればよい。都市に集まってくる人々――特に都市に経済的なチャンスを求める人々――は、必ずしも十分な資源を持っているわけではないので、都心の高い住宅費を支払うことはできず、まずは価格が比較的安い周辺部に住むことが選択肢となりやすい。そういう人々に対して、都市の側ではたとえば周辺部の農地を宅地に転用して、安い住宅サービスを供給することもできる。しかし、農地の転用規制が厳しいことなどによって都市の境界が明確な場合、このようにはいかない。安い住宅を広く供給しようとすれば、決められた境界の中で再開発を行い、たとえば平屋の一戸建ての住宅があった土地に、より床面積の大きい高層の集合住宅を建てるなどして都市空間を垂直方向に拡大させて住宅を増やしていく必要がある。ただし、こうした再開発には反対がつきもので、そのためになかなか都市人口が増えにくいということになる。

都市空間の制約がもたらすもの

人口増を好ましいものと考えれば、都市空間を制約する必要などない方が良さそうに思えるが、持続可能性という観点からは利点もある。ポイントは土地の高度利用である。都市の境界が明確だと、人を呼び込み集積を作っていくためには、高層化を進めるなどして希少な土地をより効率的に利用していかなくてはならない。再開発への反対を押さえる政治権力が必要だが、それに成功すれば、小さくとも効率的で、持続可能な都市を形成することができる。逆に、都市の境界が不明確で、都市が拡大していくことが可能であれば、土地の高度利用への要請は弱くなる。そのような努力をしなくても住むところを確保できるからである。そして、それは常に新しく安価な住宅サービスが供給される「郊外」という都心に対する競争相手が現れることを意味する。

都市が徐々に拡大し、高度利用がされないままに都心の集積の魅力が減ると、人々が都心から郊外へと移っていくことも考えられる。郊外へと人々が住み始める中で、都心を常に魅力的なものへと改善し続けるのは、都市の境界が明確である場合よりもおそらく難しい。都心の再開発に取り組まなくても、郊外の住宅開発という相対的に容易な選択肢が存在するからである。郊外に多くの人が住むようになり、公共交通機関ではなく自動車での移動が容易になれば、郊外に人々を集める魅力的な施設もできるだろう。そうすれば、郊外に住む人々にとって都心の魅力が相対的に下がっていくことも考えられる。

利便性の高い場所に位置する古くなった住宅を取り壊して新しく高層の集合住宅を作れば、多くの人がより安価で利便性の高い住宅を取得することができる。そんな持続的で効率的な土地利用は望ましいだろうが、言うまでもなく非常に難しい。現実に人が住んでいるからである。たとえば日本でも、一九八〇年代末のいわゆるバブル経済の頃には、将来的な土地の値上がりを狙って強引な「地上げ」が社会問題になった。単純に、人々がその土地に住む権利を侵害されるというだけではなく、将来的に利益が見込まれるような土地の場合は、居住者側もなるべく高く売りたいので、利益分配をめぐって買い手との折り合いがつきにくくなる。

すでに人々が住んでいる状態で、その移動を促し、土地の価格を調整するような政治権力は非常に強烈である。そういった権力を忌避する意見は少なくないし、またその権力を行使する側としても、困難を含む選択である。なぜなら、権力を行使してうまくいけばよいが、失敗すれば激しい批判を受けるからである。移動を余儀なくされた人々、あるいは郊外で住宅を安価に購入できなくなる人々に対して住まいを提供することも求められる。それに対して、たとえば公営住宅というかたちで税金を投入して安価な住宅サービスを提供しようとすることもできるが、今度は公営住宅を利用しない納税者、特に自ら住宅を購入した人々から批判を受けるだろう。様々な批判や抵抗を引き受けながら意思決定を行うプロセスは、政治権力にとっても自らの正統性を揺るがしかねない。

政治権力が、都市空間を強く管理することができれば、土地利用の高度化を図ったり、住宅を提供して人々の移動を促したりすることによって、都市への求心力を持続させることができるかもしれない。しかし、そのための説得や補償には大きな費用がかかると考えられる。他方で、都市空間の管理を積極的に行わず、放任するのであれば、人々の住宅をめぐる選択が市場に委ねられる部分はより大きくなると考えられる。しかし政治権力が抑制的であれば、都市の過密に対して有効な手段を講じることは難しくなるだろうし、拡大しすぎた都市は持続可能とは言えなくなるかもしれない。いずれにしても、政治権力がどのように都市空間を管理するかということが、私たちの住宅をめぐる選択と深くかかわってくるのである。

3　都市政治へのアプローチ

住宅サービスの利用という視点

本書のアプローチは、住宅と都市にまつわる多様な関心を架橋しながら、住宅をめぐる私たちの意思決定がどのように行われ、さらにその決定が私たちにどのような影響を与えることになるかを探る、というものである。住宅という財をめぐる経済的なやり取りと、一部の苦しい状況にある人々への社会福祉、そして住宅をめぐる紛争のあり方は、相互に無関係なのではなく、それぞれに影響を及ぼしあっていると考えられる。さらに、個人の住宅をめぐる選択と、都市計画などを含めた政治権力による都市空間の管理をあわせて考えていくことで、日本において住宅をとりまく都市政治の特徴や問題点を明らかにすることができるのではないか。

そのために、まず住宅の選択をめぐって本書で重視していく二つの点を挙げておきたい。ひとつは、自分の所有物であれ借りているものであれ、私たちは対価を払って「住宅サービス」を買っている、という見方である。つまり、自分の持家であっても、住宅や土地にはそれぞれに価値があり、他の人が住むならいくら家賃が支払われるか、ということを考えるのである。これは「帰属家賃」として国民経済計算でも推定されており、その総額は国民総生産の一割を占める。

問題は、建て替えなどで住宅の利用方法を変えることで、より価値のあるサービスを提供できることである。劣悪な住宅、他の人に貸しても安い家賃しか入らない住宅を、いくつかまとめて建て替えることで、今度は非常に高い家賃収入が得られるようになれば、その利用方法の変更で大きな「開発利益」が生じる。持家でも住宅サービスを生み出していると理解すれば、その利用方法を変えることで、生み出す利益が変わりうることがわかるのである。そして、この開発利益を、もともとの住宅・土地の所有者や利用者と建て替えた開発者でどのように配分するのか、その配分——開発の中止による現状維持がもたらす損失や住まいを失う人への補償を含めた配分——のあり方をめぐって政治的な意思決定が行われる。

もうひとつのポイントは、人やモノ、資金が集まるとそれによって大きなメリットが生まれるという点である。人が集まることで、サービスを提供する企業にとっては規模の経済が働いて、利益を上げやすくなることがある。また、似たようなサービスを行う業者が集積してお互いに補完しあうことで利益を生み出しやすくなったり、多様な人々の存在がイノベーションを起こしたりすることもある。その結果、多くの人が集住する地域では住宅や土地の価値が上がることになる。すでに述べたように、東京都心の住宅価格が他と比べて抜群に高いことはそれを如実に示すものである。

そこで問題になるのは、都市の過密である。人が集まりすぎると、住宅や土地の値段が高くなりすぎるだけでなく、混雑により待ち時間が増えて経済活動が阻害されたり、人々や企業が出す廃棄物で環境問題が生じたりする。そこで、土地利用規制や既存住宅地の再開発などの都市計画によって、都市空間を管理しようという発想が生まれる。これから都市に住みたい人々は、都市の過密が抑制されることを期待するだろうが、すでに都市に住む人々は、そのための費用を自分たちだけが負担することを嫌がるだろう。過密に対応していく費用をだれが負担するかをめぐって、紛争が起きることもある。

これらの点に注目することは、基本的に人々が住宅をめぐって合理的に選択することを仮定していると言える。つまり、望ましい環境を生み出す都市の集積を観察したうえで、人々がそれに応じた対価を払いながら、自らの住宅をめぐる選択を行うと考えているということである。このような仮定に基づく分析は、人々の選択に焦点を当てる経済学で積み重ねられてきており、本書もその成果に大きく依拠している。(2) とはいえ、そのような住宅サービス――持家であっても賃貸でも――をめぐる合理的な選択は、何の制約もなく行われるわけではない。人々の選択と政治権力による都市空間管理の相互作用が作り出してきた「制度」を前提に新たな選択が行われ、その選択が「制度」をさらに強化することがあると考えられるのである。

ここでいう「制度」とは、広く言えば個人の自由な選択の範囲と、逸脱した選択を行った場合の制裁などを定めたものである。「制度」が存在することで、個人がどのような行動を取ればよいのかについての指針が生まれる。そのうち、最も厳格に自由の範囲と逸脱への対応を定めたものが公式の法律である。その他にも、厳格さは緩くなるが、集団で共有されている明文化されていない規範、受け継がれてきた習慣、先例の蓄積、といったものも含めて「制度」として考えることができる。(3)

「制度」としての持家社会

日本において、住宅をめぐる選択の前提となる「制度」は、たとえば住宅取引の慣行や住宅供給のあり方、政府による住宅取得への公的な支援や都市空間管理の方法、さらには災害時の復興支援なども含めた、様々な公式の法律や非公式の規範や慣習によって形成されている。公式の法律については、政府が都市計画や住宅市場を規律する法律について体系的に論じる研究が蓄積されている（安本 二〇一三；板垣 二〇一七など）、建築的・工学的視点から非公式の規範や慣習も含めて都市計画や住宅の歴史を描く研究も多い（石田 二〇〇四；本間 二〇〇四；住田 二〇一五など）。これらの研究は、個別の法制度などがどのような機能を持つかについて極めて重要な知見をもたらすものであるが、総体としての「制度」がどのように形成され、個人の選択を制約するかについて論じるわけではない。

そのような研究に対して、本書の核となる主張は、「制度」を形成する個々の法律や規範・慣習などが相互に補完的な性格を持ちつつ、主に新築住宅を持家として取得するという人々の住宅をめぐる選択を支えている、というものである。もちろん、賃貸住宅に住み続けるという選択が不可能というわけではないが、そのような選択は逸脱として不利――実質的な制裁――を受けることになる。多くの人々が、好みというだけでなく不利を回避して新築を中心とした持家取得という選択を行うことで、その選択が正しいものであると確認され、それを支える「制度」の正統性も強化されることになる。そのような過程を経て形成されてきた日本の持家社会は、人々の住宅をめぐる選択を制約する「制度」そのものであると言える。

このような「制度」がいかに形成されるか、またいかにして変化するか。この問いに対するひとつの有力な回答は、歴史に注目する議論である。ピアソンが整理するように、偶発的に発生する「重大局面」における選択が、制度に対する「正のフィードバック」を発生させることで、その後の制度が経路依存的に決定されていくというものである（Pierson 2000, 2004 = 2010）。一度「制度」が形成されると、特定の選択肢が生み出す便益が時間の経過とともに大きくなり、「制度」の安定的な持続に寄与する。他方、その選択から逸脱して不利を受けることは通常望まれないために「制度」を変える力は働きにくい。本書が焦点を当てる住宅は、利用する年限が長い、人生における最も高い「買い物」であるがゆえに、その選択の機会は限られ、一度行われた選択をやり直すことは難しい。そのために、住宅についての「制度」は他のものと比べても安定的で変わりにくいものとなるだろう。[4]

以下本書では、まず第1章で、賃貸住宅を選ぶか持家住宅を選ぶかという人々の住宅をめぐる選択を軸に、日本においてなぜ持家——とりわけ新築住宅——が選択されるかを検討する。続く第2章では、政府による住宅への公的介入の歴史を追い、政府が行う介入がどのように人々の持家取得を促すことになってきたかを議論する。第3章と第4章では、日本における都市空間管理を検討し、都市が水平方向・垂直方向にどのように広がってきたか、そしてそれがどのような意味で持家社会の展開と適合的であったかを論じることになる。

ここまでの説明だけでは、なぜ「制度」が形成されたのか、持続しているのかを説明できたとしても、その「制度」がこれからも変化しないのかを論じることはできない。そこで第5章では、拡大した都市において住宅が「負の資産」となる可能性について検討し、日本の持家社会という「制度」が「負の資産」への対応を難しくすることを議論する。終章では、それまでの議論を踏まえて、「制度」が変化する可能性を論じる。人口減少が進む日本の都市でしばしば観察される都心＝中心市街地の空洞化や空き家の増加といった困難の背景には、本書で明らかにする「制度」としての持家社会があると考えられる。その形成と揺らぎのメカニズムを理解することができれば、たとえそれが容易ではないとしても、人口減少社会における都市でとりうる方策を考える一助となるのではないだろうか。

注

（1）東京カンテイのプレスリリースによる（https://www.kantei.ne.jp/report/c201710.pdf）。

（2）言うまでもなく、土地・住宅に焦点を当てた経済学の研究成果は膨大に存在する。本書の執筆にあたっては、その標準的な理解を示すものとして、山崎（二〇〇一、二〇一四）、瀬古（二〇一四）、金本・藤原（二〇一五）などをしばしば参照した。

（3）このような「制度」の見方についてまとまった研究として河野（二〇〇二）がある。本書では、とりわけ青木昌彦が展開してきた「共有された予想」としての制度観や制度的補完性の概念に強く影響を受けている（Aoki 2001＝2003：青木 二〇〇八）。

（4）第2章で詳述するように、先進国ではそれぞれの国で住宅について安定的な「制度」を形成していると言える（Kemeny 1992＝2014, 1995など）。その中で、日本と同様に持家社会であるイギリスについて、やはり「制度」に注目してその形成を論じたものにLowe（2011＝2017）がある。

第1章　住宅をめぐる選択

1　持家住宅か賃貸住宅か

私たちの住宅についての選択を考えるとき、しばしば話題になるのは、住宅を買うのが良いのか、あるいは借りるのが良いのか、というテーマだろう。インターネットでの様々な話題をまとめた「まとめサイト」を少し閲覧するだけでも、このテーマがしばしば侃々諤々の議論となっているのがよくわかる。また、二〇代後半くらいに同世代の人が早くも住宅購入を始める頃、お互いの様子を探りながら半分冗談・半分本気で議論した経験がある人も多いかもしれない。

住宅の取引費用

直感的には、金利が下がることで住宅ローンのために支払う費用が減るとか、将来土地が値上がりして売ったときの利益が生まれると期待することで、人々は住宅を取得しやすくなるように思われる。しかし、標準的な経済学の議論では、このような要因は持家と賃貸のどちらかを有利にするものではない（山崎 二〇〇一）。

この議論のポイントは、金利の低下や将来の土地の値上がりが、住宅を借りたり買ったりしようとする特定の個人に影響をもたらすのではなく、社会全体に影響するという点である。金利が下がると資金調達が容易になるのは誰もが同じであり、高いときと比べてより多くの人々が住宅を建設しようとするだろう。その結果、市場により多くの住宅が供給され、家賃が低下することになる。そうすると、住宅を借りる人にとってもメリットが生まれているのである。つまり、金利の低下は持家取得と同様に、賃貸を選択する人々にとっても得になり、どちらが有利とは言えなくなるのである。これは土地の値上がり期待についても同じようなことが言える。

とはいえ、このような標準的な経済学の議論は、日常生活の感覚に反しているようにも思われる。ではなぜそのような乖離が生じるのか。その理由は「取引費用」という概念にあると考えられる（山崎 二〇〇一）。取引費用とは、経済的な取引が行われるための情報収集や、取引の履行、権利の保護などにかかる費用のことである。住宅については、たとえば購入の際に物件が大きな不具合を抱えていないかを調べる費用が考えられるし、住宅を売ったり貸したりする側からは、買い手が約束した金額を払わなくなるリスクなども費用となりうる。

住宅はそれ自体費用のかかる財・サービスであり、だからこそ現実にはこのような取引費用を無視できない。多くの人にとって、住宅は人生で最も高価な買い物であり、望ましい住宅を買うために時間をかけて検討し、新居に移るとなると家具の入れ替えなどにも資金をかけるだろう。それに対して、取引費用がないということは、人々が金利や土地価格の変動に応じてスムーズに住宅の売買・貸借を行って移動することを想定しているのである。実際に住宅を移ったり所有関係を変更したりすることには取引費用がかかるため、以下で述べるように住宅の購入と賃貸に全く違いがないというように想定は現実とは異なる。これはあくまで考察の出発点としての意味を持つことになると言えるだろう。

取引費用という概念を導入して住宅の取引を考えると、住宅に関する情報を取得するのにかかる費用を無視できないことがわかる。たとえば住宅の買い手・借り手側から見ると、住宅の性能・品質にかかわる問題は、素人にはわかりにくいし、「耐震偽装」のような事件もある。また、近隣トラブルの有無なども、事前にはわからないことが少なくない。このような情報について、正確に確認するためには費用がかかる。必要な情報を知らなかったために、結果として支払う費用に見合った住宅サービスを得られないことがある。費用に見合った住宅サービスではなかったからと言って住まいを変えるとなると、また大きな費用がかかる。

このような取引費用は、住宅を借りる場合よりも買う場合の方が大きくなるだろう。賃貸住宅の場合は、比較的容易に移動することができるが、住宅を購入するとなると、売買そのものや登記にかかる手数料などの経費は高くつく。もちろん住宅ローンを組むとなると様々な審査も必要になる。

また、売りに出された住宅を買わず、自分で建てた住宅であれば取引費用がかからないというわけではない。設計や建築を行う事業者とのやりとりにも少なからぬ費用が確実にかかるのである。

それに対して住宅の売り手・貸し手側から見ると、どのような取引費用が考えられるだろうか。共通して考えられるのは、商品である住宅がきちんと売れるか・貸せるかという点である。せっかく住宅を用意しても、それを使おうという人がいなければ対価は得られない。広告を打ったり、取引相手が現れるまで値段を下げたりすることで取引費用はかかることになる。さらに、取引相手が現れたとしても、きちんと費用を払ってくれる取引相手かどうかを見極めなくてはならない。売る場合であれば、何とか売れてしまえばそれで終わりで、あとは住宅ローンを設定した銀行の責任とも考えられるが、貸す場合には継続的に家賃を支払ってくれるかどうかが問題となる。借家人の権利が強く保障されていて、家賃を滞納する借り手に出て行ってもらうことが難しいとなると、家賃を回収できない可能性が出てくるために取引費用は高くなる。

家賃の問題に限らず、貸す場合は借り手との取引関係を継続的に考えなくてはいけない。そのため、取引費用はより高くなると考えられる。たとえば、貸したのはいいが、「商品」である住宅を、荒っぽく使って傷めてしまうような人に貸してしまうと、補修の費用が大きくなってしまう。また、乱暴すぎて借りた住宅にとどまらず近隣トラブルまで起こすようだと、別の借り手に迷惑をかけて、他の「商品」の価値を落としてしまうかもしれない。さらに、長く使われて劣化した住宅を、より高い家賃を取れる住宅に建て替えようとしても、借り手が居座って動かないということが認められていると、新しい投資をすることも難しくなる。

取引費用を高める要因

住宅の売買では、大きい住宅でも小さい住宅でも同じように大きな取引費用がかかる。大きい住宅では売買の手数料などがより高いことはあるが、住宅を買う際にかかる情報の収集などの取引費用は大きい住宅でも小さい住宅でもそれほど変わることはない。売る側についても宣伝にかかる費用や在庫にかかる費用は住宅の大きさによってそれほど異なるわけではない。大きかろうが小さかろうが、住宅がすぐに売れると見込まれれば取引費用は小さくなるし、そうでなければ大きくなる。そのため、他の条件が同じでひとつの住宅を売買するならば、売る側にとっても買う側にとっても、少しでも大きい住宅が好まれることは、不思議ではないだろう。

それに対して、貸し手と借り手が長期的な関係を築く住宅の賃貸では、やや状況が複雑になる。すでに述べたように、借り手の取引費用はそれほど大きくないと考えられるが、貸し手は様々な取引費用が考えられる。しかし、もちろん貸し手はその取引費用を全て自分で負担するわけではなく、借り手が払う家賃にも転嫁することになる。借り手にとって、住宅サービスの利用料である家賃を支払うことが、同じ住宅を購入するよりも割高に感じられることが多い原因は、このような取引費用の存在にあると考えられる。

さらに、賃貸住宅を考えるうえで重要な点は、取引費用が住宅規模の拡大によって大きくなると考えられることである。同じ土地に住宅を作るとすれば、当然小さい住宅よりも大きな住宅の方が高くつく。そのため大きい住宅の方が、空室になったときや借り手がきちんと家賃を払ってくれないときの損失は大きいし、傷みが酷くなったときの修理にかかる貸し手の負担も大きくなってしまう。また、同じ土地に複数の部屋を持つ同じ大きさのアパートを建設することを考えてみると、部屋の規模を大きくすれば一部屋あたりにかかる建設費用が高くなるだけでなく、戸数が少なくなるために一部屋の空室や損傷が貸し手に与える負担が大きくなることが予想される。

日本では、第二次世界大戦中から強められた借り手の保護が、特に規模が大きく質の高い賃貸住宅における取引費用を高めて、優良な物件の供給を妨げてきたという指摘があった（特に福井 二〇〇一；山崎 二〇〇二）。この法律によって、住宅の貸し手が、契約満了を理由に借り手を退去させることや、一度契約した借り手に対して家賃の値上げを行うことが難しくなった。そのため、より大きい良質の住宅を貸して、借り手が「居座って」しまったときに、貸し手が市場の動向に応じて家賃を上げたり設備投資をしたりすることが難しくなったということである。しかも、市場での新規家賃が上がっている中で、長く同じ家賃で住宅を借りることができれば、借り手はその差額を「暗黙の補助金」として受けとることになるので、別の住宅へと移る動機をさらに失ってしまうのである（瀬古 二〇一四）。

貸し手としては、より大きくて質の高い住宅を貸すのは、貸し手の希望に従って住宅を丁寧に利用し、必要があれば家賃の値上げに応じたり出て行ってくれたりする借り手であることが望ましい。しかし現実にそのような借り手を見つけることは難しいとなると、なるべく規模が小さくあまり資金をかける必要がない住宅の方が好ましいということになる。とりわけ日本の賃貸住宅では、一度契約した借り手に対して家賃の値上げを行ったり退去を求めたりすることが難しいために、規模が小さいものに偏ることになった。一定以上の大きさで質が高い住宅は、賃貸住宅として供給されにくくなり、そのような住宅に住むためには住宅の購入が求められるようになったのである。

このような傾向は、国際比較をすると非常に明らかになる。表1-1は、リクルート住まいづくり研究所が行った賃貸住宅生活実態調査によって示された、東京・ニューヨーク・ロンドン・パリという四つの世界都市における賃貸住宅の規模の比較である。表からわかるように、東京は他の都市と比べて小さい賃貸住宅が圧倒的に多くなっており、反対に規模の大きい賃貸住宅は非常に少ない。仮に家族が四人で住むには七〇㎡程度は欲しいところだとしても、この調査では、その規模を超える住宅は、全体の一割程度となっている。

それは土地が足りない東京に特殊な話ではないか、地方ではもう少し広いのではないか、と思われるかもしれない。二〇一三年度に行われた総務省統計局の住宅・土地統計調査によれば、民間の集合住宅（共同住宅）に限っても、持家を見ると七〇㎡を超える住宅の占める割合は、特別区よりも全国で高く、特別区の持家が狭くなっているのがわかる。[(1)] それに対して、賃貸住宅を見ると七〇㎡

表1－1　賃貸住宅の規模の比較

		調査数	20㎡未満	20㎡～30㎡未満	30㎡～40㎡未満	40㎡～50㎡未満	50㎡～60㎡未満	60㎡～70㎡未満	70㎡～80㎡未満	80㎡～100㎡未満	100㎡～120㎡未満	120㎡以上	無回答	平均（㎡）
都市別	東　京	2000	12.8	17.9	15.8	17.9	14.4	9.3	5.7	3.2	1.3	1.2	0.5	42.3
	ニューヨーク	750	9.0	3.1	6.6	11.6	9.7	7.8	12.0	17.6	7.0	12.1	3.6	75.1
	ロンドン	500	10.9	8.1	6.0	6.4	10.0	7.2	7.2	10.5	12.8	19.0	1.9	84.4
	パ　リ	500	1.3	9.3	8.1	11.4	12.3	14.8	8.4	14.3	8.2	11.5	0.3	71.4

（出典）リクルート住まいづくり研究所「愛ある賃貸住宅を求めて NYC, London, Paris & TOKYO 賃貸住宅生活実態調査」（http://www.jresearch.net/house/jresearch/chintai/）。

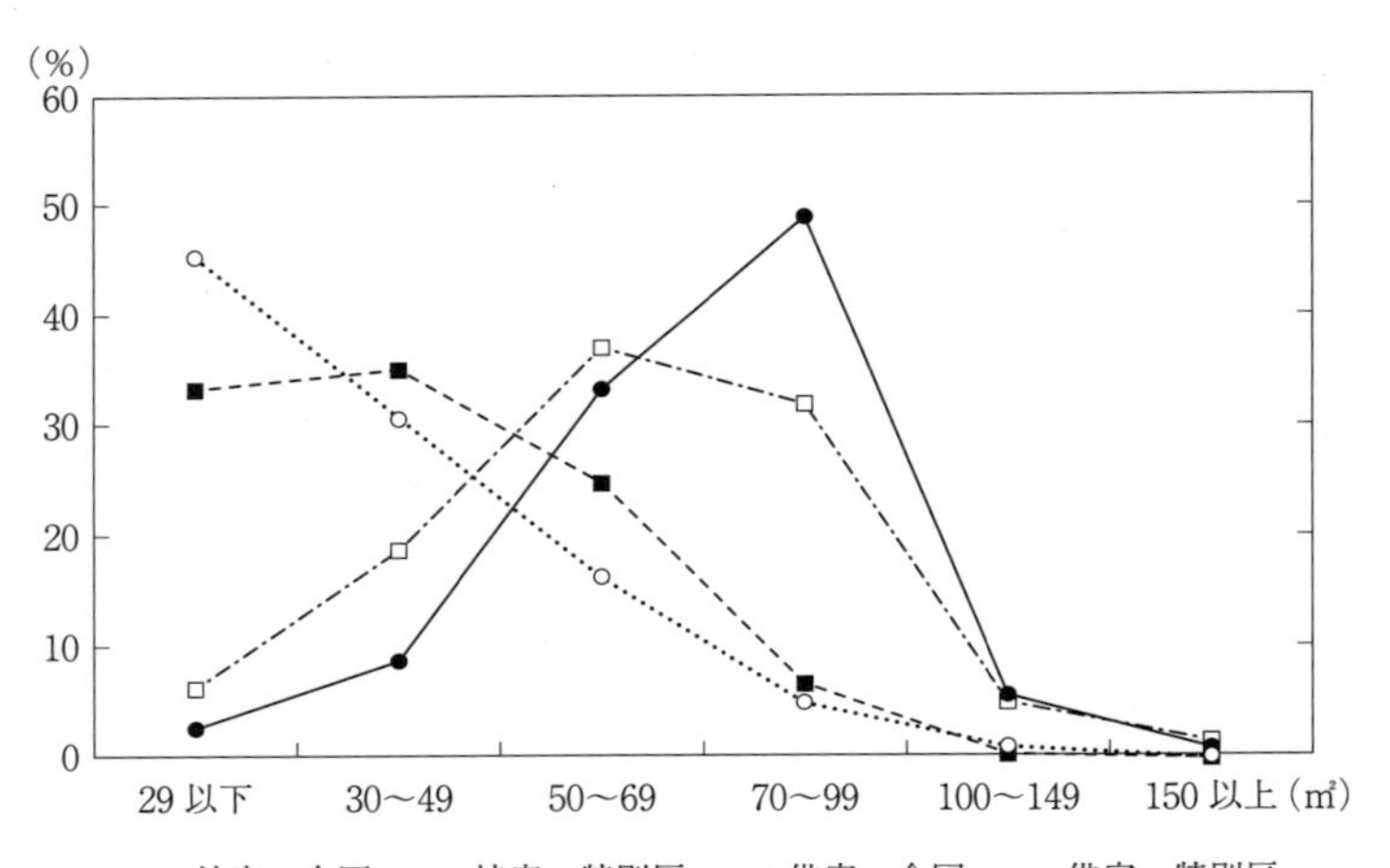

図1－1　共同住宅の延べ面積の割合（全国・特別区）

（出典）総務省統計局「住宅・土地統計調査」2013 年版から筆者作成。

を超える住宅の割合は全国でも特別区でも八％程度に過ぎない（図1－1）。

さらにこの図を丁寧に見ると、特別区では、三〇㎡より小さい極端に小さな賃貸住宅が多い一方で、一〇〇㎡を超える大きな賃貸住宅の割合は全国のそれより大きくなっていることがわかるが、これも取引費用の観点から説明できる（山崎 二〇〇二）。東京では、それ以外の地方と比べて、たとえば外資系金融機関に勤める外国人など、所得水準が高くかつ好みによって住宅を自由に変えることができる人々が少なくない。そのような人々は持家を買うときの大きな取引費用を嫌い、賃貸住宅を好むことがある。貸し手の側も、きちんと家賃を払い居座る可能性が少ない相手であれば住宅を貸しやすく、そのような人々が多い他の地域に比べてより大きくて質の高い賃貸住宅の供給が増えると考えられるのである。

2　住宅の更新——住宅双六

大きな持家・小さな賃貸

住宅にかかわる取引費用を考慮すると、持家と賃貸の違いの背後には、自分で住むか他者に貸すかを考えて住宅を購入するという問題があることがわかる。すなわち、自分で住むことを考えて購入する場合は、空室リスクのような取引費用を気にせずにより大きな住宅を購入することができるが、他人に貸すことを考えると、取引費用が高くなる規模の大きな住宅は購入しにくい。結果として大きい住宅が賃貸に出されることが少なくなり、一定以上の広さの住宅に住むためには、自分自身で住宅を購入することが求められてしまうのである。

このような取引費用に基づく説明は、実際の住宅供給とも一致している部分が多い。図1－2が示すように、現在の日本では、持家の場合に住宅の規模が大きくなり、民営の賃貸住宅で規模が小さくなっている。公営住宅や日本住宅公団・地方自治体の住宅供給公社が供給してきた公的な賃貸住宅では民営のそれよりも多少規模が大きくなっているが、これは低廉で良質な住宅を供給するという公的な政策に基づいて、取引費用が大きくても一定規模の住宅を供給することを示すものである。とはいえ、その規模は家族向けとして十分とは言い難いし、量的にも全住宅の五％程度を占めるに過ぎない。

日本での民営の賃貸住宅は、持家に比べて小さいというだけではなく、すでに示したように国際比較で見ても、規模の小さい住宅が非常に多い。民営賃貸住宅の三割強を占める二九㎡以下の住宅というのは、広くていわゆる1DK（部屋は六畳程度）で多くはワンルーム、居住者は単身で住んでいると考えられる。おおよそ夫婦向けとされる五〇㎡以下の賃貸住宅まで含めて、全体の六割を超える。

なぜそのように小規模な賃貸住宅が大量に供給されたのだろうか。取引費用に注目すると、それは住宅の貸し手にとっての望ましさに起因することがわかるが、それだけでは不十分である。住宅の借り手・買い手、つまり需要側のことも考えなくてはいけない。借り手がいなければ、小規模な賃貸住宅を大量に供給してもしかたがないのである。

需要を考えるときに無視できないのは、高度経済成長期の人口移動という要因である。大都市での住宅が不足する中で、所得水準の低い若年の流入者に向けて大量に狭い住宅が供給された。国全体の成長とともに人々の所得が徐々に伸びることで、一九七〇年代を通じて、風呂・トイレなどを共用する住宅から単身世帯向けに特定化するかたちで住宅の整備が進められていくが、一人あたりの規模が大きくなるわけではなかった。都市近郊の単身世帯向けの狭小な住宅は、その質を考えれば割高だとしても、若年の流入者にとっては収入と利便性を考えると他の選択肢がなかったのである（本間 一九八三）。

こうして若年の流入者が都市近郊の小規模な住宅を借りるというライフスタイルが定着するようになると、住宅の供給側もそれを前提とした行動をとるようになる。借り手が存在することを見込んで、取引費用が低く収益性の高い投資物件として小規模な住宅を供給していくのである。いわゆるバブル経済に向かって地価が高騰していく一九八〇年代半ばからは、「ワンルームマンション・ブーム」とも呼ばれる単身世帯用の集合住宅の建設ラッシュがはじまった。図１－３からもわかるように、とりわけ小さい三〇㎡以下の賃貸住宅はこの時期に激増している。単身世帯用の住宅は、「地域コミュニティを乱す」といった強い反発や、自治体による行政指導を受けながらも建設され

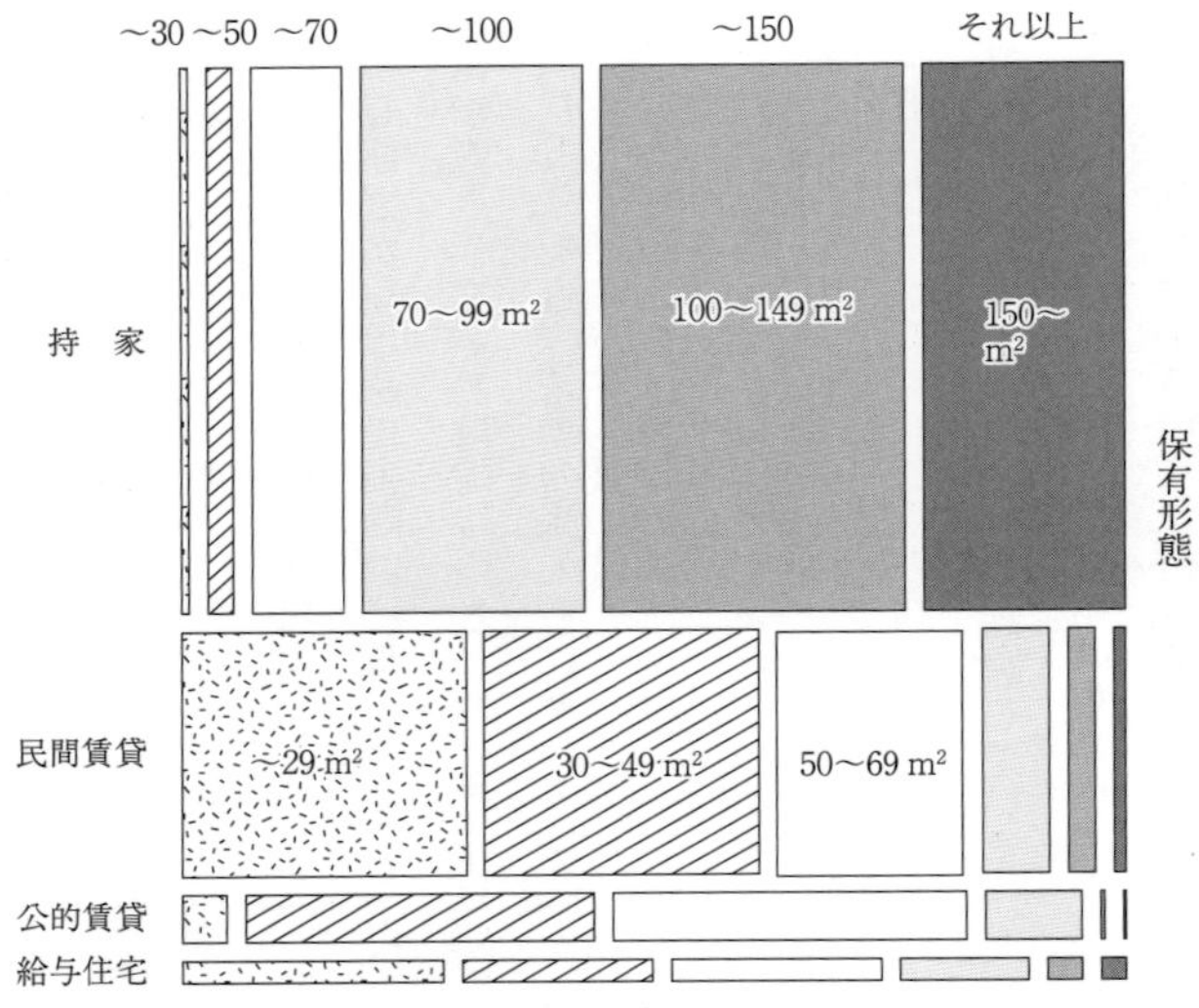

図 1－2　所有関係別住宅規模

（出典）総務省統計局「住宅・土地統計調査」2013 年版から筆者作成。

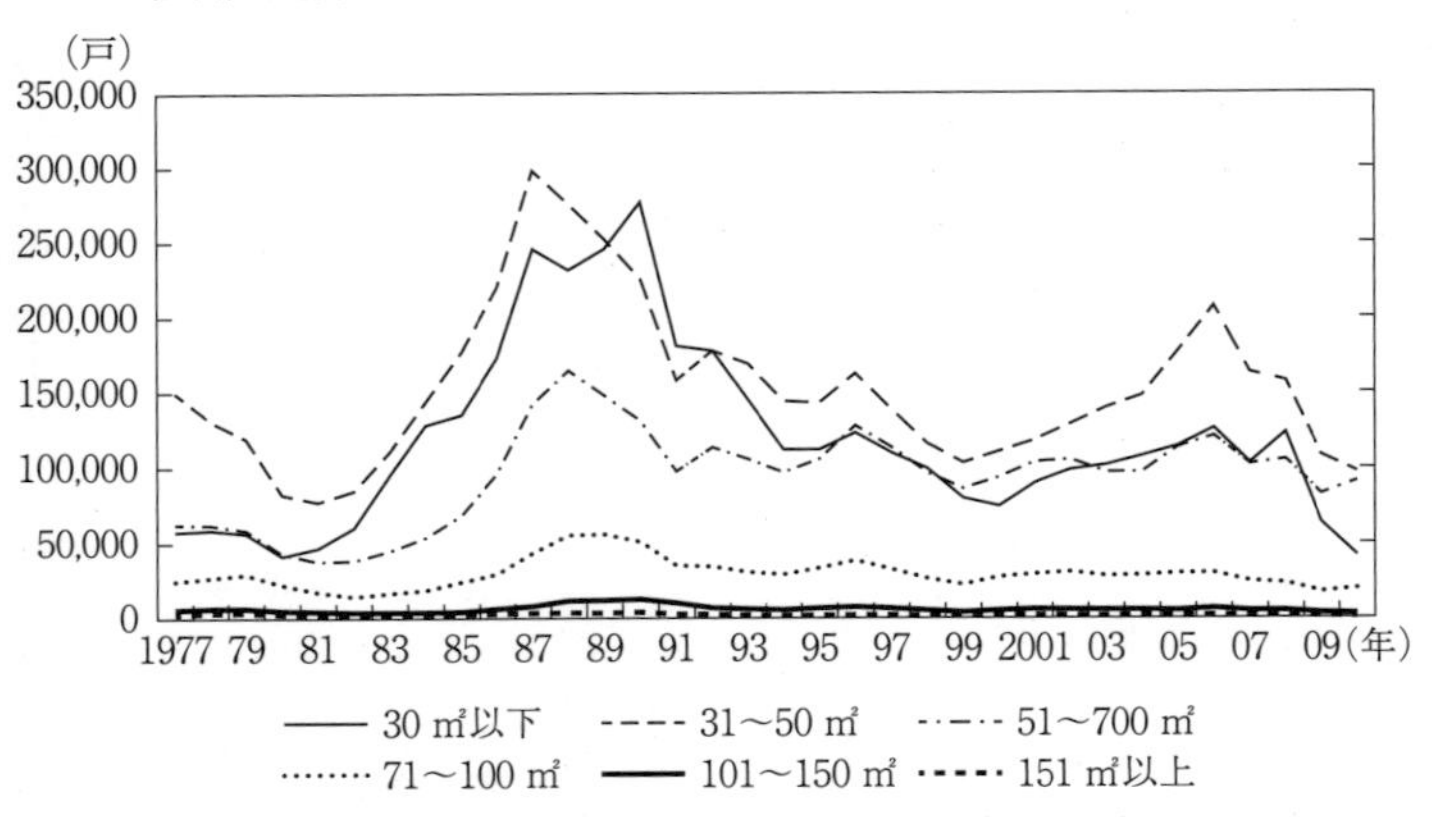

図 1－3　規模別新設住宅（民間賃貸住宅）の戸数

（出典）国土交通省「建築統計年報」各年版から筆者作成。

ていった。

さらに一九九〇年代以降には、少子高齢化の原因ともなる未婚化の進行とともに単身世帯が増えている（藤森 二〇一〇）。一九八五年には六八〇万程度であった単身世帯が、二〇一〇年には一二〇〇万を超え、全世帯の四分の一を占めるようになったのだ。そのような単身世帯の増加が需要を支えていることもあり、景気に連動しながら、収益性が十分かという判断に基づいて、小規模な賃貸住宅が建設され続ける。

それに対して、家族向けの賃貸住宅はなかなか供給されていない。五〇～七〇㎡程度の賃貸住宅は継続的に供給されているが、それを超える七〇～一〇〇㎡規模の賃貸住宅の建設は、バブル経済の時期に少しだけ増えたが、それ以下の規模と比べて圧倒的に少ない。言い換えるならば、小規模なものならともかく、家族向けの賃貸住宅を事業として営むのは、非常に難しい環境だと認識されているのである。

「住宅双六」と政治

多くの賃貸住宅が、単身者や夫婦向けの大きさで供給されているということは、家族を抱える世帯にとって、広めの賃貸住宅に住むという居住形態がほとんど選択されていないということを意味している。

振り出しは新婚時代の小さなアパート、子どもが生まれる頃には公営住宅や少し広めの賃貸に移り住み、やがて分譲マンションを手に入れ、最後はそれを売却して庭付き一戸建てを手に入れたところで「上がり」になる、というのは建築学者の上田篤が一九七三年に発表した「現代住宅双六」である。この「住宅双六」が如実に示したように、多くの人々にとって、家族の増加とともに賃貸ではなく住宅の購入が選択肢になってきたと考えられる。

それは単純に、持家を所有するというステータスを求めるということだけではない。賃貸住宅で家族にとって十分なスペースを確保することが難しく、またしばしばそのアメニティも貧弱なものだからである。そのような貧弱な賃貸住宅を前提として、人々が最終的に住宅購入に向かうとすれば、ある程度の規模の賃貸住宅は一時的な需要があっても居住者の入れ替わりが激しくなる。図1－3に示したように、家族にとって好ましい大きさの賃貸住宅の供給は少なく十分に競争が行われているわけではないので、満足できるアメニティがなくても新しい人が入ってくれるとなると、貸し手の側は一生懸命設備を整えることもない。その結果、賃貸住宅を移り住むことで住宅環境を更新していくことは難しく、より良い住まいを求める人々は、なおさら持家購入に向かうことになるのである。

実際、直近の二〇一三年の住宅・土地統計調査によれば、二〇〇九年から二〇一三年までの間に持家から移動した世帯が約一四〇万世帯であるのに対して、公的・民間の賃貸住宅と給与住宅から移動した世帯が約五四三万世帯となっている。持家が全体の約六割を占め、三〇〇〇万戸以上のストックが存在することを考えると、持家を取得後に住宅を変えることが少ないことがわかるだろう。

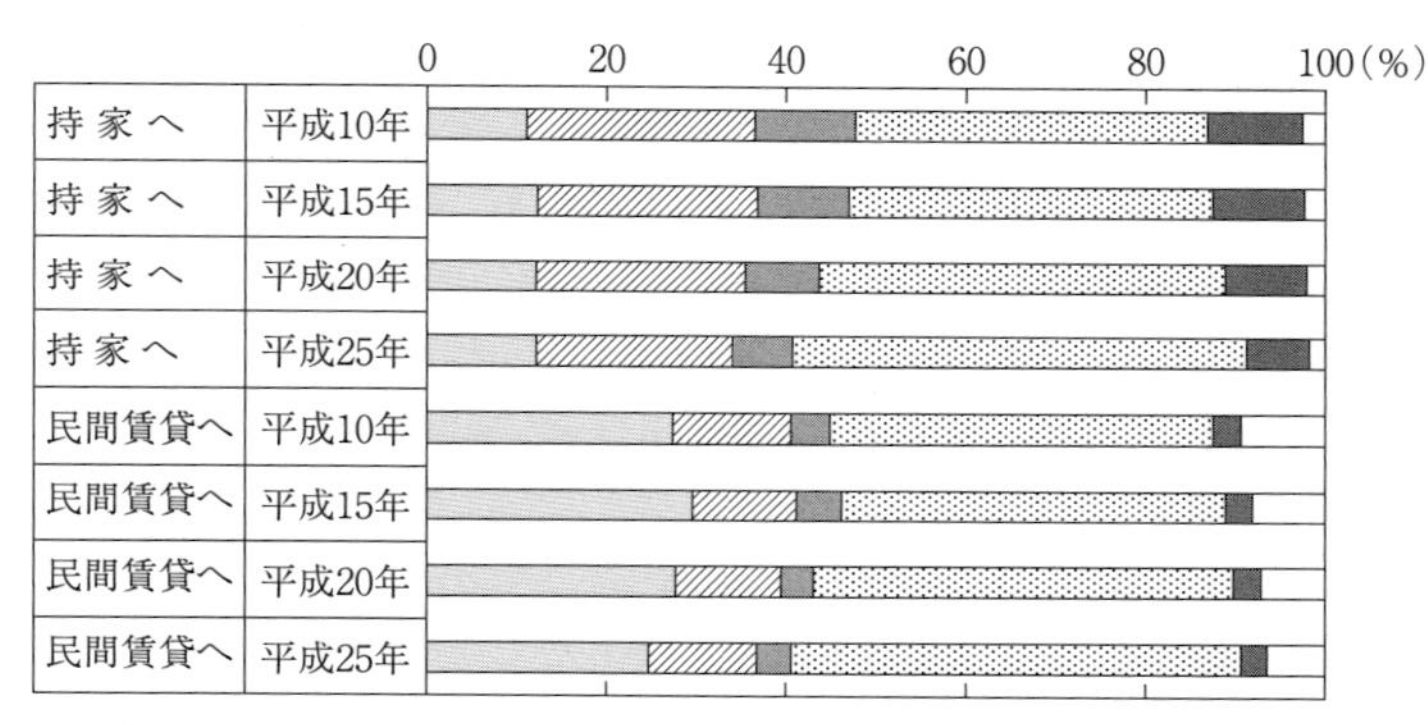

図１－４　従前の居住形態から現在の居住形態への移動

（出典）総務省統計局「住宅・土地統計調査」2013年版から筆者作成。

この点から、分譲マンションの購入・売却を挟むかたちの「住宅双六」は必ずしも一般的ではなく、多くの人々にとっては賃貸住宅を経て初めて購入する持家が「上がり」であったと思われる。

図１－４に示されるように、民間・公的を問わず賃貸住宅や給与住宅から持家へと移る人々は多く、なかでも、近年では減少傾向にあるものの、給与住宅から持家へという移動が注目される。特に大企業などの場合には、持家を購入するまでは所属する企業が社宅を提供することが少なくない。少なくとも潜在的には所得の高いこのような人々は賃貸住宅に高い質を求めると考えられるが、そのような人々が民間の賃貸住宅を利用しているとは限らないのである。一方で、賃貸住宅への移動を見ると、圧倒的に民間の賃貸住宅内での移動が多いほか、親族の家からの移動が多い。年齢別に詳細を見ると、これは若年層が初めての住宅として民間の賃貸住宅を利用してい

ると考えられる。そしてもちろん、持家から賃貸住宅へと移る人は少数派である。

さらに、政府が採用してきた住宅政策は、このような傾向をさらに強めるものであった。それは、「住宅双六」に示されるような人生を標準パターンとして支援し、それ以外の賃貸住宅で住み替えを進めるような選択肢に対しては冷淡なものであった。具体的に政策の中心となってきたのは、住宅の購入を望むような中間層に対して、金融的な支援を行うことであった（平山 二〇〇九a）。住宅は、一般家庭にとって数年分の年収にあたる高額な買い物であり、購入には多額の資金を借り入れる必要があるが、政府はそのために長期・低利の融資を行っていったのである。第2章で見るように、一九五〇年に住宅金融公庫が設立され、しばらくは資金不足のために抽選による決定や単身世帯への融資の制限などが必要であったが、一九八〇年代頃からは申込者全員に対して長期・低利での貸付が可能になり、住宅建設の拡大に大きく貢献することになった。ただし、単身世帯への融資については年齢制限がその後しばらく残った（平山 二〇〇九a）。これは政府の支援対象が、家族を持って住宅の更新を図る人々だったことを如実に示すものであったと言えるだろう。

政府が住宅の購入を支援してきたのは、単に国民の期待に応えるためというだけではなく、住宅建設を通じた景気刺激という側面も大きかったとされる。ある程度資金需要に対応できるようになってきた一九八〇年代頃からは、内需拡大の手段として、融資戸数の拡大に加えて一件あたりの融資額を増額する特別割増貸付制度が創設された（八木 二〇〇七）。さらに、バブル経済の崩壊を経て、景気対策の手段として住宅金融公庫を通じた持家建設への融資が広がっていく。その結果、一九七一年にはおよそ一・四兆円であった住宅金融公庫の貸出残高は、一九七六年には五・二兆円、一九八一年には一五・七兆円と拡大し、バブル崩壊後の不況にあえぐ一九九〇年代後半には七〇兆円台にまで達することになった（八木 二〇〇七）。その後、住宅金融公庫は改組されることになったが、たとえば二〇一〇年代の安倍内閣の経済政策でも、消費税導入で落ち込んだ住宅需要の喚起などが、依然政策として推進されている。

取引費用が存在することで、持家の規模が大きく、賃貸住宅の規模が小さくなりやすい。それを「市場の失敗」と捉えたうえで、政府が規模の大きい賃貸住宅の供給を支援することも考えられる。しかし日本では、反対に政府はむしろ持家取得を奨励する政策をとるようになり、多くの人々が住宅の購入によって住まいの改善を図ってきた。住宅更新には購入が必然とされることで、家族向け賃貸住宅の整備は進まず、そのような賃貸住宅の不足が持家取得の必然性をさらに強化してしまう。その結果、住宅を求める人々は可能であれば持家を購入し、賃貸住宅の貸し手も規模の大きい賃貸住宅を提供せず、しかも政府はそれらを後押しするような政策を行うので、住宅の需要側も供給側も行動を変えることがないのである。そのような「制度」の中で、賃貸住宅は人々が住宅を購入する前の仮の住まいとして、貧弱なものであっても許容され、小規模な賃貸住宅が景気変動に応じて建設され続けてきた。

このような「制度」が永遠に続くわけではない。人々が頻繁に移動するようになれば、持家よりも賃貸住宅で過ごすことを好む人々も増えるだろう。しかし、この「制度」がある限り、求められる賃貸住宅はなかなか供給されるようにならない。貸し手から見れば、優良な借り手がすぐに持家購入に向かったり、持家を購入する前の仮の住まいだと考える借り手が乱雑に利用したりする懸念があり、住宅の質を積極的に向上させようとしないだろう。そのような状況では、質の高い賃貸住宅に長く住みたいという人であっても、割高な家賃を支払うという実質的な不利を受けることになり、結局は購入によって住宅更新を図ることを余儀なくされてしまうのである。

3　新築住宅と中古住宅

一世代限りの住宅

日本の賃貸住宅には、小規模な住宅が数多く供給されるものの、家族向けの質の高い住宅が供給されにくいという特徴があった。一方、日本の持家に見られる顕著な特徴は、新築住宅の多さである。図1-5に端的に示されているように、日本における既存住宅（中古住宅）の流通シェアは一三・五％にとどまっており、アメリカ・イギリス・フランスと比べると、圧倒的に少ないことがわかる。

日本について時系列で示した図1-6を見ると、一九七〇年代後半以降、日本における中古住宅

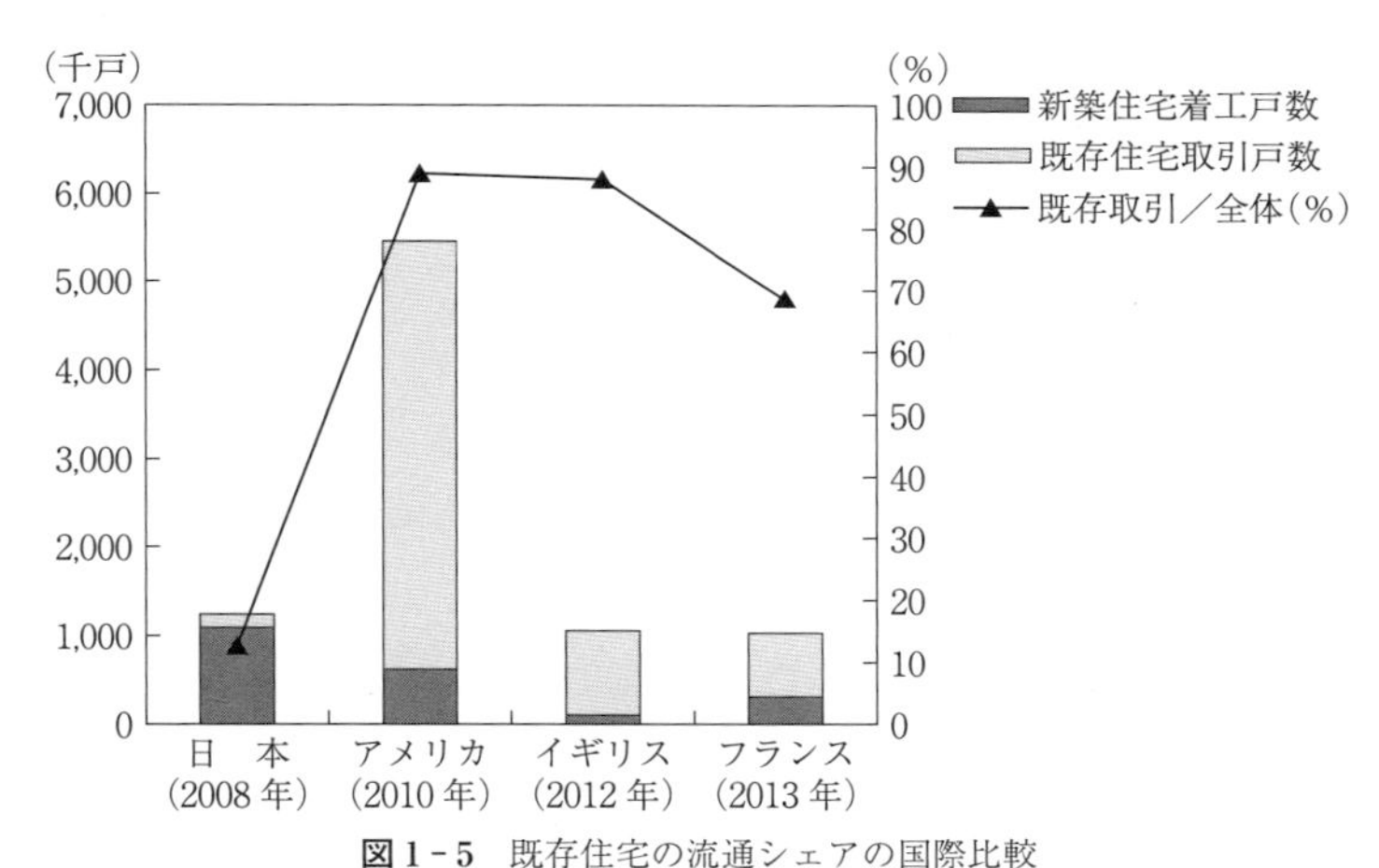

図1－5　既存住宅の流通シェアの国際比較

（出典）住宅産業新聞社『2014年度版住宅経済データ集』から筆者作成。

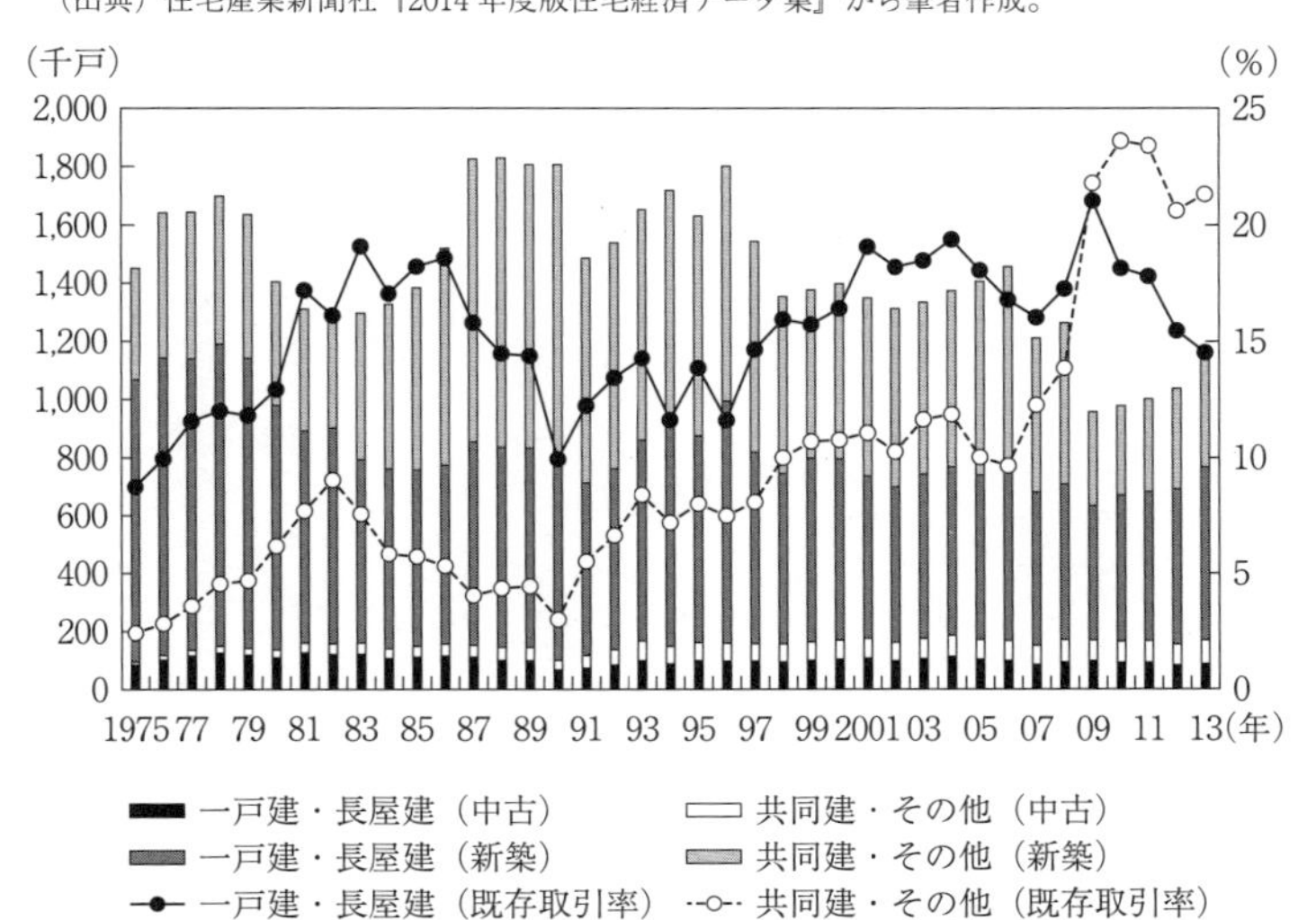

図1－6　既存住宅の流通量と新規住宅着工数

（出典）国土交通省「建築着工統計」と国土交通省「平成28年度　住宅経済関連データ」から筆者作成（http://www.mlit.go.jp/statistics/details/t-jutaku-2_tk_000002.html）。

の取引は、少ない年もあるが、おおむね一五万戸から二〇万戸で安定的に推移しており、中でも共同建、すなわちマンションの取り扱いが増加傾向にあることがわかる。景気の変動によって新築住宅の着工数は大きく変わるが、流通シェアは一〇％台前半で推移してきたと言える。ただしリーマンショック後に新築住宅の着工数が大きく落ち込んでいることもあって、特に中古マンションの重要性が大きくなっていることを最近の特徴として指摘できるだろう。

中古住宅の流通量が少ないことは、もともと作られた住宅の滅失が早いこととつながっている。国土交通省の推計によれば、アメリカやイギリスでは、住宅が滅失するまでの期間が七〇～八〇年を超えるのに対して、日本ではそれが三〇年程度に過ぎないとされる。つまり、比較の対象になっているアメリカやイギリスでは、複数の世代にわたって同じ住宅が利用されることになるのに対して、日本では、子どもが誕生したときに新築した住宅であっても、その子どもが死ぬまで使われることはなく、平均的にはその住宅を購入した親の世代限りのものとなっているのである。

短い期間で中古住宅の価値が失われていくことは、政府が示している減価償却資産としての住宅の耐用年数にも表れている。財務省令によれば、最も短い木造住宅で耐用年数は二二年であり、最も長い鉄筋コンクリート造でも四七年が耐用年数とされている。[2]もちろんこの数値はあくまでも住宅という資産を減価償却するために利用するいわば仮置きの数値であり、定められた耐用年数を過ぎれば住宅が使えなくなるわけではない。しかし毎年減価償却をしていけば、住宅としての利用価値があるにもかかわらず、建物の資産としての価値は減っていく。仮に中古住宅や賃貸住宅として評価されたとしても、それは建物にかかわらず、主に土地の利便性などが生み出す価値だと理解されるのである。

多くの人々が一世代限りで消費することを念頭に住宅を購入するとき、誰かが自分の住宅を中古住宅として売り出そうにも高く売ることは難しい。仮に売り出された住宅が中古住宅として利用に堪えるものであったとしても、多くの人が住宅の価値を劣化させている中で、その住宅だけには本当に価値があるということを買い手が知るのは簡単ではないからである。そのような情報を得るために取引費用を負担するくらいなら、住宅を新築するために整地した土地だけを欲しいという買い手も少なくはないだろう。また、多くの住宅が転売を意識せずに一世代のものとして建設されると、耐久性の高い住宅を作るための費用が大きくなる。なぜなら、技術や材料が寿命の短い住宅を前提に標準化されていくからである。標準化が進んだものは価格が低くなるが、そうでないものは割高になりがちである。

住宅を需要する側も供給する側も、世代を超えた利用を考えていないという状態を前提にすれば、新たに住宅を取得しようとする人々にとって、他の人々と同様に、自分たちのみの利用を見据えた住宅を建てることが妥当な選択となる。どうせ自分が建てた住宅を他の人が買わないのならば、どのように利用して結果として住宅が劣化してもしなくても構わない。そうなると、持家に住む人々がその住宅の価値を保全するかたちで利用しようとするとは限らなくなるだろう。あるいは、徹底的に自分にあったようにカスタマイズした住宅を建てるような行動も促されてしまう。誰かにカスタマイズされた住宅は当然他の人にとっては使いにくいため価値が低くなってしまうが、中古住宅として売却することを考えなければ利用者には望ましいかもしれない。そうして流通に乗るような住宅がまた少なくなっていくのである。

優遇される新築

多くの人が新築住宅を建てることは、経済政策的な観点からは悪い話ではない。住宅を通じて多額の投資がなされることで、経済成長に結びつくと期待できるからである。直接的には、高度経済成長後に住宅の量的不足が解消するまで、地方自治体の公営住宅や日本住宅公団による住宅の建設が、公共投資の拡大を通じた景気対策の手段として行われてきたという指摘がある（上崎 二〇〇七）。

住宅が量的な充足をみて政府がかかわる公的住宅の建設が頭打ちになったあとも、住宅金融公庫の融資を拡大させるなどの手法で、人々は自らの持家を購入することを促されていく。それぞれの「こだわり」に応じたより良い住まいへの人々の欲望を満たすかたちで住宅の商品化・産業化が進められるのである（山本 二〇一四）。人々が住宅の更新のために持家を購入するとき、その欲望を満たすきらびやかな新築住宅は、同時に住宅に関連する様々な産業の経済的な要求にも応えるのである。

さらに、新築の優遇は、税制の面からも行われていた。住宅を購入するために一〇年以上のローンを組んだ場合、所得額から一定額を控除する住宅ローン減税のような制度や、固定資産税・都市計画税といった地方税の一部減免がある。しかし中古住宅では、このような優遇が新築と比べて限られてきた。また、中古住宅が価値ある「商品」として需要されるためには、住宅の所有者がその価値を維持するようなリフォームを行い、その投資が中古住宅の価格に反映されることも必要だが、そのような建物部分へのリフォーム投資が評価されることは少ない。また、そのようなリフォームを促すような優遇措置は最近まで行われてこなかった。要するに中古住宅への住み替えは基本的に想定されていないのであり、「住宅双六」のゴールとして支援すべきは新築だったのである。

新築の優遇は、確かに人々の欲望を充足するかもしれないが、よいことばかりではない。最大の問題は、住宅という高価な資産を、短期で消耗させてしまうことである。十分暮らした住宅を、それなりの価格で売却できれば、その資金で住み替えることができるかもしれないし、新築住宅の価格にもよるがひとつの住宅に投じる費用を減らすことができると考えられる。しかし、売却できないとなると、住み替えは困難である。賃貸住宅に入るとしても、持家という資産を抱えたままで家賃を払わなくてはならないし、住宅ローンを払い終えた後で住宅を担保に現金収入を得るリバースモーゲージのような手法をとることもできない。成長しつつある子どもと同居して、人生で最も広い住宅が必要な時期に合わせて住宅を購入しているとすれば、子どもが家を出たあとに、親世代が

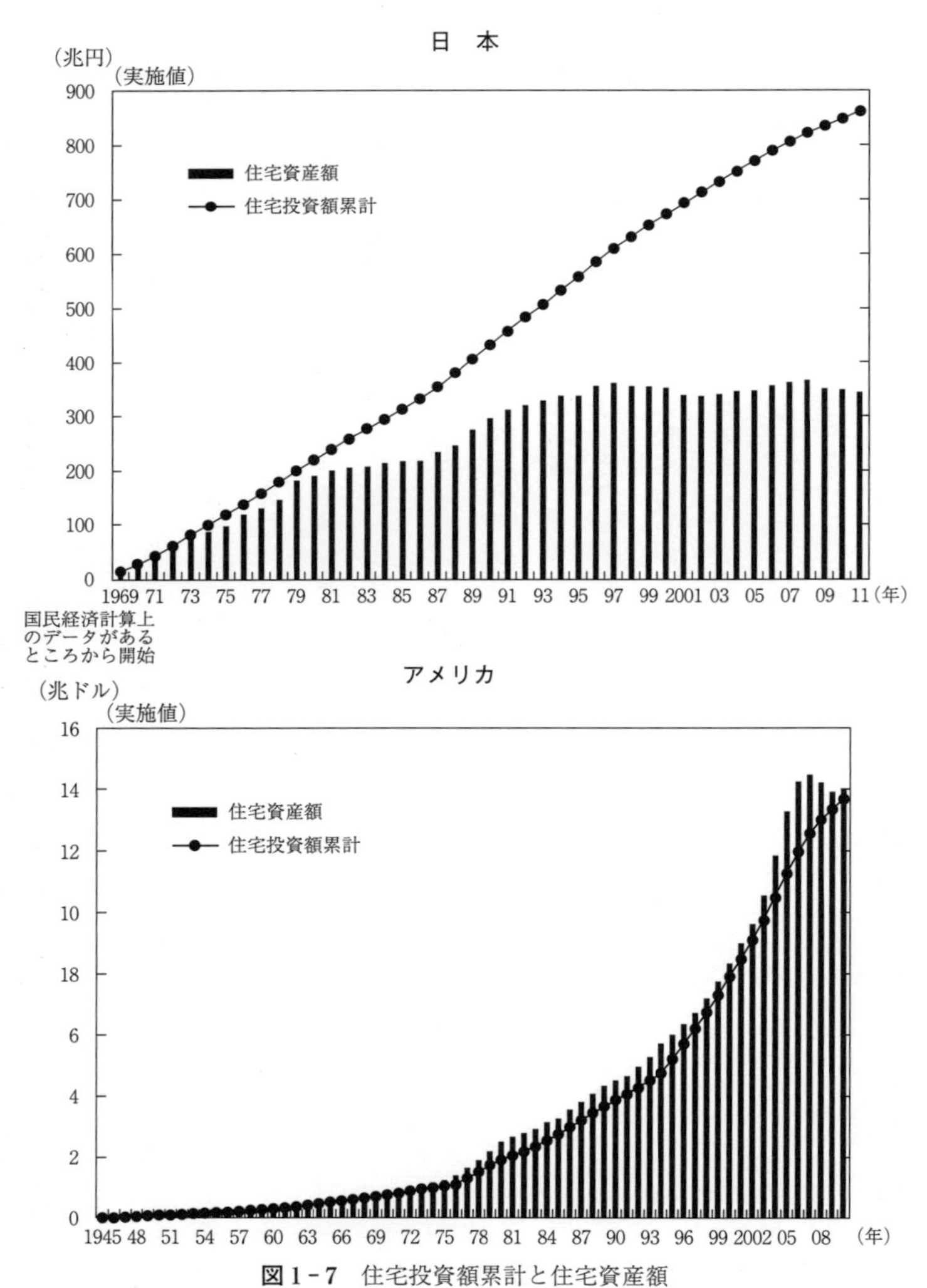

図 1－7　住宅投資額累計と住宅資産額

（出典）国土交通省中古住宅市場活性化ラウンドテーブル「第 2 回資料 平成 25 年度報告書（案）附属資料（案）」（http://www.mlit.go.jp/common/001034283.pdf）から筆者作成。

広い住宅に残されているような状態では，――購入した住宅へのノスタルジーを別にすれば――せっかくの資産を有効に利用しているとは言えないだろう。
　ほとんど一世代限りで消費するような住宅が大量に供給されてきたことは，近視眼的には経済成長に寄与するとしても，長期的な弊害も大きい。図１－７は，日米における住宅投資の累計と，残存する資産額を比較したものである。ほぼ投資に見合った資産が蓄積されているアメリカとは対照的に，日本では資産額が投資累計を大きく下回っていることが分かる。最近その急増が話題になっている空き家の価値をより低く見積もれば，資産額はさらに少なくなるかもしれない。資産額が投資額を下回る理由は，急速に価値を落とすということに加えて，新しい住宅の建設に比べてリフォームへの投資は少なく，しかもそれが正確に統計として記録されていないこともある。リフォームで生まれた価値が国民全体の資産として蓄積されてきていないのである。

中古住宅の流通を阻むもの

　日本ではなぜ新築への偏重が起こっているのか。その重要な理由のひとつには，やはり取引費用がある。中古住宅の流通には，買い手側にとって，住宅に深刻な欠陥がないと判断できるような情報が提供されることが重要であり，そのような情報を取得するために取引費用がかかる。そこで必要な情報とは，端的に住宅の質に応じた価格である。買い手は，売り手の提示する価格が住宅の質に見合わない不当なものだとわかっていれば，当然購入を控える。しかし，もしそれが簡単にはわからないとなると，高い費用を払って質の悪いものを入手することになりかねない。価格に見合わないものが市場に混じっていて、しかもその質を判断するために高い取引費用がかかるとすれば、買い手は購入を控えるようになる。質の悪い住宅のせいで平均的な価格が低くなってくると、売り手側から見ても良質な住宅が妥当な価格で売れなくなり、結局中古住宅の市場が成り立ちにくくなるのである（山崎 二〇一四）。

住宅の質についての判断を買い手のみに委ねると、取引費用がかかるために中古住宅市場が形成されにくくなる。このような「市場の失敗」に対して政府が介入し、低い取引費用で中古住宅の質に基づいて価格を適切に判断できるための制度を構築することも考えられる。実際、諸外国では、取引に直接利害を持たない専門家が検査や売買契約にかかわり、価格の判断を担うような制度が構築されている(3)。それに対して日本の場合、中古住宅の売買に政府や専門家が関与することなく、その過程は基本的に不動産仲介業者を中心に進められる。不動産仲介業者は、売り手・買い手を見つけることで手数料を得ることができるので、質について専門的に評価するよりも、取引の妥結を図ることを優先しがちになる。しかも、売り手・買い手を両方仲介すればより高い手数料が得られるので、本来仲介業者全体で共有されるべき、購入や売却を希望する情報を、他の仲介業者に知らせない「囲い込み」を行う弊害も指摘されている（長嶋 二〇一四）。「囲い込み」をされると、潜在的に取引できるケースでも、その相手と出会えなくなる。売買をマッチさせる市場としての機能が働かないのである。

近年、中古住宅市場が拡大する中心となっているのは、東京都を中心とした都市部での中古マンションである。マンションの個室はかなりの程度商品として標準化がなされているために、面積や築年数、駅からの近さなどの利便性などを考慮すれば、価格を付けやすいことが大きな理由だと考えられる。ただし、そのように均質性の高い商品として見ることが中心となると、マンションの個室でリフォームが行われてきたことが適切に評価されるとは限らない。他方で、マンションではない一戸建ての中古住宅は、一九七〇年代よりも流通量が減っている（図1－6）。新築数との関係を見た中古住宅としての取引率で見ても、リーマンショック以降はマンションが一戸建て住宅を上回るようになっており、評価に取引費用のかかる一戸建ての、中古住宅市場での売却は依然として困難を抱えていると言えるだろう。

中古住宅の質に基づいた価格付けが適切になされないと、個々の住宅が売れないだけでなく、長い目で見れば住宅取得のために借りる住宅ローンにも問題が生まれる。金融機関が正確にその質を査定したうえで、担保である住宅そのものの価値に対して資金を貸すことができれば、返済が滞ったときに住宅を売却して資金を回収するような融資も可能となる（ノンリコースローン）。しかし、日本のように新築住宅の価値がすぐに低下し、しかも売るときには仲介業者が中心となって個別的・恣意的な価格付けが行われることが避けられないとしたら、金融機関が住宅そのものに対して資金を貸し付けることは難しくなる。

住宅の価値に応じて資金を貸すのが難しい中で、これまで金融機関は、担保となる住宅の売却だけでローンを返済できないことを前提に、「人」に対して資金を貸してきた（リコースローン）。そもそも日本の住宅ローンの源流は、「人生最大の買い物」に対する長期月賦販売だとされる（『読売新聞』二〇一四年八月二八日付）。つまり、住み続けることを前提とした分割払いである。担保となる住宅ではなく人を見て貸すのであれば、金融機関の仕事は、住宅の価値ではなくきちんと返済できる人を見極めることになる。それは、安定した企業に勤めて「通常」のライフコースに乗った人々であり、そうでない人々は返済能力を疑われて住宅ローンの借入が困難になり、「住宅双六」を進めなくなってしまうのである。

4　住宅供給の論理

本章では、ここまで主に住宅を需要する側からの、住宅をめぐる選択について検討してきた。次に立場を変えて、住宅を供給する事業者の選択について考えてみたい。

住宅開発と再開発

事業者が利益を上げるためには、買い手の必要のみが考慮されるわけではなく、事業者にとっての供給のしやすさを考えなくてはいけない。住宅を供給する側にも、取引費用の問題が存在するからである。

まず、広い土地に大量の住宅が建設されて、売りに出される「ニュータウン」のような住宅の供給を考えてみよう。それを行うのは、しばしばディベロッパーと呼ばれる事業者である。その仕事を単純に言えば、土地を仕入れて宅地として造成し、そこに住宅を建設して売る、というものである。ディベロッパーの仕事では、安い土地を仕入れることが重要で、安い土地に付加価値を乗せて売ることで、大きな開発利益を得ることができる。わかりやすい例は、鉄道会社が未開発の土地を切り開いて、都心へとつながる鉄道を敷設することだろう。もともと利便性の低かった土地が、都心と直結することによって価値を上げて高く売れるようになるのである。

このような売り方を初めて成功させたのが、小林一三率いる箕面有馬電軌（のちの阪急電鉄）であると言われる（橘川・粕谷編 二〇〇七）。大阪の都心から離れた宝塚・箕面に住宅開発を行い、そこを鉄道でつなぐことで、大きな開発利益を上げる（原 一九九八）。その手法に学び、東京で鉄道沿いに大規模な住宅開発を行ったのが、五島慶太率いる東急電鉄であった（猪瀬 一九八八）。鉄道沿線の住宅開発は典型的に、もともと都市でなかったところを改造し、都市を広げていく試みとなる。人々が新たに集まって「まち」ができて、ディベロッパーは住宅を供給するだけではなく、「まちづくり」にかかわることも少なくない。とはいえ、本格的な「まちづくり」ができる余地は、都市の広がりとともに小さくなっていく。住宅開発が進めば進むほど、安い土地を仕入れるには都心から遠く離れなくてはならないからである。都市人口が増え続けている時期には、都心から遠い地域で

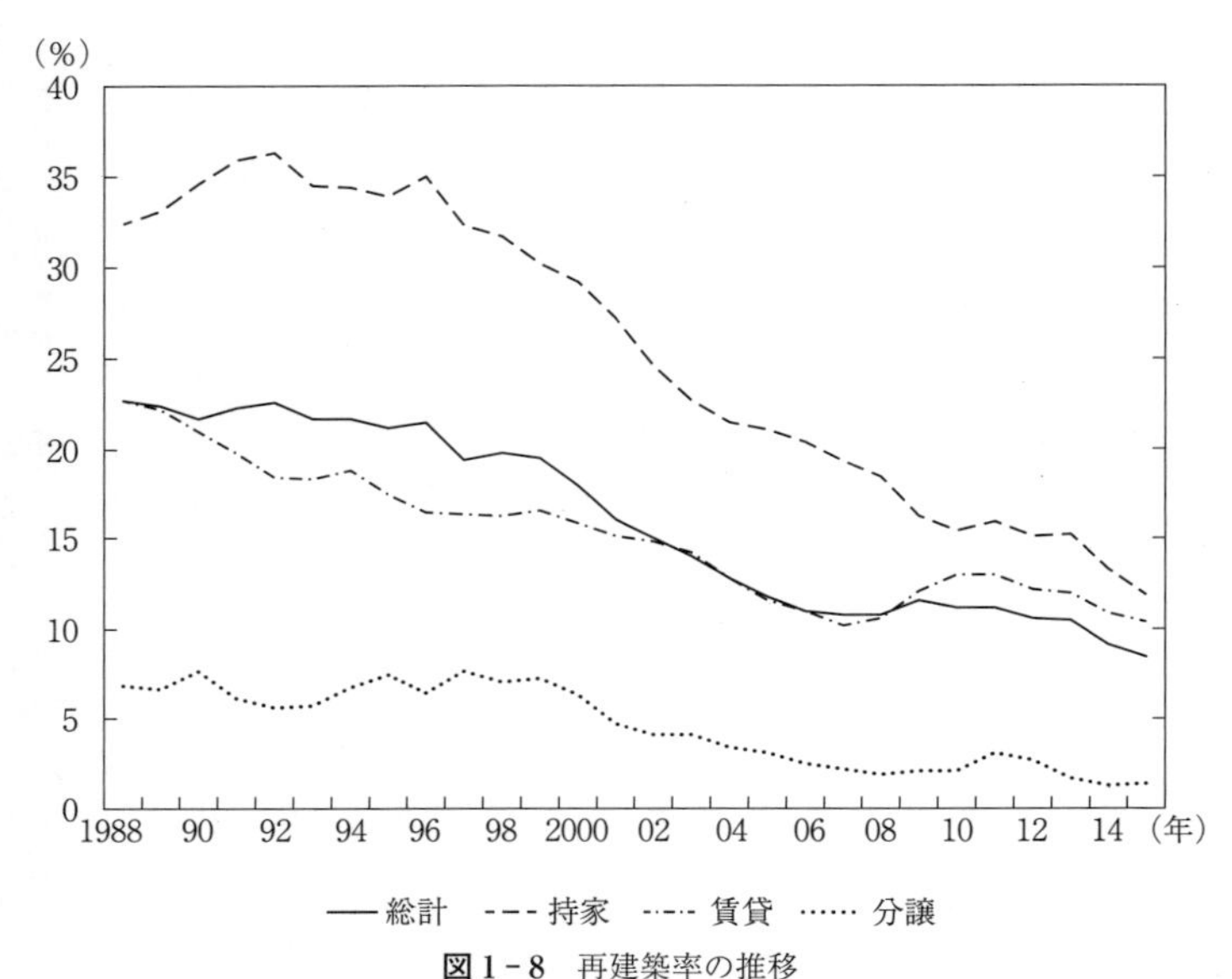

図1－8　再建築率の推移

（出典）国土交通省「住宅着工統計による再建築状況の概要（平成27年度分）」から筆者作成。

の住宅開発が続けられていたが、人口が減少していくと、同じような手法は取りにくい。そこで、都心により近い地域の再開発が必要となる。

都心に近い地域では、多くの場合、すでに人々が住んでいて、大規模な開発は難しい。それでも住宅開発を行おうとすれば、たとえば大きな工場や学校などが違う土地に移転した跡地や、国・地方自治体から売りに出された土地を用いたり、あるいは多くの権利者に細分化された土地を取りまとめたりする必要がある。「地上げ」として批判されることもある過程だが、無数の人々がかかわり、長い時間をかけて土地を取りまとめることで、大きな価値が生まれる可能性が出てくるのである。そのように土地を取りまとめる過程では、大きな取引費用がかかるために、その費用を回収できるだけの開発利益が必要になる。そこで、収益性の高い商業施設などと比較しながら、立地の適性を判断したうえで、住宅が供給されることがある。

一度住宅が建てられた地域での再開発の難しさは、国土交通省が発表している住宅の再建築率にも表れている。再建築とは、既存の住宅の全部または一部を除却し、引き続き当該敷地内で住宅を着工することとされる。この定義には、事業所や工場の建築物を除却して作られた住宅や、住宅の除却後しばらく着工されずに時間が経ってから建築された住宅は含まれないため、かなり範囲が絞りこまれている。新規住宅着工戸数のうちの再建築戸数である再建築率を見ると、一九九〇年代以降減少傾向が続き、二〇一五年は総計で八・四％にとどまっている（図1－8）。再建築率が比較的高いのが持家であり、分譲住宅の再建築率は低く、賃貸住宅はその中間となっている。この背景には、持家が基本的に所有権を持っている人の意向で再建築が可能であるのに対して、賃貸住宅は借り手の権利を調整しなくてはいけないこと、そして分譲住宅の場合には多くの所有権者の権利の調整が必要になることがあり、この順番に困難さが増すことを示していると考えられる。

再建築に関する国土交通省の調査では、利用関係ごとに再建築前後での戸数の増減についても調べている。二〇一五年度の調査によれば、三万八七五五戸の持家が除却されたことで三万三三二〇戸の持家と二万一三一四戸の賃貸住宅など合計五万六八五五戸の住宅が新たに作られたという。も

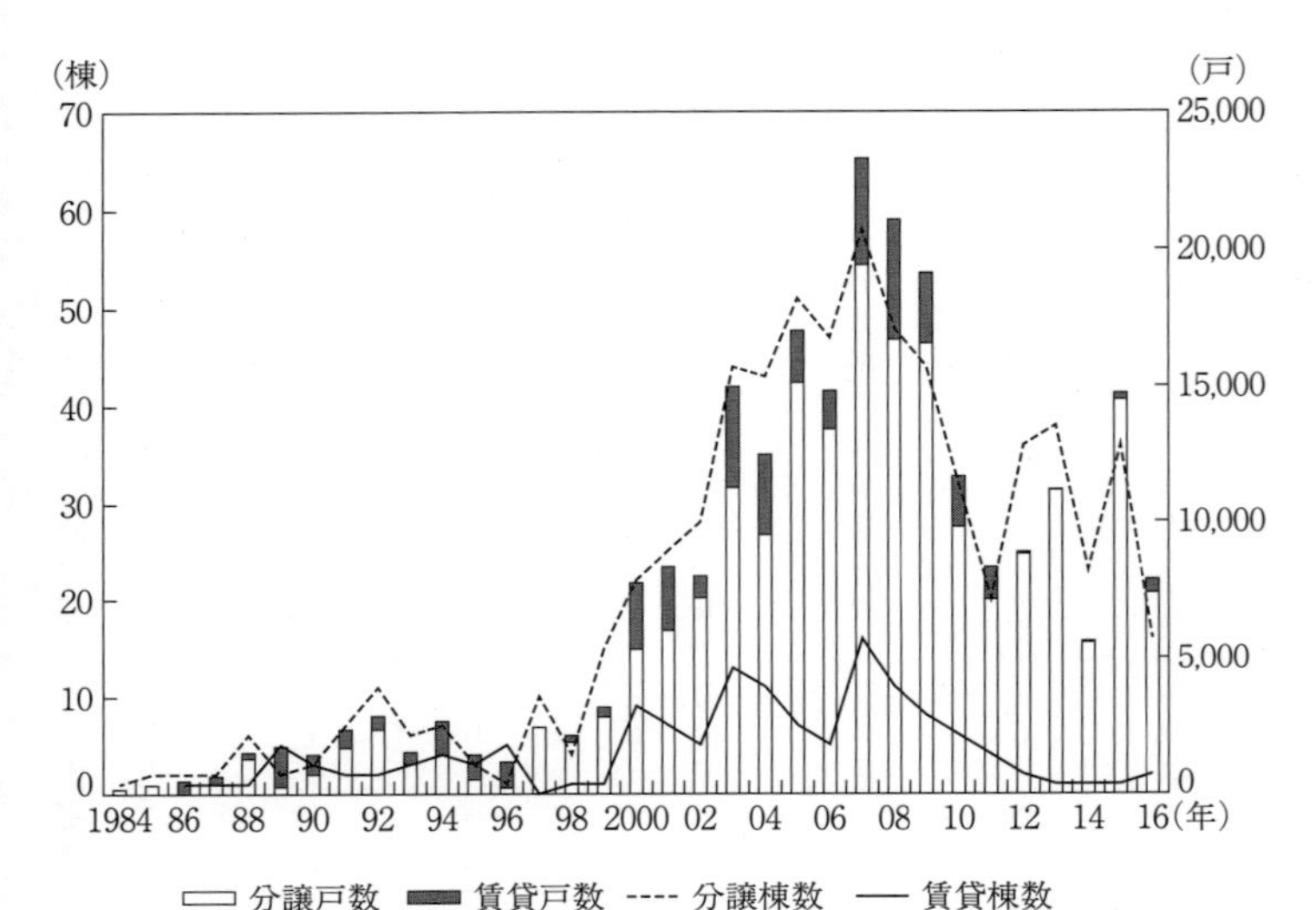

図1－9 首都圏におけるタワーマンションの棟数・戸数

（出典）不動産経済研究所「不動産経済マンションデータ・ニュース」2017年4月25日号から筆者作成。

ともと除却された戸数よりもかなりの数が増えていることは、再建築を通じて同じ土地に権利を持つ人々が増えていることを示すと言える。なお、賃貸住宅については、一万六一八二戸の除却に対して作られた持家は四四二戸、賃貸住宅が一万八三六七戸などとなっており、持家はほぼ増えていない。言い換えれば、賃貸住宅の除却を通じて土地を所有・利用する人々が必ずしも集約されるわけではない。再建築率が継続的に低下しているのは、このように同じ土地の関係者が増えていることを反映していると言えるだろう。

都心回帰と新たなニーズへの対応

都市化が進んだ現在では、

以前のように都市近郊の利便性が高い地域での大規模な住宅開発は難しい。そこで、都市化した地域において、特に重宝されるのが、限られた土地でも多くの住宅を供給できるマンションのような集合住宅である。特に、一九九〇年代後半以降、日本の大都市において「都心回帰」と呼ばれる都市部での人口増加が見られているが、こういった地域では、高層マンションのような住宅供給が増えている。その背景には、バブル崩壊による土地価格の下落や、都心地区の従来はオフィスであった企業保有地の放出があると考えられる（富田 二〇一五）。

「都心回帰」が始まった当初、東京都心部や京阪神、福岡などでは、二〇〇〇年代前半まで、専有面積が三〇〜五〇㎡の「コンパクトマンション」が多く、主に単身女性をターゲットとして、そのニーズに見合った住宅の供給が行われていたとされる（久保 二〇一五）。少子化・未婚化といったライフスタイルの変化によって、新たな住宅購入層が開拓され、それを対象とした供給が行われるようになっていったのである。その後、若年世代での都心居住が普及していく中で、より大規模な「タワーマンション」も数多く作られていく。従来は規制があって作ることができなかった超高層マンションが、工業用地として使われていた臨海地域に数多く建設されていった。

しばしば指摘されるように、近年のタワーマンションの増加は極めて著しい。図１－９は不動産経済研究所が発表した首都圏におけるタワーマンション（二〇階建て以上）の棟数・戸数の推移であるが、ここからわかるようにタワーマンションの建設は二〇〇〇年代に入ってから、分譲目的のものを中心に飛躍的に増加している。二〇〇七年にピークを迎え、リーマンショックを経てその後の増加はやや落ち着いているものの、それでも多くの分譲住宅が、タワーマンションというかたちで供給されていることがわかる。データをまとめている不動産経済研究所によれば、タワーマンションは中古住宅市場に出ても値崩れがしにくいことで人気を集めているとされる。これは単に利便性の高い居住形態というだけではなく、タワーマンションの個室が高い換金性を持つことも重要な価値として評価されているということであろう。このようなニーズは、従来の住宅にはそれほど求められてこなかったものであると考えられる。

「コンパクトマンション」や「タワーマンション」の普及は、都心居住や換金性という新たなニーズの発見によって、新しいタイプの住宅が供給されるようになっていることを意味する。郊外に住むより狭くても、また、多少は高くても、都心に住むというメリットに費用を払う人々が増えていけば、これまでになかった住宅が供給される。新しいタイプの住宅を売り出すには、失敗の可能性が織り込まれることも含めて取引費用はかかるが、先駆的に新しいタイプの住宅を開発した事業者は、大きな先行者利益を獲得できる。他方、成功したモデルはそのような取引費用が低いため、すぐに模倣されて同じタイプの商品が大量に供給されることになる。

投資先としての住宅

ここまでに扱ったのは、主に販売・購入される住宅であった。そのような住宅の場合、供給する側から見れば、売却によって利益を確定することになる。とはいえ、継続的に行われる大規模な住宅開発としての「まちづくり」と、マンション建設では、投資の回収にかかる時間がずいぶん異なる。前者では、鉄道の敷設のようなところまで考えると非常に長い時間にわたる巨額の投資が必要になり、かなり大きな事業者でなくてはその投資に耐えられない。郊外の都市開発だけでなく、東京など大都市都心での再開発ももちろん同じであり、長期的な視野を持った事業者に対する政策金融などを通じた政府の支援は欠かせない（松島・竹中編 二〇一一）。それに対して後者では、完成した部屋がきちんと売れさえすれば利益が確定できるので、当面の資金調達さえできれば、比較的小規模の事業者でも参入することができる。しかしそのような事業者は失敗すると大きなダメージを受けてしまうために淘汰も激しい。マンションを建築して売却した事業者が、一〇年たったら生き残っていなかった、ということはしばしば生じるのである。

他方、賃貸住宅は、売却で利益を確定するのではなく、長い時間をかけて住宅の利用料である家賃を得ることで投資を回収することになる。もし住宅に関する取引費用が存在しないということであれば、住宅の供給者から見た売却と賃貸はどちらでも変わらないと考えられる。しかし実際には取引費用が存在し、賃貸の場合はどのような借り手が住むかによって資産価値が左右されてしまう。結果として、規模の大きな賃貸住宅が避けられて、比較的狭い住宅が賃貸に出されることになりやすいのは、これまで検討してきたとおりである。

そのような賃貸住宅の供給には重要な特徴がある。それは、大規模な住宅開発やマンション建設を行う大手のディベロッパーが直接賃貸住宅を供給するのではなく、非常に小さい事業者、というよりも個人によって供給されやすいということである。日本でも、広く高級な住宅を富裕層向けに貸している事業者もあるが（たとえば三井不動産）、それは例外的で、多くは規模の小さい賃貸住宅を運営する零細な事業者である。零細事業者が多い理由には、賃貸住宅経営がマンション開発などと比べて、入居者の交代が多くて経営が不安定になりがちでかつ近隣トラブルなどへの対応が求められることがある（橘川・粕谷編 二〇〇七）。日本の場合、借家人の権利が強く保護されているために、老朽化した住宅を建て替えようとしても容易ではない。事業者の想定だけで事業を進めることが難しく、売却で利益を確定できるマンション建設などのほうが計画的に事業を行いやすいのである。

賃貸住宅経営に零細事業者が多い理由はそれだけではない。相続対策として有利であるために、土地を持つ個人が小規模なアパートによる賃貸住宅事業を行うという指摘が重要である（山崎 二〇一四）。相続対策に有利な理由は、日本の相続税制度にある。日本では、金融資産に比べて土地や建物の課税上の評価が低いうえに、土地に建物を立てて賃貸に回す場合には、さらに相続税での評価が低くなるのである。土地を持つ高齢者が、自分の資産を家族に相続させることを考えたとき、土地を売却して利益を上げると、譲渡益に対して課税されるだけでなく、相続のときに現金あるいはその他の金融資産にも課税されることになる。それに対して、賃貸住宅を建設しておけば、土地・

建物への課税評価が低くなるだけではなく、建物を建てるために銀行から資金を借りることで相続額がさらに圧縮される。結果として、相続税を節約し、家族に多くの資産を残すことができるようになる。とりわけ二〇一五年に課税対象者が広がるかたちで相続税制が変更された後、木造や軽量鉄骨などの簡易なアパートが急激に増加し賃貸住宅の空室率が上がっていることが指摘されている（株式会社タス 二〇一六）。

相続税対策の簡易な賃貸住宅が急増する中で、トラブルも多発している（独立行政法人国民生活センター『国民生活』二〇一四年八月号）。事業者が借り上げた住宅を他の人に貸す（サブリース）しくみを使って、土地の所有者に対して、完成した住宅を長期一括で借り上げることを条件に、賃貸住宅の建設を勧誘する事業者が増えているが、必ずしも土地の所有者が期待していたような利益を得られないというトラブルである。人口減少が進行しているにもかかわらず、同じような相続税対策でアパートが乱立すれば、当然入居者を確保できず、勧誘時点での約束を果たせなくなるからである。特に利便性の低い郊外地域では、入居者を集めることが困難で、トラブルになりがちだが、それでも相続対策のための賃貸住宅建設は増えていくのである（野澤 二〇一七）。

個人として相続税を回避するために賃貸住宅が作られるのは合理的な判断だが、それが社会的にも望ましいとは言い難い。その理由は、トラブルの出現だけではない。より重要な理由は、投資として十分な利益を上げるとは限らない賃貸住宅が作られる可能性が高くなるからである。相続税の節約という利益が大きいために、賃貸住宅からの収益が十分でなくても、合算すれば賃貸住宅の建設が「割に合う」投資となってしまう。そうすると、節税の利益なしに、賃貸料で投資を回収しようとする「プロ」の事業者にとって大きな脅威となる。賃貸住宅が過剰に供給されて価格が下がることに加えて、相続税対策が重要で、賃貸住宅からの収入にはそこまでこだわらない「素人」と、いわば不公平な競争を行わなければならないからである。その結果、大手の事業者は取引費用の高い賃貸住宅経営から離れざるを得なくなり、貧弱な賃貸住宅が支配的になっていく。

5　本章のまとめ

本章では、まず持家か賃貸かを軸として、日本において住宅をめぐる選択がどのように行われているかを検討した。住宅にかかる取引費用が大きいために、大きな賃貸住宅は供給されにくく、しかも日本では賃貸住宅の借り手への保護が極めて強いことがこの傾向を助長していると考えられる。次に、持家の購入という局面において、中古住宅よりも新築住宅が選ばれやすいことを示した。この理由を考えるにあたっても、やはり取引費用は重要である。中古住宅の購入における取引費用が高く、しかも新築住宅の購入が相対的に優遇されていることがあるため、多くの人々が新築住宅を購入して住宅の更新を図っている。

小規模な賃貸住宅から、新築住宅を中心とした持家による住宅の更新という「住宅双六」は、住宅を需要する側だけではなく、供給側の特徴とも適合的だった。すでに開発された都心部を再開発するのは大きな取引費用がかかるために、郊外で大規模開発を行って新築住宅を供給するのは供給側にとっても容易な選択肢であった。都心回帰が進むようになると、大規模なタワーマンションのような分譲マンションも供給される。いずれも開発した住宅を持家として売却することで、莫大な開発利益をもたらすものである。それに対して賃貸住宅は、相続税対策を目的としたものも含めて、非専門家による小規模住宅の零細経営が中心となっていた。零細事業者には供給できる住宅の規模や期待できる利益に限りはあるが、実質的に利益よりも事業の継続を重視するような経済合理性を無視した経営が行われることで、潜在的に規模の大きな賃貸住宅事業を営むことができるプロの事業者を排除することにもつながっていたと考えられる。(4)

人々の住宅をめぐる選択を見ることで、反対に浮き彫りになるのが、政府による介入の特徴である。住宅の取引費用が高いことで、規模の大きい賃貸住宅や中古住宅の供給が行われにくくなるという「市場の失敗」が生じるが、政府がそれを是正するような介入を行ってきたわけではない。むしろ、新築住宅を中心とした持家による住宅更新を優遇することを通じて、そのような傾向を強化してきたとも言えるだろう。また、第3章・第4章でも見るように、政府は民間事業者が住宅を通じて大きな開発利益を得ることを許容する傾向にあり、最終的な持家取得による住宅更新というライフスタイルを供給面からも下支えすることになっていたと指摘することができる。

注

（1）なお一戸建ての持家に限るとこの傾向はさらに強くなる。全国では一戸建ての持家の七〇・二％が一〇〇㎡以上の住宅だが、特別区では四八・七％に過ぎない。

（2）財務省令による耐用年数についても変更されることもある。ここで示すものは一九九八年に改訂されてからの数値であり、それ以前は木造住宅が二四年、鉄筋コンクリート造で六〇年であった。

（3）詳細については、齊藤・中城（二〇〇九a、二〇〇九b）、齊藤・中城・小川（二〇一〇、二〇一二）など、齊藤広子と中城康彦を中心とした一連の研究が参考になる。

（4）もちろん、それが一概に賃貸住宅の利用者にとって望ましくないことであるとは言えない。住宅の更新投資も行わないような零細事業者が、借家人を立ち退かせることもできず、公営住宅の家賃水準などと比べてもさらに安い家賃で賃貸住宅を供給していたことが、困窮者にとって一種のセーフティネットとなっていたとも評価できる。

第2章　住宅への公的介入

1　住宅政策の考え方とその萌芽

第1章では、所有物であれ借りているものであれ、人々が対価を払って住宅サービスを購入しているという観点から、住宅をめぐる選択について議論した。そこで示唆されたことは、日本では政府が住宅の取引費用を低くするような介入をしておらず、市場に委ねられる部分が大きかったことで、人々の持家、とりわけ新築住宅による住宅更新が行われてきたということである。本章では、そのような議論を前提としたうえで、日本における住宅サービスをめぐる取引に、政府がこれまでどのように介入してきたかについて検討を行っていく。

公的介入の必要性

取引費用の問題を脇に置き、人々が住宅サービスを購入するという見方に立てば、そこでの政府の役割はわかりやすい。それは、一般的な市場で住宅サービスを購入できない人に対して、その購入を助けるということが中心になる。その手法は大きく二つに分けることができるだろう（表2-

1）。つまり、なるべく安い価格で住宅サービスを提供するような状況を作り出すという供給面の手法か、価格はそのままにして人々の購買力を向上させるような需要面の手法である。より安い住宅サービスを提供すれば、多くの人々がそれを購入することができる。そのために用いられる方法は、たとえば政府による家賃統制である。売り手の側が設定する家賃に上限をかければ、サービスを購入できる人は増えるだろう。しかし、後述するように、売り手も損を避けるための行動をとるので、それが大きな副作用を生み出すこともある。

安い住宅サービスを提供する最も有力な手段は、政府が住宅を直接供給するという方法だろう。民間の事業者よりも信用力が高く、低金利で多くの資金を調達できる政府が、場合によっては税金を使いながら、安い住宅を建設するのである。ただし、そのような手法に問題がないわけではない。特に問題になるのは公平性である。政府が全ての住宅を供給するわけではないので、普通に住宅サービスを購入する多くの人は、住宅サービスという個人的に利用するサービスを、政府の（というより国民の）資源を使って限られた人だけが手に入れるのを不公平に感じるだろう。そこで政府は、そのサービスを購入する機会が必要な人々に広く開放されており、購入希望者が多い場合には抽選を行うなどして購入者が公平に選ばれていることを示さなくてはならない。さらに公平性を損なったとしても直接供給を正当化できる社会的便益を説明する必要がある（金本・藤原 二〇一五）。

もちろん、そのような安い住宅サービスが多く供給されることになると、自分たちが供給する普

表２－１　住宅への公的介入の手法

	持　家	賃　貸
供給側	•政府による分譲住宅 （日本住宅公団などによる分譲） •持家建設補助	•政府による賃貸住宅 （公営住宅・公団住宅） •賃貸住宅建設補助 •家賃統制
需要側	•低利融資（住宅金融公庫融資） •住宅ローン減税	•家賃補助

（出典）筆者作成。

通の住宅サービスの魅力が落ちてしまうので、政府の資金を使うことができない民間事業者は、政府による住宅の供給に対しては批判的になりやすい。そのような民間事業者が、政党や政治家を通じて政府に対して影響力を行使することが可能であれば、このような直接的な住宅供給は難しくなるだろうと考えられる。しかし他方で、直接供給ではなく、政府が安い住宅を建設させるために民間事業者に補助金を与え、それを用いて民間事業者が住宅を建設できるのであれば[1]、多くの住宅が供給される可能性もあるだろう（Lowe 2011＝2017：６章）。

次に、人々の購買力を向上させるにはどのような方法があるだろうか。典型的には、購入のための補助を与えるという手法がある。政府がその信用力を利用して資金調達を行い、その資金を希望する人々に低い金利で貸し付けるような手法が代表的なものである。住宅を購入したくても民間の住宅ローンでは資金調達が難しいという人々に対して、政府が金利を補助することによって購入を促すのである。このような方法の場合も、補助の受益者が限られるので、直接供給と同様にどのように公平に補助を行うかが問題となる。

人々の購買力を向上させる手法は、持家購入のための金利補助だけに限られるわけではない。もうひとつの重要な手法として、賃貸住宅への家賃補助が考えられる。つまり、補助を行うことによって、それなしでは購入することができなかった住宅サービスを利用できる状況を生み出すのである。典型的には、特に低所得者を対象とした現金給付としての家賃補助が考えられるが、使途を住宅に限定した「バウチャー」のような形式の家賃補助もありうる。このような家賃補助の場合にも公平性が問題になるが、直接供給や金利の補助とは異なるところがある。特定の受益者に補助を与えるのではなく、たとえば人々の所得に応じて、広く薄い家賃補助が行われることがありうるからである。その場合、どの程度の所得で補助を受けるべきか、補助によってそれを受ける人とそうでない人の実質的な所得が逆転したりしないか、といったことが公平性を考えるポイントになる。

住宅問題の顕在化

上述のような政府による介入は、必ずしも常に望ましいものとは限らない。しばしば行われる批判は、ここで説明したような介入が、資源配分の歪みを発生させるというものである（金本・藤原 二〇一五）。とりわけ、同じ金額を住宅に限定しない所得補助として給付したときと比べて非効率であるという批判は根強い。また、すでに述べたように、住宅への補助を行うことで、それを利用できる人とできない人の間に不公平を生むこともある。それにもかかわらず、住宅についての政府の介入が議論される理由のひとつには、住宅が非常に身近なもので、それなしで人々が生きていけないからだということがある。

住宅への公的介入が必要となる背景には、人々の移動がある。多くの人々がそれぞれの住宅を確保し、ほとんど移動しないような社会では、住宅への新たな需要は少なく、そもそも問題になりにくいだろう。多くの人々が集まり、頻繁に移動する都市でこそ、住宅は大きな問題となる。都市へと移動する人が増えれば増えるほど、多くの住宅が需要され、価格も上がっていくからである。また、都市では賃労働に従事する労働者が多いために、景気が加熱してインフレーションが起きると、賃金上昇よりも住宅サービスの価格上昇が激しくなることがある。そのようなときに、農村と比べて都市に住む人々の生活が圧迫されることになる。住宅不足のため、あるいはインフレーションのために、住宅価格が高くなりすぎれば、新たに都市に流入する人口は少なくなるだろうし、都市を去っていく人もいるかもしれない。しかし、都市に住み、住宅に不満を抱える人々が、政府に対してより安い住宅サービスを求めることで、政府はそれに応答するかたちで住宅政策に取り組む必要が生まれてくるのである。

近代化以後の日本で、このような住宅問題がまず顕在化したのは東京や大阪などの大都市であった。農村などから都市へと流入した人々の多くは、安くて劣悪な賃貸住宅に住むことになる。人口流入に対して住宅の供給が十分ではなく、特に第一次世界大戦後の景気拡大期には、大都市では深刻な住宅難が発生した。人口が流入して住宅への需要が増大する一方で、景気が加熱して住宅の建設費や地価が高騰し、住宅賃貸事業の期待利回りが低下して、住宅が供給されにくくなったからである（小野 二〇一四）。そのため、大都市での賃貸住宅の家賃が上昇することになり、まだ開発が進んでいなかった大都市近郊に、住宅地が無秩序に広がっていくことになった。大都市に残る人々は、以前よりも劣悪・割高な住宅を甘受することになり、その中ではひとつの住宅を複数の世帯で利用する借間世帯も増加していたという（小野 二〇一四）。

大都市での高騰する家賃に対して不満を持つ住民は、しばしば組織的に団結し、貸し手に対して争議を起こしていた。争議が増えると、政府もその不満を無視できなくなる。もともと民法では貸し手にとって極めて有利な貸借関係が定められていたが、争議の増加を受けて、一九二一年には借地法・借家法が、さらに翌二二年には借地借家調停法が制定されるなど、借り手側の権利を保護する動きも見られるようになった（住田 二〇一五）。しかし住宅問題は、昭和恐慌期を経て、量的な不足よりも家賃の上昇や失業や貧困による経済的住宅難が深刻さを増していく。東京や大阪など大都市での市営住宅の供給や、関東大震災の義捐金をもとに設立された同潤会を通じて、政府による住宅の直接供給も行われたが、十分とは言えないものだった。そして三〇年代後半に戦争が進行して住宅問題がさらに悪化する中で採用された重要な政策が、家賃統制である。

家賃統制とその副作用

戦前の都市部の住民は、七～八割が賃貸住宅に居住しており、その生計費の中で住宅費が二割程度を占めていたため、住宅事情が悪化して家賃が高騰すると、物価全体に影響を及ぼしてインフレーションが発生することが懸念された（住田 二〇一五）。日中戦争が始まり、インフレーションを抑えて安定的に国民を動員することをめざす政府は、一九三八年に「地代、家賃に関する中央物価委員会答申」を出している。この答申では、従来の地代・家賃（継続家賃）を同年八月五日以降値上げせず、新たに定める地代・家賃（新規家賃）は適正な基準に基づいて定め、さらに小規模な住宅の建設に努力するということが謳われた。要するに、家賃が高騰して人々の生活を圧迫するので、そこに制限をかけて人々の生活を安定させようということである。

この内容は当初自主規制を求めるものだったが、法的拘束力がないために地代・家賃は異常な高騰を続けた。そこで行われたのが、国家総動員法に基づく応急的な価格統制措置であり、全ての物価を一九三九年九月一八日の価格で止めるという勅令が公布された。そのうちのひとつである地代家賃統制令によって、既存の賃貸住宅の継続家賃は前年八月四日の水準に固定される一方で、新たに契約される新規家賃には上昇の余地が残された。そこで住宅サービスを供給する賃貸住宅の貸し手がとった行動には、賃貸契約の期間満了を待って、継続家賃で再度契約せずに、借り手を追い出してしまうというものがあった。しかも、新規家賃も制限されていて、それだけでは賃貸住宅の経営から期待された利回りを得ることができないということで、いわば家賃の一部の先取りとして「礼金」を徴収するような慣行も生まれたとも言われる（日本住宅総合センター 二〇〇〇）。

貸し手が無理やり借り手を追い出してしまうような場合には、それまでは裁判所による調停などが行われていたが、それだけでは解決が追いつかなくなり、四一年に借地法・借家法の改正が行われて、貸し手による解約権が制限されることになった。これによって、賃貸契約の期間が満了しても、貸し手に「正当事由」がある場合を除いては、借り手側の希望があれば、継続家賃で契約を延長することができるようになったのである。正当事由としては、貸し手が自らどうしてもそこに住まなければいけないことや、建物が著しく老朽化して危険であることなどが挙げられているが、実際に裁判所で正当事由が認められるのは容易でない。結局のところ、正当事由を補完する多額の立ち退き料が必要になるようになった。地代家賃統制令自体、戦後に入ってもGHQのいわゆるポツダム命令に形式を変えて残り、最終的に一九八六年まで続けられた。一九五〇年の改正で新築住宅はこの統制から外れ、新規の住宅建設が進む中で統制の意味はなくなっていったが、実際に廃止されるまで継続家賃を主体的に決められない貸し手もいたのである(2)。

特に都市部においては賃貸住宅に住む人々がほとんどだったため、戦前の日本で住宅問題は基本的に貸し手と借り手との関係で構成されやすかった。そのような中で、徐々に両者の紛争処理制度を整備していた政府が、戦争中に強権的に家賃統制を行い、その歪みに対応するために強い借り手保護を行ったことは、戦後の住宅政策にも大きな影響を与える遺産として残された。中でも特に重要なものは、家賃設定の自由度が低くなり、賃貸住宅への投資が抑制されたこと(3)、そして極めて強い借り手保護政策によって貸し手にとっての取引費用が大きくなったことである。その結果、賃貸住宅が小規模なものしか供給されにくくなる中で、住宅の供給における政府の役割が大きくなっていくのである。

2　政府による住宅の供給――住宅政策の「三本柱」

日中戦争が進展する中で、家賃の高騰という問題が出現し、当初政府によってとられた対応は、地代・家賃の統制という手法であった。その後、総力戦がさらに本格化していくにつれて、政府による住宅への公的介入もまた本格的なものになる。その画期は、一九三九年に厚生省社会局に住宅課が新設され、労働者への住宅の直接供給がなされていくことである（大本 一九九四）。それまで、地方自治体によって細々と公営住宅の供給がされてきたが、それでは不十分であるとして、国家によってより大規模な住宅の供給が始められたのである（大本編 一九九一）。

戦争と住宅

戦争は、政府が住宅の直接供給を始める重要なきっかけとなった。その理由として、生産力の拡充という課題に対して、工場が都市部などで新設され、そこに移動して働く人々を収容すべき要請が生まれたことが挙げられる。特に、このとき新たに形成された新興工業地ではもともと住宅が少なく、不足が著しかった。それまでは民間の貸家による住宅の供給が中心だったが、価格統制の影響もあって民間住宅の供給が進まなかったのである。また、世帯主が徴兵されたあとの生活安定基盤対策、いわゆる「銃後の護」として安価な住宅が要請されたこともある。いずれにしても、戦争を遂行するために軍部からの強い要求のもとで住宅政策が進められたのである（大河内 一九六九）。

住宅課による直接供給を担うべく、関東大震災後の同潤会（第5章も参照）を引き継いで、政府による全額出資で設立されたのが住宅営団である。住宅営団は、一九四一年の設立から五年間で三〇万戸という短期・大量の住宅供給を計画していた。前身の同潤会が供給した住宅は一八年で一万二〇〇〇戸程度、当時の全国での一年あたりの住宅純増は一八万戸程度（住田 二〇一五）ということを参照すれば、この規模の大きさがわかるだろう。計画された三〇万戸のうち、二〇万戸が土地付きの分譲で、残りの一〇万戸は賃貸とされていた。ここには、家賃統制で厳しい環境に置かれた民間の賃貸経営をさらに抑制しないようにする配慮もあったとされる（大本 一九九四）。建設費を積み上げたうえで価格を決める原価主義を前提として、地代・家賃統制よりも低い価格がめざされたが、そのために分譲・賃貸ともに平均より小規模な住宅が供給された。それでも、実際に供給された住宅の家賃から必要な収入を逆算すると、当時の労働者世帯にとっては重い負担であった。また、住宅建設のために、政府からの出資金に加えて、公募で債券を発行したが、その金利は当時の水準から言えば非常に低く、低い金利でも債券を引き受けることができる大企業の従業員に向けた住宅の供給に傾いていったとされる（大本 一九九四；厚生行政調査会編 一九四二）。

住宅営団は閉鎖され、営団の住宅は二束三文で払い下げられることになる（大本編 一九九一）。営団は閉鎖されたものの、戦災のために住宅の供給は急務であり、のちの建設省に連なる内務省国土局を中心とする戦災復興院が厚生省の住宅課を取り込んで、国庫補助住宅の建設を行った[4]。これは、住宅建設費の二分の一を予算措置として国が補助することによって家賃を引き下げようとしたものである。そしてこの国庫補助住宅を引き継ぐかたちで、一九五一年に制定された公営住宅法のもと、公営住宅の建設が始まる。

一般国民を対象とした住宅供給——公営住宅

第二次世界大戦後、

公営住宅法の制定にあたっては、建設省と厚生省の激しい所管争いがあったとされる（大本編 一九九一；住田 二〇一五）。戦災復興院から建設院を経て成立した建設省は、国庫補助住宅に引き続いて住宅建設を担おうとしたのに対して[5]、社会福祉を所管する厚生省が、戦後担当した引揚者住宅をモデルに、生活に困窮する人々に向けた低家賃の住宅を建設することを主張したのである（大本 一九九四）。建設省では、住宅営団のときと同様に、原価主義で家賃を設定し、基準収入を満たす人々を対象としたのに対して、厚生省案では入居者の選定に社会福祉事務所や民生委員がかかわり、家賃の猶予や減免を導入することが主張されていた。結局事前の調整がつかず、両省ともに議員立法で法案を提出する異例の展開を辿ったが、最終的に建設省案をもとに厚生省案を加味して修正するかたちで法律が制定された。その結果、地方自治体を事業主体として、建設費の二分の一を補助する第一種公営住宅と、三分の二の補助を受ける第二種公営住宅という二種類の公営住宅が作られることになった。ただし、いずれも、残りの建設費（二分の一か三分の一）に金利や管理費を加えた額を限度として原価主義で家賃を定める点は、建設省の主張に基づくものとなる。その結果、低所得層を対象にするといっても、支払い能力のない生活保護階層は外され、入居には一定の資力が必要とされるようになる。

法制定当初は、国民の八割程度が第一種公営住宅に入居可能なように収入基準が設定されていた。さらに住宅不足のため比較的利便性の高い地域に公営住宅が建設されていたこともあり、公営住宅をステップにしてより良質の住宅に移る中間層が多く入居していた。このような収入基準について、公営住宅法の制定に関与した建設官僚は「底辺の階層は置き去りなんです。それは厚生省の所管で建設省の所管ではない。建設省が考える公営住宅は最底辺の階層は相手にしない。その対策は厚生省でおやりください。私のほうは住宅経営だから、経営が成り立つような、少なくとも一定の家賃が払える人でなければ入れませんよ、ということです」とまで述懐している（大本編 一九九一：二七五）。そのような公営住宅であれば、事業主体である地方自治体にとっても歓迎できるし、多くの住宅を建設することができれば地域の企業にとっても望ましい。結果として、図２－１に見られるように、一九七〇年頃までは公営住宅は年とともに増大していった。

しかし高度経済成長期の末期に、公営住宅の性格は変わっていく。まず利便性が高い地域に建設

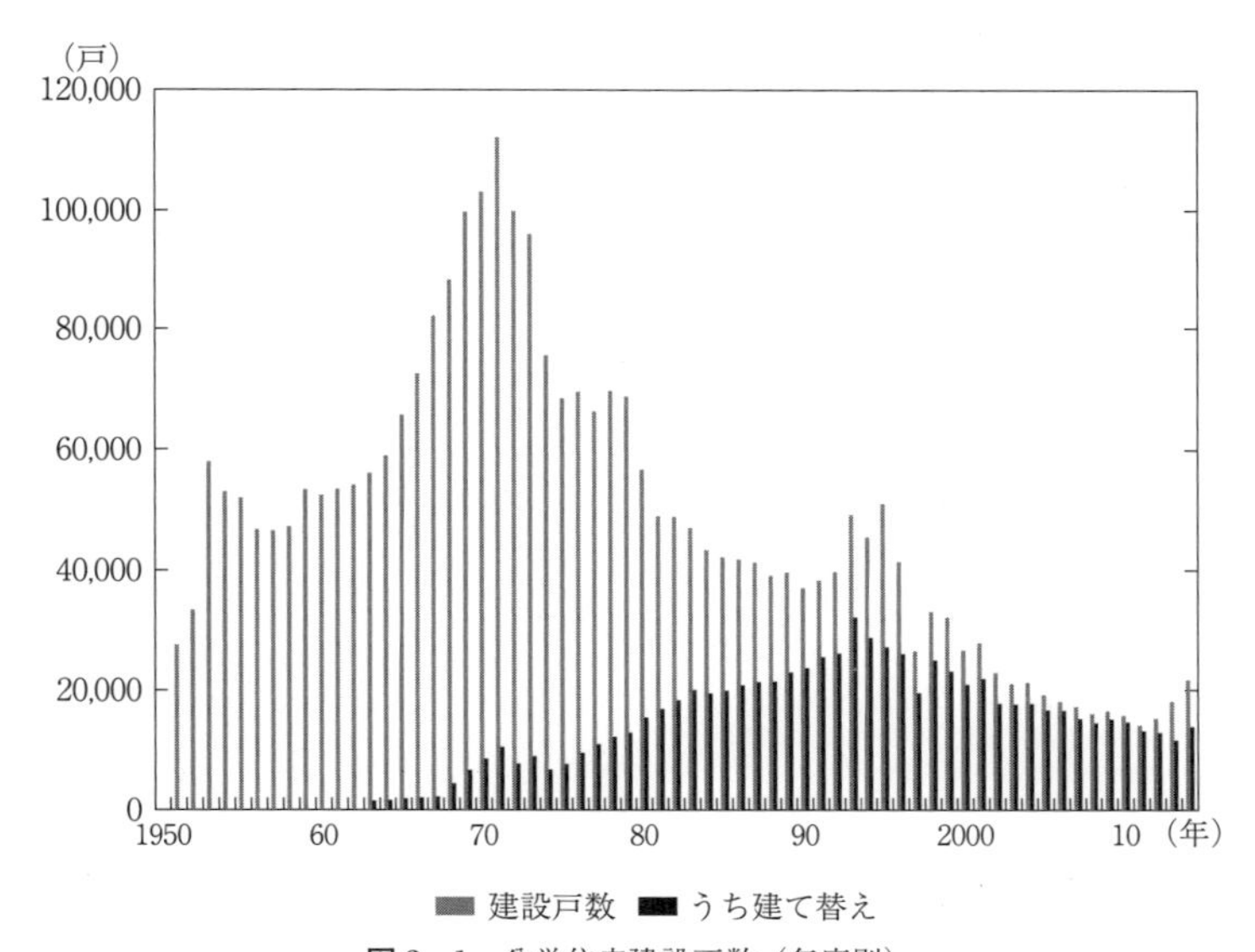

図2－1　公営住宅建設戸数（年度別）

（出典）日本住宅協会『公営住宅の整備（平成27年度版）』から筆者作成。

するのが困難になり、都心から遠く離れて、中間的な階層の人々にとっての魅力に乏しい住宅が建設されるようになる。さらに、この時期の所得水準の上昇にもかかわらず、入居の基準収入額がそれに見合ったかたちで引き上げられることはなく、入居者が次第に所得の低い層へと限定されていったことも指摘できる。[6] その結果、公営住宅が再分配的な色彩を強めると、財政負担を嫌う地方自治体は公営住宅の供給を回避するようになり、建設戸数が少なくなっていった（阿部 二〇〇二）。図2－1にも示されているように、公営住宅の建設において建て替えが占める割合は徐々に大きくなっており、特に二〇〇〇年代以降は新規の建設がほとんどなされていなくなっている。

第1章で見たように持家による住宅の更新が一般化していく中で、安い賃貸住宅である公営住宅を、中間層向けに拡大させるかたちで財政資源を割り当てることが正当化できなくなっていく。公営住宅整備よりも持家取得支援が支持されやすくなることに加えて、人々が最終的に持家を取得することを前提に供給される小規模で質の低い民間賃貸住宅と公営住宅を比較したとき、入居者が選別される後者の方が良質な住まいとされることは、公平とはみなされないからである。結果として公営住宅が対象を低所得者に限定していくことで、民間の賃貸や持家を利用する人々——持家社会という「制度」を前提に「住宅双六」に乗る人々——とは切り離されていく。公営住宅が、メインストリームに入らない人々を対象としていくこのような変化を「残余化」と呼ぶ（平山 二〇〇九ａ）。残余化が進んでいくと、所得が基準を超えて民間の賃貸住宅に入ることができるとされる入居者に対しては住宅の明け渡しを求め、より困窮と認められた人々を入居させることが強調されるようになる。そうして、公営住宅はメインストリームの人々からさらに切り離されていった。

住宅不足への対応
——日本住宅公団

主にメインストリームの人々に対する、政府による住宅供給の役割を担うことになったのが、一九五五年に設立された日本住宅公団である。一九五五年には、依然として二七〇万戸程度の住宅が不足しており、特に人口が急増する大都市での住宅不足が深刻であった。地方自治体を主体とする公営住宅の供給では間に合わず[7]、日本住宅公団が、郵便貯金などを用いた財政投融資資金や生命保険借入金などの民間資金を活用しながら、大都市近辺での大規模な宅地開発を主導することになったのである（本間 二〇〇四）。比較的低金利とはいえ民間資金も活用しており、原価主義が採用されてはいるものの、同時に公的な住宅供給としてなるべく低廉な家賃を設定されることが求められていた。この点で、公団住宅と公営住宅の関係は常に問題視されてきた(8)。

日本住宅公団は、短期間で大量の住宅を供給するために、「団地」と呼ばれることになる大規模な宅地開発を行っていく。未開発地を中心に大量の土地を買収し、道路や上下水道を割安に設置して価値を高める手法をとったのである。設立当初の「団地」は五〇〇戸程度の住宅からなっていたが、次第に大規模化し「ニュータウン」と呼ばれる巨大事業を実施する。その嚆矢が、一九六〇年に着手された千里ニュータウンであり、その規模は公団住宅だけで一万戸以上、公営住宅やその他の住宅を含めると四万戸近いものだった。日本住宅公団によって建設された団地は、日本にとっての初めての鉄とコンクリートで作られた本格的な集合住宅であり、思い切ったデザインや住棟の配置、それらが作り出す景観に加えて、西洋式の生活スタイルを前提とした住宅は、非常に人気が高かった。そのため、入居するには、何十倍もの倍率になる抽選を通過しなければならないほどだった。第４章でも触れるように、このような団地は、日本における集合住宅のモデルを作り出してきたとも評価される。

とはいえ団地は、常に地方自治体に歓迎されたわけではない。千里ニュータウンのように戸数に比べて税収への貢献が高い地域もあるが（住田 二〇一五）、団地の建設に伴って鉄道やバスなどの公共交通や小・中学校などの施設整備が求められ、それが大きな負担となるからである。しかし公団としても、政府が掲げた目標戸数をクリアしなくてはいけない。その結果、都心から離れた未開発地域でまとめて大量の住宅供給を行う「ニュータウン」という手法に頼らざるを得なかった。一括買収することによって、全体として地価を抑え込むことができるほか、道路や上下水道、公共施設などについても規模拡大のメリットがあると考えられていたからである（住田 二〇一五）。

一九七〇年代に入ると、列島改造ブームによる地価の高騰もあり、事業の停滞が顕著になる。表2-2にあるように、七〇年代以降に策定された五カ年の住宅建設計画で、目標とする戸数に全く届かないのである。しかし公団は、定められた戸数を建設することにこだわり、都心からより遠い利便性の低い地域に用地を取得し続ける。激しい人口移動が収束した七〇年代半ば以降、遠隔地での大規模な宅地開発は、新しい社会資本（インフラストラクチャー）を必要とするだけ却って割高となって人々から敬遠されただけではなく、未利用地も多く公団の財政を圧迫した（本間 二〇〇四）。一九七五年には、大都市周辺のニュータウン開発を専門に行う宅地開発公団も創設され、事業のテコ入れが図られたが、この宅地開発公団も結局六年間で解散され、日本住宅公団と合併して住宅・都市基盤整備公団となった。

表2－2　住宅建設計画の戸数と実績

（単位：千戸）

	第1期 1966～70年	第2期 1971～75年	第3期 1976～80年	第4期 1981～85年	第5期 1986～90年	第6期 1991～95年	第7期 1996～2000年	第8期 2001～05年
公営住宅	520	678	495	360	280	315	415	262
（実績）	478.9	494	360.5	251	216	333	311	
公庫住宅	1080	1370	1900	2200	2250	2440	2325	2185
（実績）	1087.3	1664	2547	2457	2496	3139	2718	
公団住宅	350	460	310	200	130	140	105	125
（実績）	335	284	163	105	107	108	83	

（出典）本間（2004）18～19頁から筆者作成。

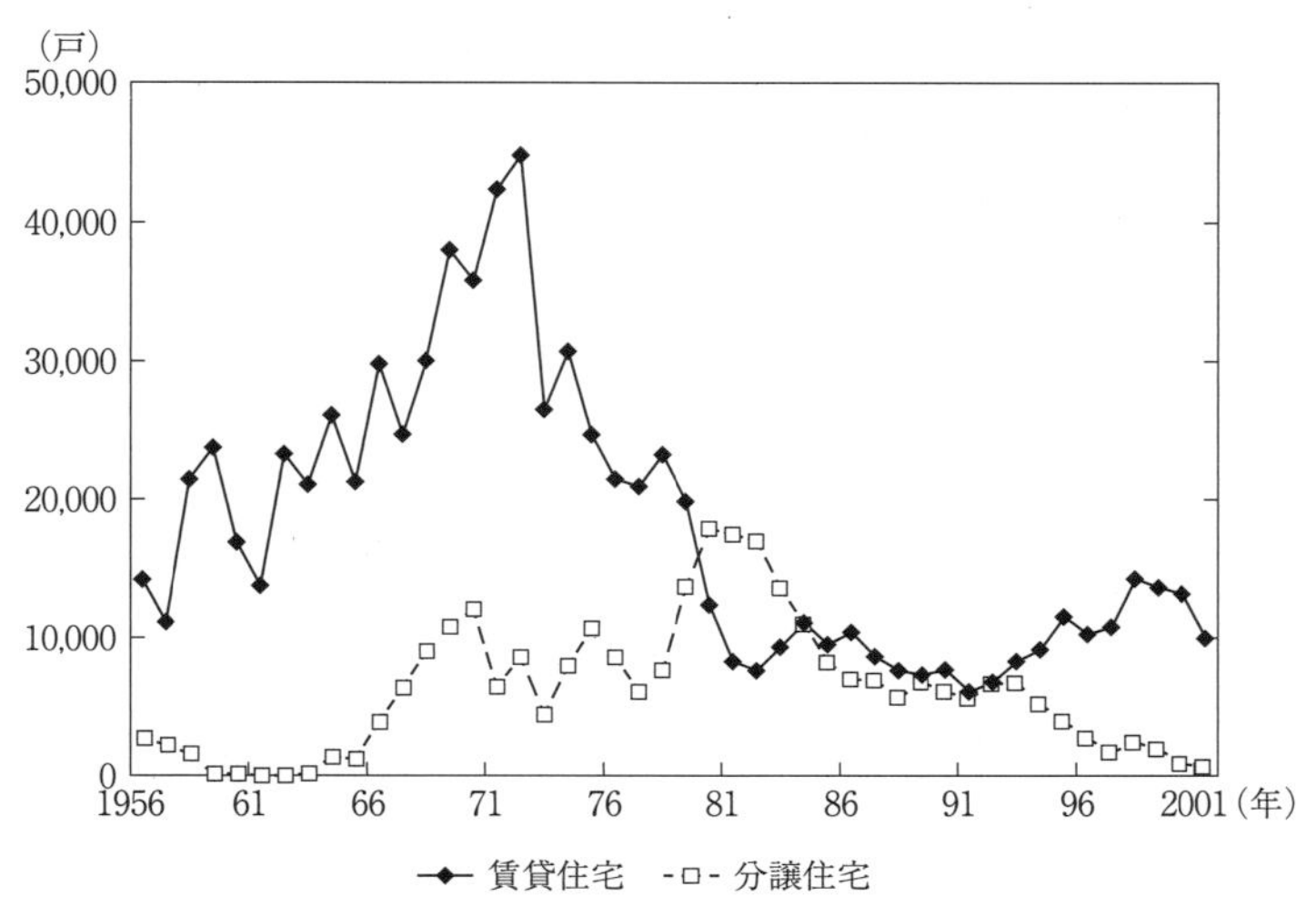

図2－2　日本住宅公団・都市公団による住宅供給

（出典）本間（2004）198頁から筆者作成。

日本住宅公団によって建設された住宅は、当初は賃貸が中心であったが、公営住宅と同様に、七〇年代前半からその建設戸数は減少する（図2-2）。持家取得の傾向が強まる中で、家族向けの良質な賃貸住宅の提供という観点から重要な役割を果たしていたが（中澤 二〇〇六）、それでも供給が減少していったのは、公営住宅と同様に公的な財源を用いて相対的に安い賃貸住宅を政府が供給することの正当化が難しくなっていることを表していると考えられる。それに代わって八〇年代初めに分譲住宅が増えるが、その期間も数年にとどまる。地価の高騰がより激しくなって供給が困難になったことに加えて、利便性の高い地域に建設される民間マンションと比べると魅力に欠ける。しかも、より魅力のある分譲住宅を作ろうとすると民業圧迫という厳しい批判を受けることにもなる。こうして、メインストリームの人々の住宅は、政府の直接供給によらず、持家を中心とした民間供給に委ねられることになっていったのである。

購入資金を融通する
——住宅金融公庫

多くの人々にとって、住宅を購入するための資金を調達するのは簡単ではない。年収の何年分、というような資金が必要であり、それを長期にわたって返済するしかないわけだが、誰もそれを簡単に貸してくれないからである。資金を貸す銀行などは、なるべく高い金利で、早めにきちんと返してくれるような事業者に貸したがる。特に、借りたいような事業者が多い場合には資金への需要が逼迫し、個人の住宅への貸出は後回しにされてしまうだろう。終戦直後から高度経済成長期にかけては、このように資金需要が逼迫する時期であった。戦争によって抑えられていた産業が勃興し、当時の基幹産業であった鉄鋼や石炭をはじめとした重点産業に資金を回すことが重視された。資金の貸し手としても、重点産業の周辺の、生産性の高い事業に貸すことで大きな利益が期待できたと考えられる。

このような時期に、個人の住宅建設に対して、長期・低利の資金供給を行うため、一九五〇年に設立されたのが、全額政府出資の金融機関である住宅金融公庫である。設立の背景には、住宅を作りたいが銀行は相手にしてくれない、政府の手で住宅資金を貸す金融機関を作って欲しいという人々の要望があった。建設省住宅局では、そのための資金を大蔵省の預金部（当時）の財投資金に求めたが、直接個人の住宅に貸し出すことは認められず、復興金融公庫や一般の銀行も、基幹産業を中心とした融資の姿勢を堅持していた。そのような中で、GHQが出した金融改革案に「住宅並びに土地開発に対する資金供給面で、普通銀行を補完するのに必要と認められるような恒久的特殊金融を設立する」ことが示唆され、それをきっかけに政府の住宅対策懇談会の議論を経て、住宅金融公庫が設立されることになったのである（大本編 一九九一）。

住宅金融公庫による融資は、公営住宅・公団住宅による住宅供給と並ぶ「住宅政策の三本柱」のひとつとされる、住宅政策の重要な手段であった。その特徴は、都道府県の建築部局による適合審査をクリアした住宅を対象に、建設費の一部を低利で融資して建設をうながすというものである。これによって、住宅購入者の自助努力を第一としながら、一定の質を満たした住宅を大量に供給することができるようになった。法律で定められた上限金利は年五・五％となっていて、これは当時の民間銀行による住宅ローンの金利はもちろん、公定歩合などと比べても低い水準であった。そのために、多くの人々が住宅金融公庫の貸付を求め、抽選によって貸付が決まっていた。たとえば、初年度における個人住宅への融資実績は、一三万以上の申し込みに対して六万戸程度の融資契約となっている（住田 二〇一五）。

自助努力を中心とする住宅金融公庫は、住宅政策の中で大きな位置を占めるようになった。すでに表2－2で示したように、公営住宅や公団住宅は、国が定めた住宅建設計画における計画戸数に、実際に供給された戸数が届かないことが続いていたのに対して、公庫住宅は計画を上回る数の供給がなされてきた。とりわけ高度経済成長を経て公営住宅や公団住宅といった政府が直接供給する住宅の量が少なくなり、また民間の賃貸住宅が相対的に貧弱であった日本の住宅供給において、多くの個人が持家を建設するときに利用した住宅金融公庫は、「三本柱」の中でも最も重要な柱へと育っていったとも言える（本間 二〇〇四）。

住宅金融公庫の融資は、原資として主に財政投融資資金を用いており、その金利は貸付金利よりも高い。その差額を埋めるために、政府から利子補給金が支出されていたが、その額は一九八〇年代以降、年間三～四〇〇〇億円にも上った。住宅金融公庫の融資を通じた持家の拡大は、要するにこのような利子補給の拡大を伴って行われたのである。特に、一九七〇年代半ばからは、住宅建設

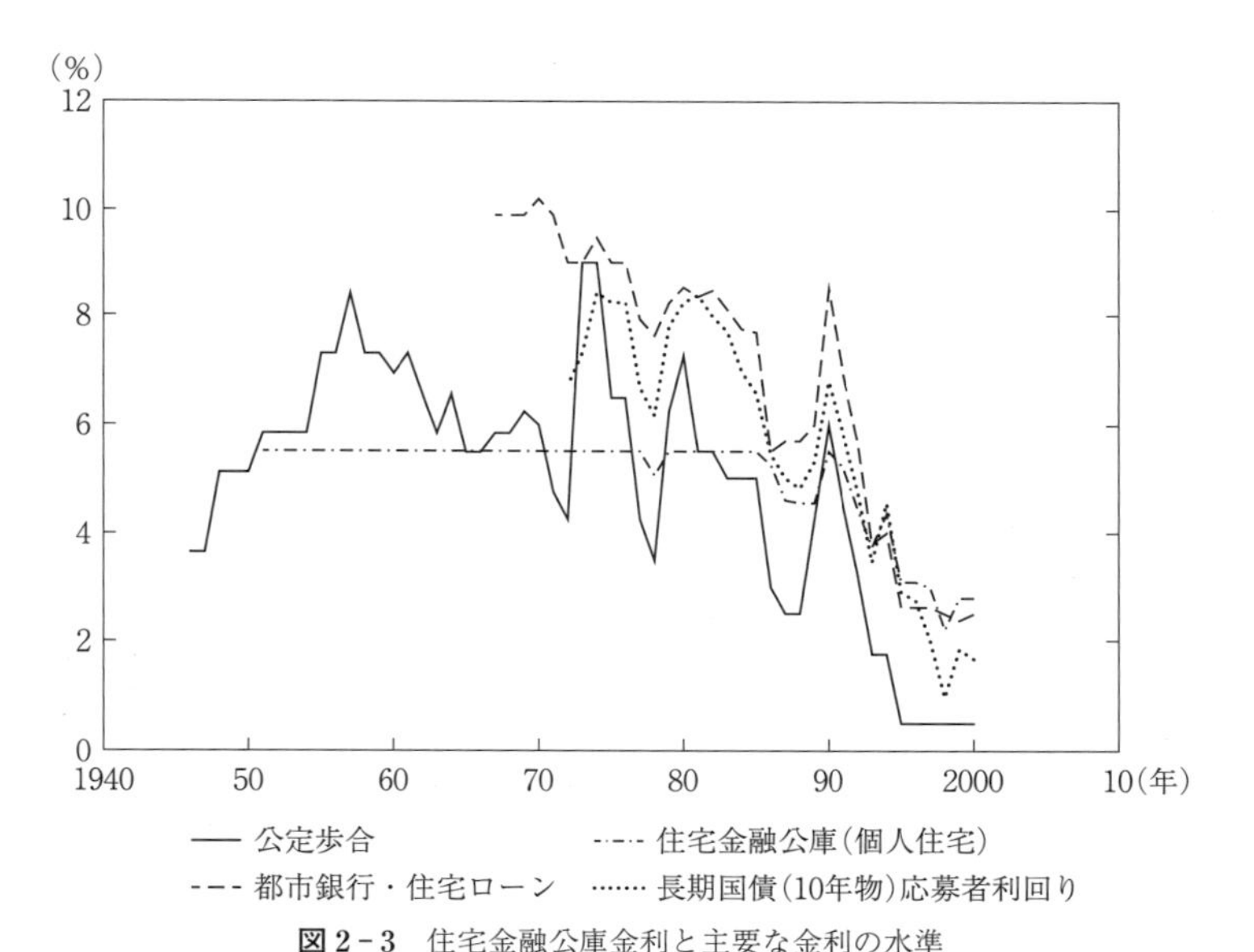

図2－3　住宅金融公庫金利と主要な金利の水準

（出典）日本の長期系列統計（http://www.stat.go.jp/data/chouki/14.htm），旧住宅金融公庫融資基準金利の推移（http://www.jhf.go.jp/faq/kijunkinri.html）から筆者作成。

が景気対策の色彩を強め、貸出額が拡大していく。他方で、融資を利用する、自助努力で持家を購入する層に対して、それだけの額が補助金として「再分配」されることが妥当かどうか、常に批判も存在していた。

さらに、このように融資額を拡大する中で、経営をめぐる問題も生じるようになった。ひとつは、借り手の裾野が広がることで生じた返済不能者の増加である。特に、八〇年代半ば以降の土地バブルとその後のバブル崩壊によって、多くの融資を受けたものの返済できない、という人々が増加したのである。また、やはりバブル以降に金利が下落した後、グローバルな金融の自

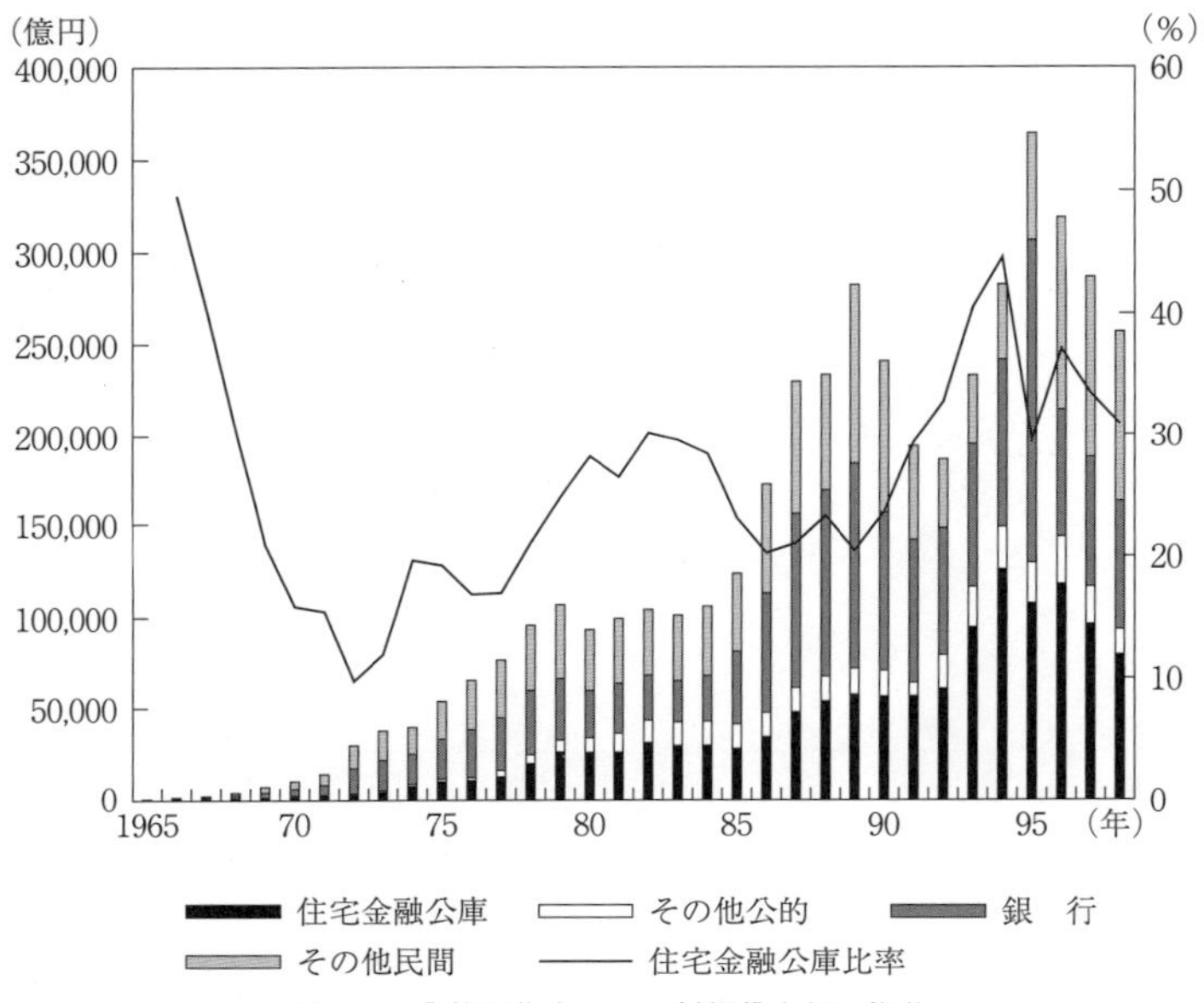

図2-4　業態別住宅ローン新規貸出額の推移

（出典）住宅金融公庫編（2000）から筆者作成。

由化も相まって、民間の金融機関との競争が激化した（図2-3、図2-4）。以前は住宅金融公庫の融資が有利な条件を提示していたが、必ずしもその金利が他よりも低いわけではなくなる中で、より低い金利を求めて銀行の住宅ローンに借り換える、という人々が増えていったのである。

その結果、繰り上げ返済が増える一方で、住宅金融公庫は高金利の財政投融資資金への元利償還が求められるため、財政負担が拡大する要因となった（会計検査院「平成一三年度決算検査報告」）。

足りない柱
——家賃補助

「住宅政策の三本柱」は、住宅政策

の全てではない。もうひとつ、多くの国で採用されている重要な政策手段として、賃貸住宅の利用者に対する家賃補助を挙げることができる。特に低所得者に対して家賃補助を行うことで、それなしでは購入できない住宅サービスを利用できる状況を生み出すものである。多くの国では、所得と連動したかたちで、家賃が所得の一定割合を超える場合の補塡を行うかたちで実施されている[(9)]。

福祉国家を形成する先進国における住宅問題への取り組みとしては、まず家賃統制が導入され、その後政府による直接供給が進められてきた（Kemp ed. 2007）。そこまでは日本も同様だが、その後政府が直接供給から住宅サービスを利用する消費者に資金を給付することで、間接的に住宅問題に取り組む国が少なくない。表２－３に示されているように、欧米の先進国での家賃補助を見ると、福祉を家族に依存する傾向がある南ヨーロッパの国々（ギリシャ・ポルトガル・スペイン・イタリア）では家賃補助が導入されていないが、たとえばイギリスやフランス、スウェーデンなどでは全世帯の約二〇％もの世帯が家賃補助を受けている（齋藤 二〇一三）。家賃補助を導入した国では、早い段階で家賃統制が解除されたタイミングで、家賃

表２－３　各国の家賃補助の支給規模

（単位：％）

	支給費の対 GDP 比	受給世帯の割合
オーストラリア	0.30	14
ニュージーランド	0.49	18
カナダ	0.02	1未満
アメリカ	0.10	2
イギリス	1.10	16
フランス	0.92	23
ドイツ	0.23	9
オランダ	0.35	14
スウェーデン	0.57	20
チェコ	0.10	7

（出典）齋藤（2013）11頁から筆者作成。

の上昇分を補塡する措置として家賃補助が広がる傾向にあった（Kemp ed. 2007：小玉 二〇一七）。このような国では、政府が住宅困窮者のみに対して住宅を供給するということではなく、より幅広い層を対象とした社会保障のひとつとして、住宅政策が位置付けられることになったのである。

日本では、需要面の政策である住宅金融公庫の融資は非常に大きな役割を果たしてきたが、同じ需要面でも賃貸住宅を利用する人々を支援するような家賃補助は極めて限定的であった[10]。代表的な家賃補助と考えられてきたのは、生活保護のひとつである住宅扶助である。生活保護の支給が決定した人に対して、住宅にかかる費用を援助するものだが、これは住宅についての制度ではなくて、あくまでも生活困窮者に対する制度とされている。実際、公営住宅の制度が作られたときに、住宅扶助との関係が議論されたが（大本 一九九四）、両者は全く異なるものとして扱われ、結果として当初の公営住宅は相対的に中間層に近い層を対象とすることとされた。住宅扶助を生活保護制度から分離して、独立した家賃補助を創設すべきであるという議論は、とりわけ近年、政府の審議会などでも行われているが、実現には至っていない（小玉 二〇一七）。

日本で家賃補助といえば、国によるものよりも、企業が福利厚生として従業員に提供するものが普及していると言えるかもしれない。しかし、潤沢な家賃補助ができるのは、所得の高い労働者が多い有力な企業に限られる。中小企業の労働者や、企業に所属しないような相対的に所得の低い人が補助を受けることは難しい。人事院が行っている職種別民間給与実態調査の二〇一六年のデータによれば、規模が五〇〇人以上の企業の五七％が家賃補助を支給しているのに対して、五〇～一〇〇人の企業ではその割合は四〇％にまで落ち込んでいる。このような家賃補助は、一般的に人々の住宅取得を助けて個人間の格差を縮小するものというよりも、相対的に恵まれた人々の住宅取得をより容易にする、どちらかといえば格差を拡大させるような性格があったと言えるだろう。

3　住宅政策の転換

公営住宅の転換
——家賃補助への接近

一九九〇年代初頭にいわゆるバブル経済が崩壊した後、それまでの住宅政策は大きな転換を迫られることになった。まず大きな改革が行われたのが公営住宅制度である。一九五〇年に制定された公営住宅法は、高度経済成長などの社会変化に応じて何度か改正を重ねてきたが、「新法」と呼べるほどの大改正が行われたのが一九九六年である。この改正では、まず政府が直接住宅を建設することに加えて、一定水準の質や規模を備えた民間住宅を、借り上げたり買い取ったりして公営住宅として提供できるようになった。その背景には、都市部の地価上昇や財政負担を嫌う地方自治体の反発による用地の取得難などによって公営住宅の建設が難しくなっていたことがある。さらに、その後の地方分権改革を経て、求められる住宅の質も全国一律の度合いを緩めて、地方自治体が条例で基準を定めることができるようになった。

より抜本的な制度改革は、応能応益家賃制度の導入である。従来の公営住宅法のもとでは、建設にかかった費用から国の補助金などを除いた額を原価として用いた原価主義で家賃が算定されることになっていた。国の補助が二分の一である第一種公営住宅と三分の二に上る第二種公営住宅があり、後者ではより安い家賃で住宅が提供されることになっていたのである。しかし、地価や建設費の上昇によって原価主義は事実上破綻しており、それに代わる適切な家賃決定のルールは整備されていなかった。

そこで導入された応能応益家賃制度とは、原価主義を採用せず、入居者の収入をもとに（応能）、提供される住宅の立地や規模を加味して（応益）、家賃を決めるものである。しかし、この家賃は近隣の似たような民間住宅（近傍同種の住宅）で設定される市場家賃を上回ることはない。高くなってしまうと公営住宅として求められる機能を果たせないからである。ただし、入居者の収入については毎年の申告が必要とされ、定められた収入を超えた場合には、近傍同種の住宅の家賃を上限に収入を勘案した割増家賃が設定されるとともに、明け渡しの努力義務が課されることになる。なお、収入が基準を大きく超える「高額所得者」にはより厳しく明け渡しが求められる。

特筆すべきことは、応能応益家賃制度の導入に合わせて補助の方法が変わったことである。従来は建設費に対する二分の一あるいは三分の二の補助に限られていたが、この初期負担に対する補助を一部残しつつ、近傍同種の住宅の家賃と応能応益家賃の差額について一定期間補助する「家賃対策補助」が新設されたのである。つまり、事業主体である地方自治体にとっては、どのような収入の入居者であっても公営住宅の運営を通じて近傍同種の住宅程度の家賃収入を確保して、長期的な事業の継続が可能になるのである。現在では、この家賃対策補助は、三位一体改革に伴う税源移譲を受けて、地方自治体によって行われることになっている。

この大改正による重大な転換は、入居者の収入にかかわらず、基本的には地方自治体が民間の事業者と同じように市場家賃を受け取りながら公営住宅が整備されるようになることである。入居者は家賃対策補助を受けながら住宅サービスを購入することになり、地方自治体は民間と同様に長期での収支を計算しながら住宅サービスを供給することになる。つまり、日本で行われてこなかった家賃補助の形式に近いのである。定期借家契約を用いながら民間住宅を特定期間で借り上げて公営住宅として活用するときに、特にその傾向は強くなるだろうし、住宅政策を所管する国土交通省もそのような方向性を示唆している（国土交通省住宅局 二〇〇九）。

家賃補助に類似した制度の導入は、日本の住宅政策の歴史において大きな前進と言えるが、課題は事業を行う地方自治体の財源不足である。住宅に十分な財源が割かれなければ公営住宅を増やすこともできない。現状の制度では、あくまでも公営住宅に入居することができた人々に限定された家賃補助に類似した制度となっており、より幅広い層に対して所得に応じて給付する家賃補助とは大きく異なる。限られた住宅を利用するために厳しい収入基準が必要となり、それを超える収入超過者は立ち退きを迫られることになりかねないのである。

日本住宅公団――都市再生への傾斜

日本住宅公団は、一九八一年に宅地開発公団と合併して住宅・都市整備公団（住都公団）となってから、分譲住宅供給とともに再開発事業やまちづくり事業へのシフトをめざした。しかし、マンションなどの民間住宅と直接競合するかたちになり、「高・遠・狭」という不評と、民業圧迫という批判に悩まされることになる。一九九〇年代に入ると、新規の住宅開発はほとんど行わず、それまでに作られてきた賃貸住宅の建て替えが中心となった（増永 二〇一二）。

その後住都公団は、一九九九年に都市基盤整備公団に、そして二〇〇四年には独立行政法人都市再生機構に改組され、区画整理事業や再開発事業などを主に手掛けることになる。住宅を直接供給するのではなく、都市再生とも呼ばれる民間住宅が円滑に供給されるための基盤整備を主要な任務としていったのである。他方、従来からの賃貸住宅事業については、公営住宅と同様に、原価主義で設定されていた家賃が一九九九年以降は市場家賃で設定されるようになった。それまでの公団住宅は、原価主義を前提に、住宅の耐用年数を長くすることで家賃を低く抑えていたが、この変更で民間の住宅と基本的には同じような家賃設定が可能となったのである。

さらに二〇〇七年以降は、行政改革の一環として民営化も検討された。優良な賃貸住宅を民間に売却して、従来のニュータウン事業で生じた負債を減らし、高齢者や低所得者を対象とした賃貸住宅事業は地方自治体に移管し、そのうえで民間支援を行う都市再生事業によって収益を上げようというのである。しかし、既存の賃貸住宅の住民からの反発は大きく、また民間企業として抱えるには有利子負債が多すぎることから、民営化は現実的ではないと判断されることになった。

民営化こそ行われなかったが、一連の改革で、公的に安価な住宅サービスを提供するという日本住宅公団の当初の機能は基本的に終了した。そして、民間住宅の供給の前提となる事業を主な業務とする一方で、市場家賃による賃貸住宅事業が行われることになった。とはいえ後者のうち、高齢者や低所得者に対する賃貸住宅事業では、国からの補助金を用いながら家賃減額を行うことになった。これを入居者に対する家賃補助と考えれば、この部分での公営住宅との連続性は強くなったと言えるだろう。

住宅金融公庫
――民間の住宅金融支援へ

住宅金融公庫も、日本住宅公団と同様に、民間との競争によって苦しい立場に追い込まれた。一九八〇年代後半から優良な企業が資金調達を株式や社債などの直接金融に移行していったことを受けて、それまで主に企業の設備投資への融資を利益の源泉としてきた銀行が、本格的に住宅ローン業務に参入してきたのである（瀬古 二〇一四）。さらに、九〇年代に入ると金利が低い状況が続き、住宅ローンについての規制緩和もあって、それ以前からの住宅金融公庫の長期固定金利が民間金融機関の金利と比べて割高と判断されるようになった。そのため、融資利用者が民間に借り換えようとする中で繰上償還が激増し、これが財政を圧迫したのである。

他方で、一九九〇年代初頭に住宅ローンの新規貸出額における住宅金融公庫の融資は大きく拡大していた。バブル経済崩壊後、政府は持家取得を促進するために、住宅ローン減税や相続税の特例とともに貸出基準の緩和も進めていたのである。そのため、低金利で民間金融機関の住宅ローンが拡大していても、たとえば雇用形態や業種などを理由に民間金融機関から資金融資を受けられなかった人々の受け皿になっていたことが指摘されている（中澤 二〇〇六）。すでに述べたように、もともとは比較的高所得の層を念頭に創設された住宅金融公庫だが、その公的金融という性格から、一定の基準を満たせば利用は可能だからである。住宅更新のために持家取得が必要とされる中で、民間金融機関から有利な条件で資金を調達できない人々に対して、住宅金融公庫が下支えをしていたと言える。そのような役割が社会的に重要なことは言うまでもないが、参入を拡大する民間金融機関が低リスクで比較的容易に貸出が可能になる層を対象にするのに対して、住宅金融公庫が相対的に大きなリスクを抱えることにもなった。

もともと、民間金融機関では個人住宅のための長期・低利の融資が行われないということで住宅金融公庫が設立され、郵便貯金・簡易保険や年金を原資とした財政投融資を通じた事業が行われてきた。しかし、低金利が続いて資金調達が容易になり、民間金融機関による住宅ローンが拡大する中で、このしくみが見直されることになった。住宅金融公庫については、二〇〇一年に閣議決定された特殊法人等整理合理化計画に基づき、融資業務を災害復興や密集市街地の住宅建て替え、サービス付き高齢者向け賃貸住宅の建設など政策的意義の高いものに限定して、民間金融機関による住宅ローン貸付の支援に回ることが求められた。そして、二〇〇七年には新たに住宅金融支援機構へと改組されることになる。

民間金融機関への支援として始められたのが、住宅ローン債権の証券化事業である。【フラット35】と呼ばれる事業では、民間金融機関に保有されている住宅ローン債権を住宅金融支援機構が買い取り、これをもとにした住宅ローン担保証券を投資家に対して販売することで資本市場から資金調達を行うのである。このような住宅ローンの証券化は、二〇〇〇年代初頭に注目され、民間事業者も参入して急速に増加したが、アメリカにおける同様の証券化手法を用いた「サブプライムローン」に端を発する世界的な恐慌の後に民間事業者の多くが撤退し、住宅金融支援機構が主要な役割を果たしている（図２－５）。

住宅金融公庫が廃止されたとき、民間金融機関による選別で、持家による住宅更新を必要としてもできない人々が増えることについての懸念が指摘されていた（島本 二〇〇五：中澤 二〇〇六）。しかし、低金利が続く中で、民間金融機関によって提供される住宅ローンは、人々が住宅を確保するために重要な役割を果たすことになったと考えられる。二〇〇〇年代以前は、二割程度の自己負担、いわゆる「頭金」を用意したうえ、高い金利が求められたのに、必要とされる自己負担は減少し

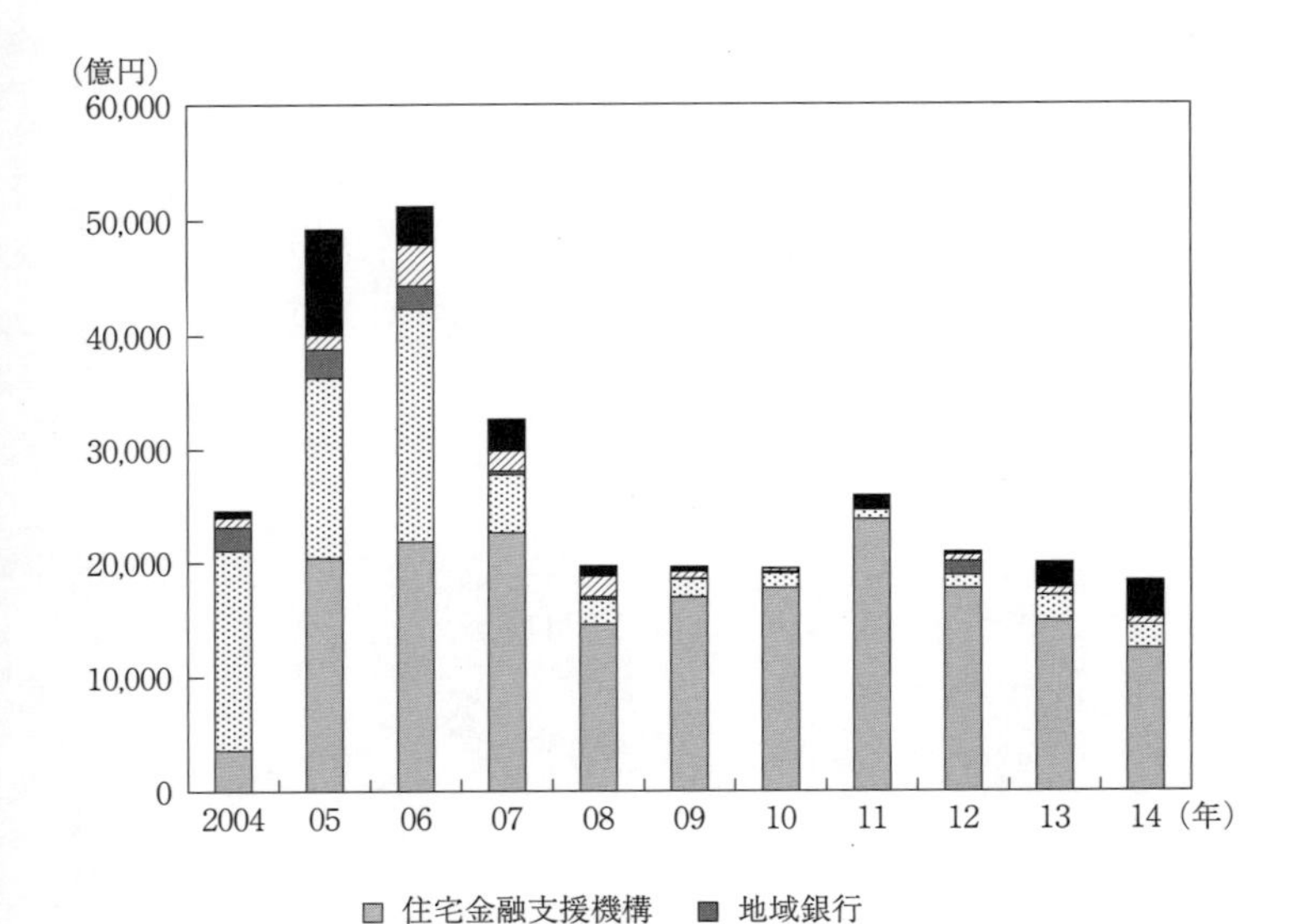

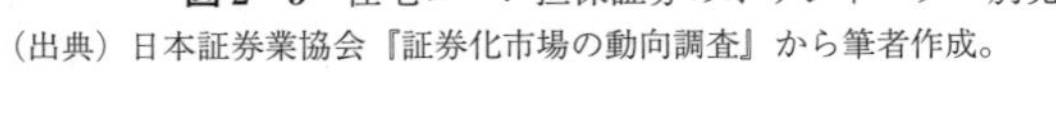

図 2-5　住宅ローン担保証券のオリジネーター別発行金額

（出典）日本証券業協会『証券化市場の動向調査』から筆者作成。

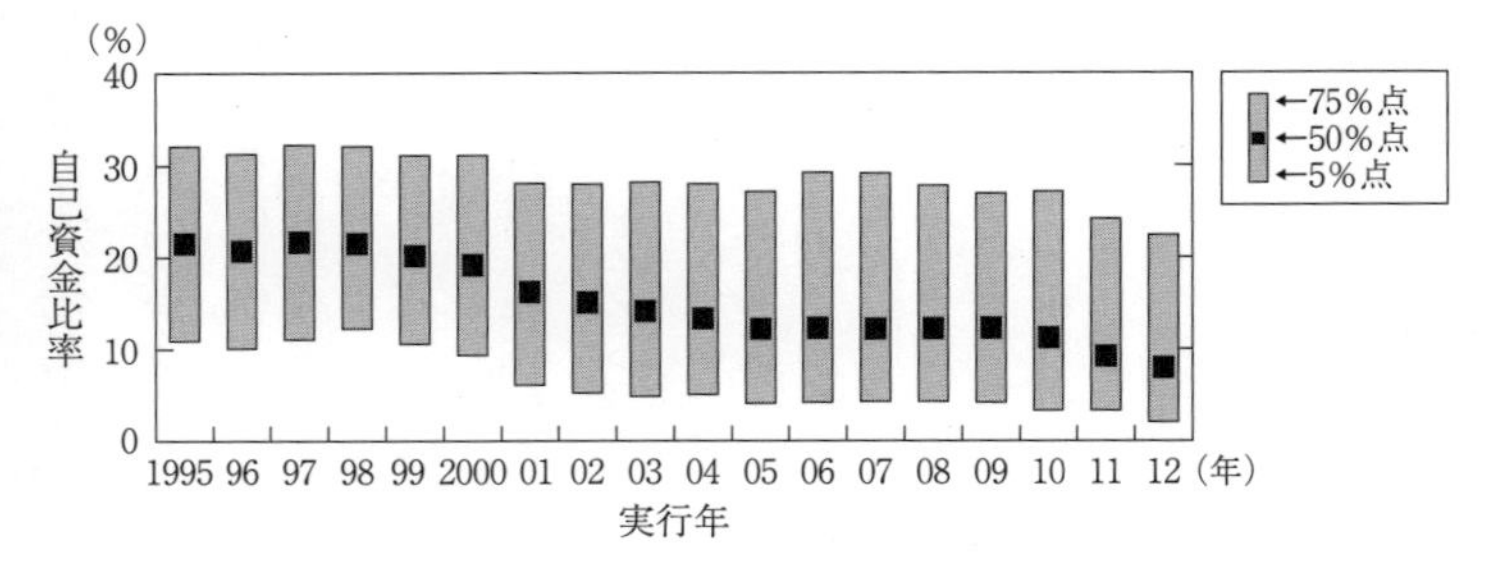

図 2-6　住宅ローン借入者の自己資金比率の変化

（出典）株式会社三菱総合研究所 HP コラム「住宅ローンの収益リスク管理高度化」（http://www.mri.co.jp/opinion/column/housing_loan/2013405.html）。

（図2－6）、しかも低金利のおかげで、若年層など相対的に所得が低い層でも住宅を購入できた。言うなれば、住宅を必要とする人々は、政府による住宅の直接供給や家賃補助に頼るのではなく、資金調達を容易にする金融市場に頼って持家を購入することを通じて住宅を確保する傾向を強めたのである。

4　国際比較の中の日本

二元モデルと単一モデル

ここまで本書では、日本における住まいをめぐる人々の選択と、それを取り巻く「制度」について議論してきた。そこで指摘してきた顕著な特徴は、特に家族向けの賃貸住宅は持家と比べて設備などの面で劣る傾向にあり、割高となっているために、人々は持家の購入を通じて住宅を更新していくということであった。しかも、購入される住宅は主に新築であり、中古住宅市場は発達していないということも重要な特徴のひとつとなっている。

人々が住宅サービスを購入することに対する政府による支援も、持家に偏ったものだった。住宅金融公庫を通じた低利での融資は、人々の住宅所有を大きく拡大させることに貢献した。さらに、額の大きい住宅への投資は、しばしば景気対策として重要な意味を持っており、不況に陥るたびに住宅金融公庫からの貸出額は拡大されていた。他方で、政府による賃貸住宅への支援は限定的であった。制度の創設当初は中間層をも対象としていた公営住宅は、次第に対象者を低所得者や障害などを抱えた困窮者へと限定し、一般の人々からは切り離されていった。また、とりわけ高度経済成長期には、日本住宅公団を通じた賃貸住宅の供給が行われていたが、一九七〇年代以降は地価の上昇によって土地の取得が困難になり、事業が停滞していった。

このような日本の特徴は、先進諸国の住宅所有について国際比較を行ったケメニーの議論を援用すれば（Kemeny 1995）、政府やNPOのような非営利主体が提供する社会住宅と、民間の事業主体が提供する営利目的の賃貸住宅が異なるものとして分離される二元モデル（dualist model）として整理できる。営利を追求する民間の事業主体は、借り手の権利が強いという制約の中で、小規模な賃貸住宅を中心に提供する傾向が強く、取引費用の高い家族向けの住宅はなかなか提供されない。他方で、政府などによる支援の対象となる人々は、基本的に困窮者に限定され、社会において周辺的・残余的に扱われる。政府の支出は限られていて、そもそも政府の支援を受けるのが難しいし、仮に支援を受けて社会住宅に入居できたとしても、多くの人々が受けていない支援を受けているということで、スティグマが付与されることが少なくない。

ケメニーが、このような二元モデルと対立的なかたちで示すのは、単一モデル（unitary model）の国々である。単一モデルの国々では、政府やNGOが提供する社会住宅と、民間の賃貸住宅が統合的に扱われることになる。民間の事業主体も、好きなように営利を追求することが許されているわ

表２－４　1993年のヨーロッパ諸国における持家と借家の割合

（単位：％）

国　名	持　家	借　家	民間賃貸	社会住宅	その他	住宅保有の特徴	モデル
アイルランド	80	20	9	11	—	持　家	二　元
スペイン	76	18	16	2	—	持　家	二　元
フィンランド	72	25	11	14	—	持　家	単　一
ギリシャ	70	26	26	0	—	持　家	二　元
イタリア	67	14	8	6	19	持　家	二　元
ルクセンブルク	67	33	31	2	—	持　家	二　元
イギリス	66	34	10	24	0	持　家	二　元
ポルトガル	65	32	28	4	3	持　家	二　元
ベルギー	62	37	30	7	—	持　家	二　元
ノルウェー	60	22	18	4	18	借　家	単　一
フランス	54	38	21	17	8	借　家	単　一
デンマーク	50	42	24	18	8	借　家	単　一
オランダ	47	53	17	36	0	借　家	単　一
スウェーデン	43	38	16	22	19	借　家	単　一
オーストリア	41	45	22	23	14	借　家	単　一
ドイツ	38	62	36	26	—	借　家	単　一
スイス	31	63	60	3	6	借　家	単　一
日本（1993年）	59.8	33.5	26.4	7.1	5	持　家	二　元
日本（1998年）	60.3	34.2	27.4	6.7	3.9	持　家	二　元

（注）なお，日本の「その他」は給与住宅。日本の他，「その他」カテゴリーが不明な国には，合計が100％にならない国がある。

（出典）元データは佐藤（1999）。このデータは菊地・金子（2005）を一部改変して筆者作成。

けではなく、政府による厳しい規制を受ける一方で、住宅の建築や修繕に補助を受けることができる。そのために、単身世帯中心の小規模な賃貸住宅だけでなく、家族向けの賃貸住宅も作られることになる。さらに、二元モデルの国と比べて社会住宅が多くの人々に開かれているために、選別された困窮者以外でも利用可能となっているのである。

両者を分かつポイントは、社会の主流をなす中間層が住宅更新を行うときに、持家という選択のみを強いられるか、賃貸住宅も利用可能かというところである（佐藤 二〇〇九）。単一モデルの国々では、家族向けの賃貸住宅という選択肢が広く存在し、しかも民間の事業主体が運営する賃貸住宅でも、政府の規制が入っていて家賃が抑えられているため、多くの人々が賃貸住宅を利用することができる。他方、日本を含めた二元モデルの国々では、賃貸住宅に対する政府の介入が少なく、多くの人々の住宅をめぐる選択肢から、公的な住宅はそもそも排除されている。民間の事業主体が運営する賃貸住宅で住宅更新を行おうと考えても、家族向けの住宅はあまり提供されておらず、割高となりやすい。結局持家という選択肢を取らざるを得ないのである。

やや古いデータではあるが、ヨーロッパ諸国における持家と借家の割合を示した表2－4は、単一モデルの国と二元モデルの国の違いを明らかにしている。フィンランドのような例外的な国もあるが、基本的には単一モデルの国では持家率が低く、二元モデルの国では持家率が高くなっている。二元モデルでも、社会住宅の割合が比較的高いアイルランドやイギリスでは、とりわけ民間の事業主体による賃貸住宅が少なくなっていて、住宅を更新するためには持家を購入する以外の選択肢がほとんどない状況であった。

差異の消失？

国際比較を通じて二つのモデルを提示したケメニーは、両者の違いの原因を、それぞれの国で発達してきた住宅供給における国の役割についての哲学に求めている（Kemeny 1992＝2014, 2001）。単一モデルの国々では、賃貸住宅の供給に国が直接責任を持ち、国や地方自治体が独占するかたちで非営利の賃貸住宅が組織される。非営利を旨としているそのような賃貸住宅はもちろんのこと、強い規制を受けている民間の事業主体にしても、営利の追求が抑制されている。他方、二元モデルの国々は、住宅の取得をあくまでも個人の問題として捉える傾向がある。持家にしても賃貸住宅にしても、民間の事業主体が競争しながら住宅を供給するため、取引費用の大きい家族向けの賃貸住宅は供給されにくく、持家が優位となる。政府は、どうしても住宅に困窮する人々に対して支援を行う立場をとるが、その規模はそれまでの経緯に依存する。前者の哲学は、平等を志向する社会民主主義（あるいはコーポラティズム）に、後者の哲学は自由主義に重なるものであると言えるだろう。

ところが、冷戦の崩壊後、低成長による財政資源の制約とともに、社会民主主義の行き詰まりが見られる中で、イギリス労働党の提示した「第三の道」に典型的に示されるように、社会民主主義政党が、自由主義的な手法を取り入れる傾向がある。両者の違いが、それ以前と比べて薄れてきているると考えられるのである。その結果、単一モデルとされた国々においても、金融資産としての性格を持つ持家の意味が重要になりつつある（Dewilde and Ronald eds. 2017）。そして、支援の方法を見ても、政府が直接住宅の供給にかかわるのではなく、家賃補助を通じた間接的な支援を行う傾向が多くの国で強まってきたことは、二つのモデルの違いの縮小につながっていると考えられる。典型的に社会民主主義的な理念の強い国であるとされてきたスウェーデンやオランダですら、政府による住宅の直接供給はほとんど行われなくなり、家賃補助へと移行している（Kemp ed. 2007）。

家賃補助の導入で強調されるのは、人々の選択である。住宅を供給する側には、様々な制約のもとで価格に応じた住宅を提供することが求められる。政府が安い価格で直接供給する住宅は、市場家賃よりも低い家賃を提示して市場の機能を弱めてしまうのに対して、家賃補助を通じて住宅をその価値に応じた家賃で利用できれば、住宅市場を下支えすることにもつながる。そのような評価を受けて、一九九〇年代以降、国などが所有していた従来の社会住宅を居住者に払い下げることもしばしば行われている。そして、持家を購入する人々が大きく増え、住宅のローンも大きく積み上げられている。そのような統計を踏まえて、二〇一二年の段階では、ケメニーが指摘した差異はもはや問題ではなくなっているとする主張もある（Dewilde 2017）。

ただしそうは言っても、家賃補助はどの国でも同じように導入されているわけではない。たとえば持家所有が多く自由主義的な理念の強いアメリカでは、家賃補助の制度が導入されているが、それは社会民主主義が強い国で導入されている家賃補助のように普遍的な権利として認められているわけではない。社会住宅のように支出を限定して政策を実施するのが難しく、特に景気の低迷期に家賃補助への需要が増えて財政を圧迫する可能性が高いので、緊縮財政を好む国では導入が難しくなるところもあるだろう。また、家賃補助を受ける借り手が必要以上に高い住宅を借りることや、価格を上げることで補助が貸し手に帰着してしまうことも懸念されるので、実施する国や地域において制度デザインの詳細が異なることは少なくない。従来のように二元モデルか単一モデルかという差異が縮小しつつも、家賃補助という政策の中での差異が持続する可能性は低くないだろう。

日本——二元モデルの徹底？

日本では、日本住宅公団を引き継いだ現在の都市再生機構は新規に住宅を供給しておらず、また公営住宅は、老朽化が進む一方で、新規の供給は災害公営住宅を除けば極めて少なくなっている。さらに、一九九〇年代の不況への対策で金利を引き下げてきた中で、持家購入のための金融支援を行ってきた住宅金融公庫が運営に行き詰まり、その業務も大幅に縮小されることになった。そのような政府の公的な介入が縮小するのに加えて、これまで日本における住宅福祉の一部分を担ってきた企業部門も、バブル崩壊後の業績の低迷から、給与住宅（社宅）をはじめとした住宅への支援から撤退している。

二〇〇六年に成立した住生活基本法に至る一連の改革では、政府の住宅の直接供給を縮小させる一方で、広範な家賃補助を含めた「住宅セーフティネットの機能向上に向けた公的賃貸住宅制度の再構築」（社会資本整備審議会住宅宅地分科会答申『新たな住宅政策に対応した制度的枠組みについて』）もうたわれていた。しかし家賃補助は導入されることがなく、住宅への公的支援が実質的に公営住宅に限られている中で、今後は入居基準がさらに厳格化することが考えられる（佐藤 二〇〇九）。日本では、他国と同様の家賃補助を軸とした収れんに向かうというよりも、対象を困窮者に限定した二元モデルをより徹底させるかたちで制度が変更されていると言える。すでに述べたように、公営住宅には家賃補助に近いしくみが導入されてはいるものの、その受給者はあくまでも公営住宅の入居という時点で選別されており、より多くの人々が享受する権利とは異なるのである。

この間、持家の購入を通じた人々の住宅更新を支えたのは、政治よりも市場であったと言うべきだろう。[11] 第3章以降でも見ていくように、人口減少が始まっているにもかかわらず、規制緩和の名の下で、新規に宅地が造成されたり、戸数の多いタワーマンションが建設されたりすることで、相対的に安い住宅が供給され続けており、二〇年近くにわたって極端に低い金利を享受する人々は、住宅金融公庫を頼らなくても、銀行から融資を受けることで住宅を購入することができたのである。もちろん、相対的に安い金利で、相対的に安い住宅を購入することができると言っても、それを可能にする一定の所得は必要である。反対に言えば、そのようなかたちでの住宅取得が困難な人々を支援すべき政治は、十分な役割を果たしてこなかった。民間の賃貸住宅を含めた家賃補助は行われず、市場を通じた持家取得への依存は、住宅更新に持家の購入を必然として、賃貸住宅を相対的に劣悪な状態に留めるという、二元モデル＝持家社会という「制度」を是正するどころか、より強化するものになった。

5　本章のまとめ

第1章でも見たように、日本において、政府による賃貸住宅への支援は弱かった。戦後行われてきた住宅への支援は、住宅金融公庫による持家取得支援が中心になっていったし、他の先進国で導入されているような広範な家賃補助は導入されていない。とはいえ、政府は持家取得だけに力点を置いた政策を行ってきたわけではない。戦後直後にまず制定された住宅への支援は公営住宅であり、住宅難が政治課題となっていた一九五〇年代には日本住宅公団が設立されて、賃貸住宅を中心とした供給が行われてきた。そして公営住宅・公団住宅ともに、その建設のピークは一九七〇年代前半であった。

高度経済成長が終了し、経済成長による自然増収が途絶える中で、賃貸住宅への支援は下火になっていく。公営住宅・公団住宅ともに建設数は一気に減少し、入居者が限られていくことになった。多くの人々は、住宅金融公庫の低利融資や、一九九〇年代末以降の低金利を利用して持家を取得し、公的な賃貸住宅の拡大に対する支持は広がらなかったと考えられる。高度経済成長の期間に、原価主義を維持するために所得水準の上昇に見合ったかたちで入居の基準収入額が引き上げられず、入居者が選別された困窮者に限られるようになっていった公営住宅は残余化の傾向を強め、民間の賃貸住宅とも切り離されていくようになった。人々の住宅をめぐる選択から公営住宅が排除されることで、最終的に持家取得による住宅更新の必要性がさらに強まったのである（Kemeny 1995）。

財政危機が常態化した一九九〇年代以降、行政改革の圧力の中で、政府による住宅政策は改革を余儀なくされた。改革によって公的な賃貸住宅はさらに縮小し、現在では公的な賃貸住宅が再度増加する見込みは極めて薄い。他の先進諸国でも、公的な賃貸住宅が縮小する傾向にあるのは同様だが、多くの国で公的な賃貸住宅を家賃補助に置き換えているのに対して、日本では公営住宅の受給者に対する補助を実質的な家賃補助に置き換えるのみで、多くの人々が利用できるようになったわけではない。むしろ、低金利の時代に、市場を通じた持家取得への依存が強まることで、政治の役割は低下の一途をたどったと考えられる。

注

（1）「民間事業者」という表現を用いているが、政府が建設した住宅を購入するのではなく、個人が持家にするために自ら住宅を建設し、その際に補助を受けるのもこのようなケースに含むことができるだろう。日本では環境性能や耐震性能などを評価して支給される補助金がしばしば用いられている。

（2）小規模な賃貸住宅では統制が機能して家賃の上昇が起こらず、公的な支援が乏しい中で、低所得層に対する実質的な支援となっていたという評価もある（橘川・粕谷編 二〇〇七）。

（3）イギリスでも同様に、一九三九年九月時点で家賃が凍結され、一九五七年までその措置が続いたことで、家賃収入の利回りが低くなり、賃貸住宅に対する投資が抑制された（Lowe 2011＝2017：106）。

（4）もともと厚生省が住宅を所管したのは「いち早く手を付けたから」であり、戦争中の住宅課長経験者ですら厚生省のような「素人」ではなく「（内務省）土木局がやるべきだった」と証言している（大本編 一九九一：八九）。

（5）建設省に積極的な理念があったかどうかは定かではない。当時建設省住宅局企画課の課長補佐であった川島博は、公営住宅法を制定するにあたって積極的な理念のようなものが議論されたのかという問いに対して、「そんな高尚なことはしていないんじゃないですか。まったく事務的に、まあ、手が空いたから公営住宅法でもつくるか。当時はそういう雰囲気だったような気がしますよ。役人というのは、仕事というと法律をつくるっていう妙な習性があるでしょう。それですよ」（大本編 一九九一：二七三）と答えている。

（6）ケメニーはこのようなかたちでの公的な賃貸住宅の残余化を「成熟（maturation）」過程における危機として論じている（Kemeny 1995）。

（7）最も問題になったのは用地の取得であり、東京都民の住宅需要を東京都だけで解消するようなことは不可能であった。日本住宅公団が設立された大きな理由の一つには、大都市圏における地域主義を乗り越えることにあったという（大本編 一九九一：三四八）。

（8）公団住宅も公営住宅も同じように原価主義で家賃が決まるが、日本住宅公団の創設に関与した南部哲也によれば、これは公営住宅の方法をまねたものであるという。違いとしては、民間金融機関を利用するために金利が発生することで、その部分が上乗せされて家賃に反映されることになる（大本編 一九九一：三六二）。

（9）Kemp ed.（2007：7）によれば、基本的な発想は次の式で示されるという。

$$HA = a(H - bY)$$

HA：家賃補助受給権、H：適格な家賃、Y：所得

a：通常1以下の比率、b：世帯における拠出率

(10) 日本の場合には、すでに述べたように、地代家賃統制令がほとんど空文化してから解除されたので、そのタイミングで家賃補助を導入する必然性は少なかった。

(11) このような方向は、二〇〇〇年に発表された住宅宅地審議会の答申で「住宅宅地の取得、利用は国民の自助努力で行われるべきという原則」が謳われて、住宅サービスの市場化が強調されたことと軌を一にする（原田 二〇〇一、橘川・粕谷編 二〇〇七）

第3章　広がる都市

1　なぜ都市に住むのか

住宅がどのように作られていくか、ということは、都市がどのように作られていくかという論点と切り離すことはできない。都市が形成されて人口が増加すれば、住宅への需要も高まっていくからである。では、そもそもなぜ人々は都市に集まってくるのだろうか。

都市への移動

人々が都市に集まる端的な理由は、他の地域で働くよりも高い賃金が得られるなど、都市に特有の魅力があることに求められる。移動することで、それまでに培ってきた人間関係や地元への愛着、あるいは快適な通勤環境などが失われるかもしれないが、他方でより高い賃金によってより豊かな生活が手に入るかもしれない。そのような期待が移動を促すことになるのである。

実際、日本でも、住む地域によって賃金が異なっており、それが移動を促す大きな原因になってきたと考えられる。図3-1では、日本を代表する大都市を有する東京都・大阪府の一人あたり県民所得と全都道府県での県民所得の比率と、相対的に県民所得の低い地域である北海道・東北ブロックと全都道府県での比率を並べている。この図を見ると、一九五〇~六〇年代にかけて大都市と地方の県民所得に開きが大きいことがわかる。また、特に一九七〇年代後半以降、大阪府と北海道・東北ブロックの県民所得の差は縮まっているのに対して、東京都との差は依然として大きい。最近では、大阪から東京への企業の本社移転などが激しくなっており、大阪から東京への人口移動も増えているが、このように所得の格差が大きくなっているために、大阪が人口の流出先になるよりも、東京への人口の流入元へと立場を変えていると考えられるのである。

そのような大都市圏への人口移動を表したものが図3-2である。この図を見ると、一九五〇年代後半から一九七〇年代にかけて、東京圏（東京都・神奈川県・千葉県・埼玉県）、大阪圏（大阪府・兵庫県・京都府・奈良県）という大都市圏に多くの人口が流入していることがわかる。とりわけ一九六〇年代はじめ頃には、東京都特別区部、大阪市という中心地域に多くの人口が流入していた。これはまさに、都市と地方の所得の格差を反映した人口移動であると解釈できるだろう。

さらに、この図からは、一九六〇年代後半以降の人口流入が、大都市の都心部ではなく周辺部へと移っていることがわかる。つまり、東京都特別区部や大阪市では、一九六〇年代後半には人口の流出が始まり、他方でより広域の大都市圏への人口流入が続いているのである。とはいえ、その人

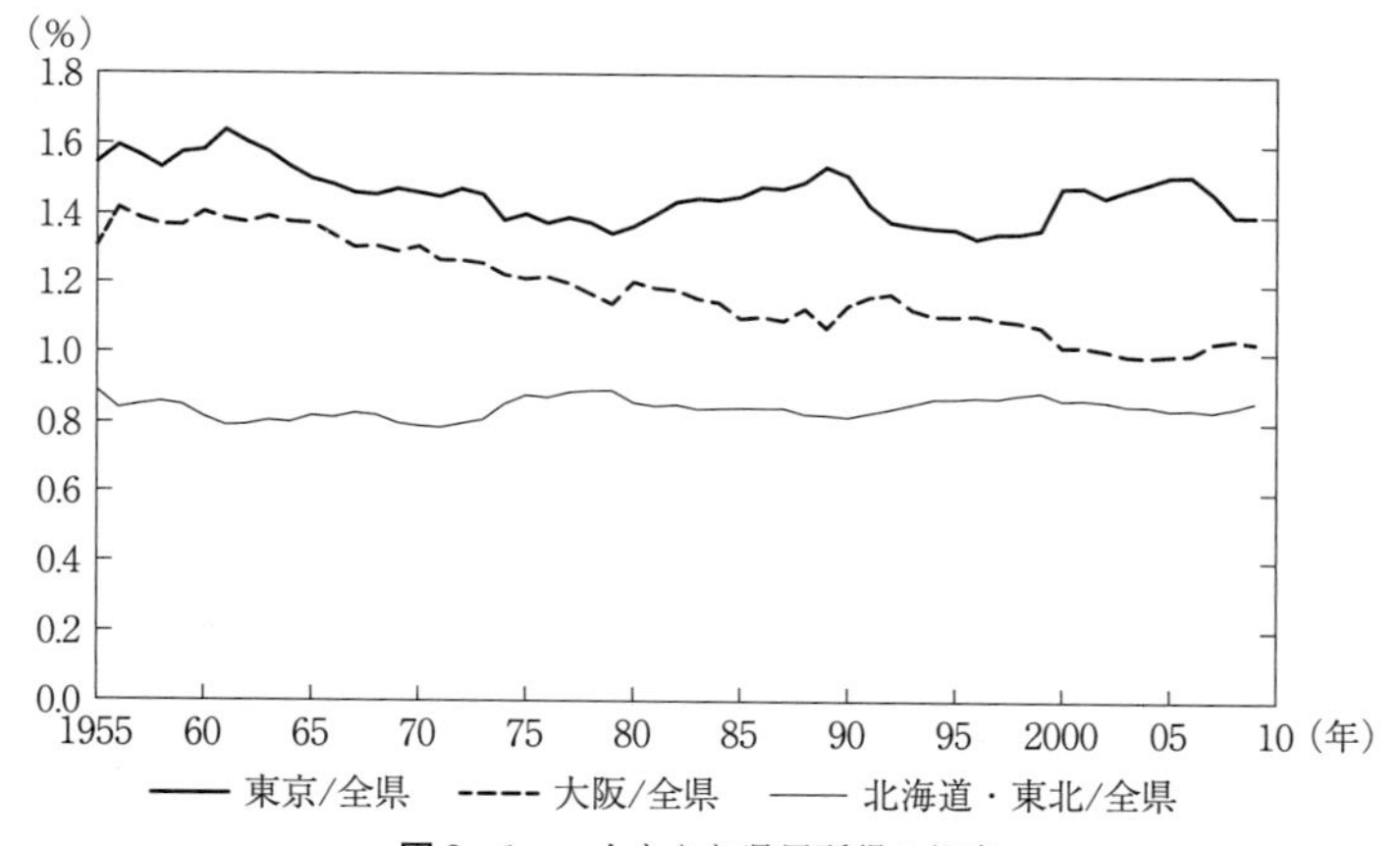

図3－1　一人あたり県民所得の比率

（出典）内閣府「県民経済計算」各年版から筆者作成。

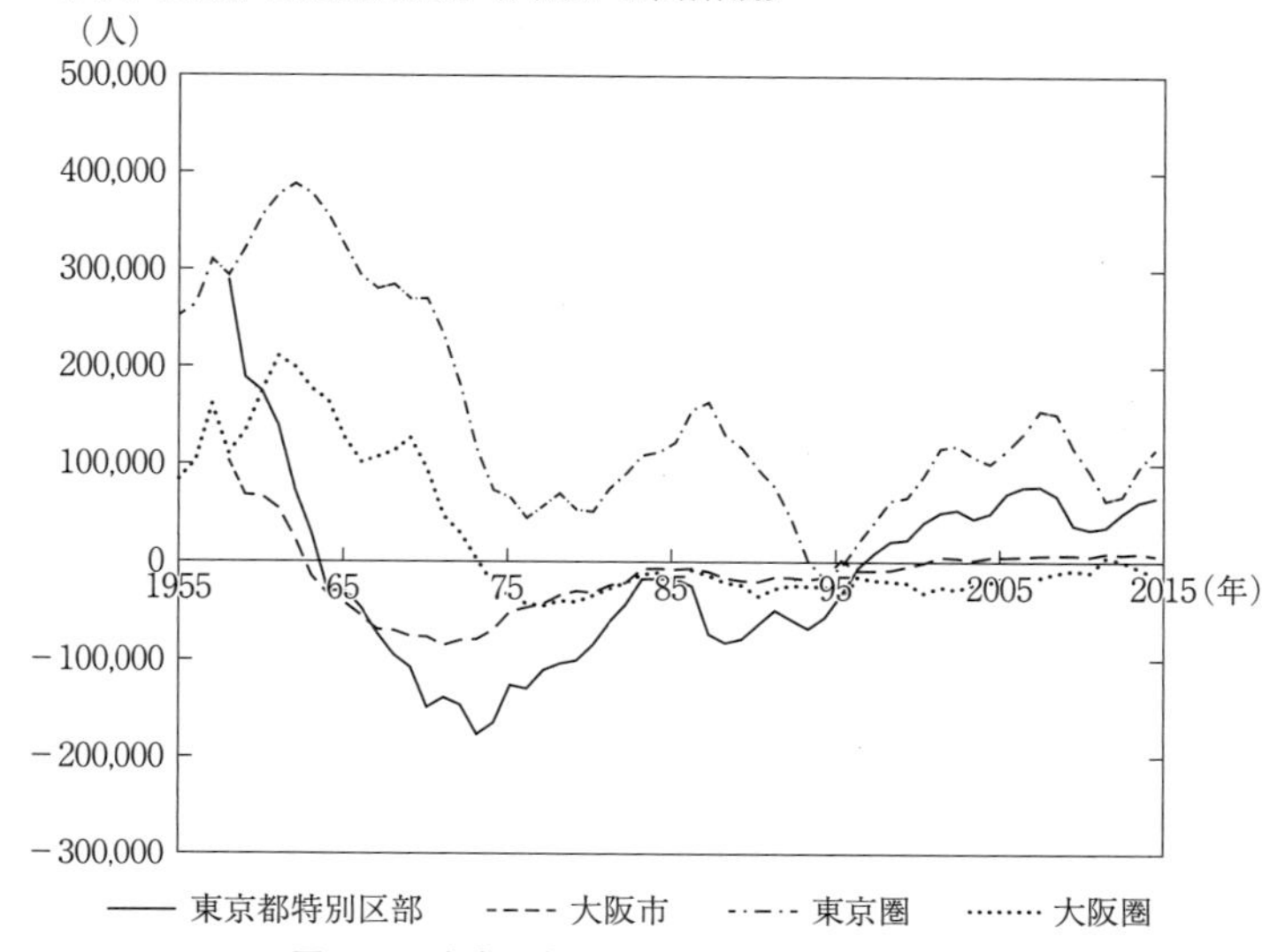

図3－2　東京・大阪の転入・転出超過数の推移

（出典）総務省統計局「住民基本台帳・移動報告」各年版から筆者作成。

口流入も、高度経済成長が終わる一九七〇年代半ばには収まってくる。それ以降大規模な人口の流入が続くのは、全国的に見てもほぼ東京圏に限られることになり、大阪圏では人口の転入・転出がほぼ同じ程度となる。図3－1で示した大阪府の県民所得と併せて考えると、その時期になると大阪圏で働くことで期待できる賃金が、その他の地方から移動してまで得るに十分とは言えない状況になってきたことが推測される。

東京圏について見ても、必ずしも人口流入が一定の規模で生じ続けているわけではない。一九八〇年代中頃をピークに一九九五年まで流入が減少し、一九九五年からまた流入が増え始める。その背景には、一九八〇年代後半に生じたいわゆるバブル経済による景気の加熱で東京圏の地価が猛烈に上昇し、住宅費用が高騰したことに加えて、バブル崩壊によって東京の魅力が薄れたことがあると考えられる。一九九五年を過ぎるとバブルの後遺症が一応落ち着き、二〇〇〇年代以降に強調される「都市再生」の効果も相まって、再び東京都特別区部を中心に人口が流入しているのである。このような現象は、「都心回帰」と呼ばれており、規模は小さいが大阪市でも似たような傾向が見られている。

都市の魅力

他の地域に比べて賃金が高いなどの都市に特有の魅力が多くの人を惹きつけて、人口移動を促すとして、それでは、都市の魅力はどのように作られるのだろうか。まず強調すべきは立地の条件である。歴史的に、都市は人々が集まるところに形成されてきた。典型的には港湾のような交通の要衝に都市が作られている。日本の場合であれば、古代には寺社のような宗教的権威を背景に、近世に入ると戦国大名のように武力を保持した権力の庇護を受けながら、人が集まりやすいところに交易のための「市」が立ち、その周辺に人々が集住していくことになる（横山 二〇一六）。

人々が集まるようになると、そのこと自体が都市の魅力を高めていく。それについての有力な説明は「集積の経済」である。人口が集中してある程度の需要が見込めることで、そうでなければ提供されないようなサービスが提供されるようになる。たとえば、今でこそ公的な性格が強まっている水道や電気、あるいは交通機関などは、もともと利用料をとって民間企業によって都市を中心に提供されていた。大きな初期投資が必要だが、個々の契約で得られる利益は小さいので、その回収のためには十分な需要を見込めなくてはならない。人口が集中する都市はその条件を満たすからこそ、そのようなサービスが提供されやすいのである。美術館や博物館、大規模なスポーツ施設なども同様で、人が集まって質の高い基礎的な社会資本が整備されることが都市の魅力につながるのである。

また、好む人が少ないニッチなサービスが提供されることがあるのも都市の魅力につながる。たとえば嗜好性の高いエスニック料理の専門店のように、積極的に好む人が少ないサービスでも、人口が多ければ顧客の絶対数が大きくなって十分に商売が成り立つようになる。一部の都市でしか提供されない多様な嗜好が満たされることを重視して、都市に移住する人々は少なくないし、そのような人々はしばしば「クリエイティブ」であり、経済成長に貢献するという指摘もある（Florida 2012＝2014）。もちろん、もともとニッチ向けであったサービスが存続することで、将来より大きく発展していく可能性もあるだろう。

消費者の観点だけではなく、生産者という観点から見ても都市は魅力的である。似たような企業が集中的に立地して、産業レベルでも集中すれば企業にとってもメリットが大きい。なぜなら、同じ産業の企業は相互に取引をすることが多く、そのための費用を節約することができるし、また、同じような財・サービスを用いて生産を行うことが多く、そうした企業も引き寄せるという好循環が働くことがあるからである。特に、現代の「グローバル都市」では、金融やＩＴサービスに従事する人々が都市に集中し、その仕事に付随するかたちでコンサルタントや弁護士・会計士などの地位の高い専門職へのニーズが増え、都市の生産性がより高くなっていることが指摘されている（Sassen 1991＝2008）。

そういった一握りの大都市でなくても、都市に多様な人々が集まることでイノベーションが起こりやすくなり経済成長につながるという主張は、経済学者に広く受け入れられている（Glaser 2011＝2012）。特に高い能力を持った人々が集まり、直接コミュニケーションを重ねながら仕事をすることで、同じ人たちが遠隔地にバラバラに住むときと違う効果がもたらされるというのである[(1)]。そしてイノベーションの拠点となる都市は、専門職以外のサービス業でも他の地域と比べて高い賃金が期待できるので、専門職以外の人々も集めやすくなることが指摘される（Moretti 2012＝2014）。

人口集中のデメリット

人口が集中する都市はこのように非常に魅力的ではあるが、もちろん人が集まることによるデメリットも存在する。まず挙げられるのは、住宅の価格が高騰することだろう。多くの人が住みたいと思うと、供給が追いつかなくなって住宅の価格が上がる。特に他の地域から都市に移住しようという人にとっては、住宅の価格が上がると移動によって得られるメリットが減少することになるので、急激な人口集中は新規の移動を抑制する効果を持つことになると考えられる。

デメリットは、他の地域に住み移動を考える人に限られるものではない。すでに都市に住んでいる人にとっては、都市の過密が大きな問題になる。過密によって起きる問題としては、たとえば大気汚染や水質汚濁、騒音や振動などの公害がある。高度経済成長期の日本の都市では、製造業の集積も多く、工場からの排出物や騒音などは大きな問題となった。また、自動車の排気ガスを原因とした大気汚染も広がり、ぜんそくなどの健康被害を受ける人々も少なくなかった。

さらに、都心への通勤時間の長さや交通渋滞も都市の過密を原因とするデメリットである。図３－２で見たように、東京圏・大阪圏ともに都心から離れたところにも人口の流入が生じているが、あまりに遠すぎると通勤に多大な時間がかかるだけではなく、深刻な疲労や不快感をもたらすことになる。また交通渋滞が激しすぎると、本来であれば生産活動に使うための時間を失ってしまうことになり、都市に住むことで得られるはずのメリットが一部失われてしまう。

重要なのは、このような過密の問題があるために、都市の拡大が際限なく続くわけではなく、結果として都市の規模が頭打ちになることである。あまりにも住宅の価格が高かったり、公害が生じていたりするということであれば、人々が都市に移る動機付けは弱まるし、もともと都市に住んでいる人々が都市を離れることもある。過密を緩和するために都市の外延を郊外へと広げるとしても、都心への長い通勤時間を含めて多大な費用がかかることになれば、それにも限界はある。

反対に言えば、このような問題をある程度解決することができれば、都市の規模が拡大し続けることはありうる。都市を郊外に広げて安い住宅サービスを供給しながら、鉄道・道路を整備して輸送力を増強し、都心から郊外に工場を移すなどして公害問題に対処する、といった方法があるだろう。都心にある企業が従業員に対して（「新幹線通勤」なども許容する）手厚い通勤手当を払うことも、通勤にかかる費用を低下させて都市を水平方向に拡大することにつながると言える。たとえば地方都市についての研究では、移動可能性の高い単身世帯が、通勤手当を受けるときに住居費の安い郊外居住を選択するという行動をとりやすいことも指摘されている（上竹ほか 二〇一一；西山ほか 二〇一七）。東京などはまさにそのようにして都市の外延を拡大させ、世界最大の都市圏を形成することになったと考えられる。

2　都市空間の利用

限りある都市空間の管理

人々を集める都市が、住宅のために豊富な土地と都市空間を用意すれば、安価な住宅サービスが供給されて都市が広がっていくことが考えられる。反対に、企業のオフィスビルや工場のための土地ばかりが用意され、住宅のために使える都市空間が限られていれば、住宅サービスは高騰して、人口の流入も減少していくだろう。人々の自由に委ねていると、住宅のために土地を使うよりも、商業や工業のために土地を利用したほうが大きな利益が上がりやすいと考えて、土地が商業や工業ばかりに利用されてしまうかもしれない。そうなると、住宅のための都市空間が限られ、過密が発生して都市の発展が止まってしまうことも考えられる。

都市空間をどのように利用するか、これを人々の自由な選択に基づく市場での取引に委ねるのはひとつの考え方である。空間を上手に利用できる人々は、安く土地を調達して、そこから大きな利益を得ることができる。うまくいけば、通常の商品のように、利用価値に基づいて土地に価格がついて、市場での取引を通じて都市空間が効率的に利用されることになるかもしれない。しかし、「市場の失敗」が生じやすいために土地を通常の商品のように扱うのは難しい。まず、都市の生産性を上げるには、道路や水道など多くの人々が用いることができる公共財が不可欠だが、市場に委ねただけではそのような公共財的な社会資本（インフラストラクチャー）は十分に供給されない。さらに都市では多くの人々が密集して生活しているので、人々が他の人々による土地利用の影響を受ける外部性の問題が発生しやすい。たとえば近くで工場が操業していれば、大気汚染や騒音・悪臭・振動などの公害が発生する可能性はあるし、建物の高層化が進んでいる商業地が近ければ、混雑や日照不足のような問題も生じる。

そのため、権力を持った都市の政府が、人々の自由に制限を加えながら都市空間を管理することが望ましいという考え方が生まれる。そのような都市の政府に求められるのは、まず交通や衛生に関する公共財的な社会資本整備である。都市に住む人々に負担を求めつつ、税などのかたちで集めた資金を用いて公共財の供給を行うのである。都市空間が人々の自由な選択に委ねられていると、誰かの負担を必要とする社会資本の整備はなかなか実現しない。そこで都市の政府が人々の負担によって、良質な社会資本を整備して都市の魅力を高めることがめざされるのである。

また、都市の政府には、通常の商品とは異なる土地を、長期的な観点から管理することが求められる。具体的な手法としてしばしば用いられるのは、工業や商業に利用すべき土地と住宅のための土地を分けるなど用途を制限するゾーニングである。たとえば工場は大気汚染や騒音、悪臭などの公害を引き起こす可能性があり、住宅と隣接することは住民にとって必ずしも望ましいとは言えない。そこで工場が集中的に立地すべき土地と住宅を建設すべき土地を分けるべきであるとする発想が生まれる。また、宅地として開発すれば高い利益が見込めるような都市郊外の優良農地を、宅地化せずに農地として将来にわたって維持して、一定の食料供給の確保や地域環境の保全を狙うこともある。宅地開発する方が利益の上がるような農地を維持するためには、開発を規制するだけでなく、農地として用途制限が行われた土地に対する税金を軽減するような措置が取られることもある。

都市の政府はゾーニングによって土地利用の制限を行うだけではなく、用途に応じてどのような建築が可能か定めることがある。その手法としては、土地面積のうちのどの程度を建築物が占めるか（建蔽率）や、どの程度の大きさの建築物が認められるか（容積率）の規制が代表的なものと言えるだろう。建蔽率を小さくすれば、敷地に建物が建たない空間が広くなり、より豊かな住環境が実現するとともに火災時の延焼防止の機能を持つことになると考えられる。容積率は、土地に対する建築物の延べ面積を規制することで、都市の過密を直接コントロールするために用いられる。高い容積率を認めれば、多くの人が土地を利用できる一方で過密が問題になるが、反対に人々が集まる魅力的な土地で容積率が低いと、土地が有効利用されていないと批判されることもある。そのために都市の政府は、商業地で建築規制を緩めて住宅地では厳しくするなど、土地の用途に応じて規制を行っている。

その他にも、たとえば土地売買における最低敷地面積の規制などもしばしば用いられる手法として挙げられる。土地の所有者が、自分の土地を分割して複数の買い手に売ることでより大きな利益を得ようとすることは少なくないが、土地があまりに細分化されると住環境が悪化するだけでなく、その後の集約が難しくなってしまう。それを防ぐために、売買における最低敷地面積を規制しておくのである。

日本における都市空間管理の萌芽

日本における近代的な都市空間管理——いわゆる都市計画——は、明治初期の東京「市区改正」から始められた。一八八八年に制定された東京市区改正条例は、東京市のみに特別に適用された制度であり、長期的な展望を持って首都を改造しようとする画期的な制度であったと言える。

東京の「市区改正」で、最も重視されていたことのひとつに、火災への備えがある。東京は、江戸と呼ばれていた時代からたびたび大火に悩まされており、その背景には木造住宅の密集という問題があった。「市区改正」では、火災を予防するために、道路を拡幅するとともに、レンガ造りなど建築物の不燃化を求める建築制限が行われている。その際、火事が起こると延焼が予想されるような「不良住宅」の撤去も行われることとなった。このような施策は「スラム・クリアランス」と呼ばれ、他国の都市空間管理でもしばしば行われていた。

当初示された「市区改正」の提案は、道路に加えて河川・鉄道・橋梁など交通に関する社会資本整備が中心であった。人力車・馬車から路面鉄道への転換とも重なり、街路の整備を中心に長期的に都市を改造し、利便性を高めていくことが目標となったのである。その後、交通網に加えて、衛生環境を向上させる上下水道の整備も進められた。上水道を整備し、清浄な水を供給することは、当時たびたび発生したコレラなどの伝染病の大流行に対して有効な対策であった。下水道の整備も後に行われていくが、膨大な事業費を賄うことが難しく、大半が未完成のままで終わることになった（石田 二〇〇四）。

道路を中心とした交通網の整備と、上下水道の整備という「道」の整備は、日本における都市空間管理の基調をなしてきた。東京の「市区改正」のあと、一九一九年に都市計画法が制定され、大阪・京都・神戸などでも都市計画事業が進められていったが、これらの大都市でも、人口が急増し乱雑で無秩序な市街地が形成されようとしており、やはり「道」を中心とした都市空間の管理が求められた。とりわけ象徴的な事業は、大阪市の關一（せきはじめ）市長が実施していった御堂筋であろう。周辺住民からの負担を求めながら大規模な道路の拡幅を行ったものであり、現在の大阪でも交通の大動脈となっているのである。

終戦直後、「道」を中心とした都市空間の管理は、変化する可能性があった。日本国憲法の、いわゆるマッカーサー草案の第二八条で、適正な補償を前提としながらも、「土地その他の天然資源は国有とする」という規定が盛り込まれていたのである（佐藤 一九九四）。この過激な条項は制定過程で削除されたが、戦災からの復興を担う戦災復興院では、GHQによる自作農創設を狙った農地改革を経て、大都市の住宅地について公的な管理を強める「宅地法」も検討されていたという（大本二〇〇〇)。宅地法の趣旨は、住宅地の全面的な国家管理を行ったうえで、農地がそうであるように、私的な所有と利用を規制し、都市の政府である地方自治体が主導する公共的な利用を容易にしようとするものであった。大都市が拡大していくことを見据えて、土地を収用してでも住宅地を確保していくことを重視していたのである。しかし、私権に対する強い制限と財政的な負担は困難であり、戦災復興院内部の検討にとどまった(大本 二〇〇〇)。結果として、戦後においても総合的な土地法は成立せず、「道」を軸とした都市空間管理が行われ、土地そのものについては通常の商品に近いかたちで、人々の自由な選択に委ねられる傾向が強いものとなった。

都市の政府が公共財的な社会資本を整備する一方で、土地利用が人々の自由な選択に基づく市場での取引に委ねられることは、土地をめぐる投機の原因ともなる。高度経済成長で大都市に人口が集中する中で、土地に対する需要が増大していくという期待とともに、地価が高騰していくのである。土地に対する私権を制限し、公共の福祉を優先するべきであるという主張は、たとえば田中角栄がまとめた自民党の「都市政策大綱」などにおいても見られるが(御厨 二〇一六)、私権の制限は困難を極めた。いわゆるバブル経済における異常な地価高騰を受けた「総合土地対策要綱」(一九八八年)と、その後の「土地基本法」(一九九一年)で、土地が通常の商品とは異なる公共的なものであることが明確にされたが、この法律も多分に宣言的な性格が強く、土地についての政治権力による私権の制限は、依然として弱いままである。

国家主導の都市空間管理

日本における都市空間管理の重要な特徴のひとつは、それが国家主導で行われてきたことである。当初の「市区改正」は首都改造の国家事業であったし、その後の大都市の都市計画事業も、その決定には戦前は知事をはじめ内務省の官僚が深く関与することになった。終戦直後は都市計画の権限を市町村長に委ねようとする議論もあったものの、建設省と自治省の縄張り争いなどから成立には至らなかった（石田 二〇〇四）。

反対に、高度経済成長の中で、多くの地方自治体は、国家的な事業に便乗するかたちで都市の発展を志向するようになっていく。市街地の不燃化事業などへの補助金や、日本住宅公団による宅地開発、そして道路事業や鉄道事業、上下水道事業など伝統的な「道」について、国の補助を受けて社会資本整備を中心とした事業が進められたのである。それぞれの地方自治体が住民の間での合意を形成しながら自らの負担で都市空間管理を行うのではなく、国の意図を汲みながら補助を用いて都市空間を形成していった。

そのときの大きな課題は、東京や大阪、名古屋といった過大な都市をどのように抑制していくかという点にあった。所得水準が高く、魅力のある大都市には人が集まっていく。そして人が集まると住宅のみならず商業・工業用地への需要が高まって土地の価格が高騰する。地価が高いと、大都市に集まる人々は劣悪な住宅を選ぶことを強いられることになる。また他方で、大都市に集まる人々が去っていった農村地域では、過疎化が進展して活力を失うことになる。このような大都市で

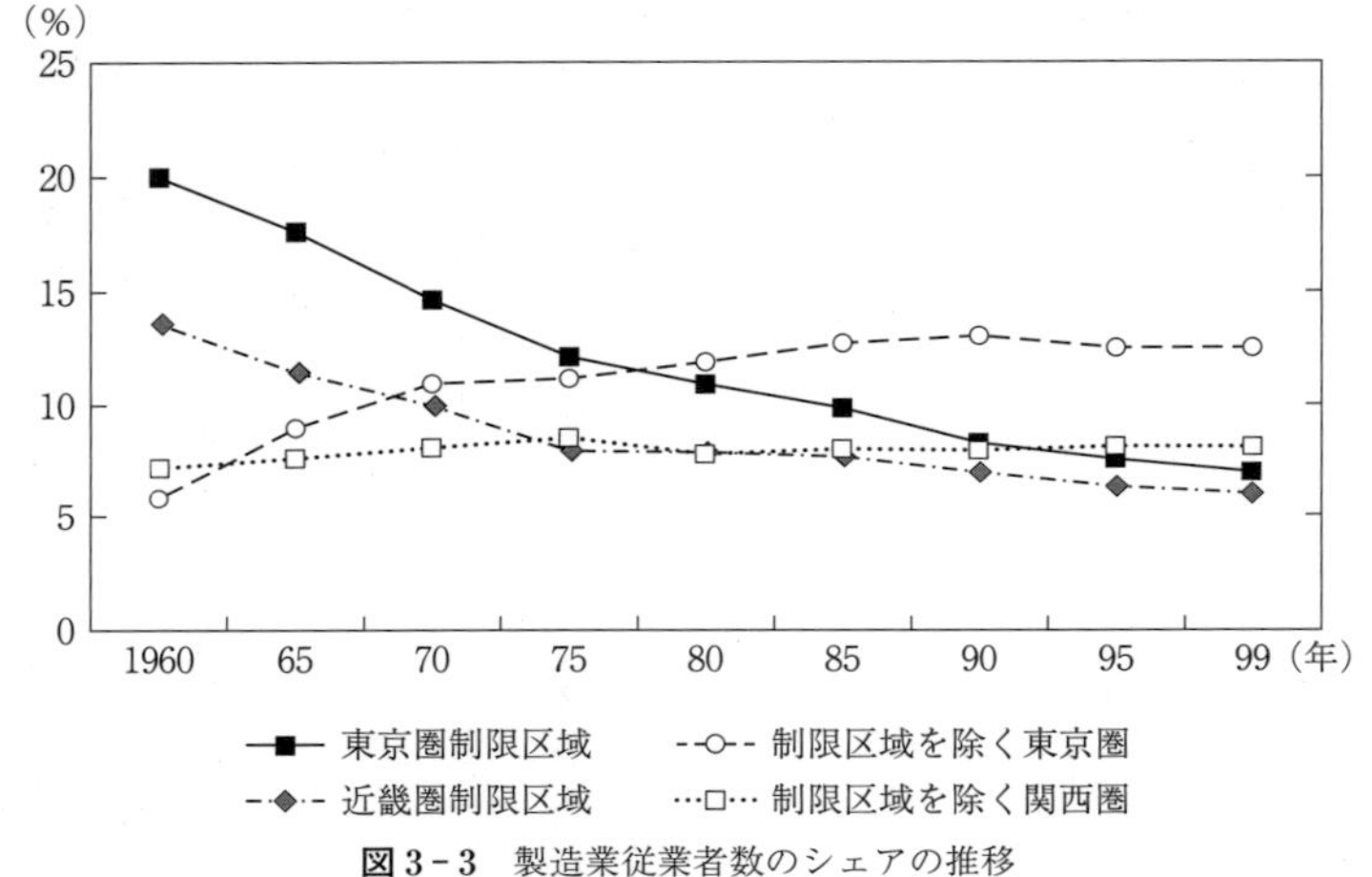

図3－3　製造業従業者数のシェアの推移

（注）東京圏：埼玉県，千葉県，東京都，神奈川県
関西圏：京都府，大阪府，兵庫県，奈良県
東京圏制限区域：東京都区群，武蔵野市，三鷹市，川口市，横浜市，川崎市の全区域
近畿圏制限区域：大阪市，京都市，神戸市，守口市，東大阪市，堺市，尼崎市
（出典）国土審議会資料から筆者作成。

の人々の不満と農村地域の空洞化は、農村を基盤に政権を握る自民党にとって極めて深刻な問題でもあった（たとえば石田 一九六三）。

都市空間の管理が国家主導で行われていたのと同様に、この課題への対応も国家主導となっていく。具体的な手法として検討されたのが、大都市への集中を緩和するための工業の移転と、農村地域の魅力を高めるための社会資本整備を中心とした地域開発である。このような取り組みを象徴したのが、市街地形成や道路整備などの公共事業をとりまとめた国の全国総合開発計画の目標となってきた「国土の均衡ある発展」である。この目標のもと、各都道府県などで、中心部に集中する施設を分散させていくような広域での地方計画が作られていく。

　過大都市への抑制については、一九七〇年代初頭までに成立した工場三法（工場等制限法・工業再配置促進法・工場立地法）の影響で、大都市における工場や大学の新設・増設が制限され、規模の大きい工場や大学が都市の中心から郊外へと分散することになった。たとえば製造業の従業者数を見ると、制限がかかった地域への集中が弱まっていることがわかる（図3-3）。他方、農村地域を中心とした地域開発については、社会資本を整備しても人々が集まるわけではなく、しばしば批判されたように「非効率な公共事業」を数多く出現させることになった。とはいえ、過疎が進む農村地域で公共事業が続いたことは、雇用を継続させるとともに、一定の所得上昇をうながす効果を持ち、農村地域から大都市への移動を緩やかにした側面も評価すべきだろう。

　都市空間の管理が国家主導で行われ、地方自治体は「道」を中心とした補助事業に取り組む中で、整備された社会資本を用いていかに民間資本を開発に取り込み、地域を発展させていくかという点が重視された。人々の土地に対する私権が強調され、社会資本整備を通じて土地の価値が上昇する中で、売却によって莫大な利益を狙う人々、また強い愛着を感じて売却を拒む人々が民間資本と直接向き合うことになる。地方自治体が、都市の政府として、住宅をどのように安定して供給していくかという点は後回しにされがちで、都心から郊外に向かって整備されていく社会資本を前提としたスプロール（虫食い状の開発）が進展していくことになったのである。

3　地方自治体の都市政策

国家主導で「道」中心の都市空間管理が行われていた日本において、都市の政府である地方自治体が行うことができる重要な空間管理の手法は、土地を利用した開発行為に対する規制であった。具体的な規制手法には、建築物の建築を行うための許可（建築確認制度）や建築などを行うことを目的とした土地の区画や形質の変更の許可（開発許可制度）などがある。地方自治体には、このような規制を通じて、一般の事業者や個人による土地利用のあり方を誘導することによって、都市空間を管理することが求められたのである。

スプロールの発生と不十分な対策

現在の都市空間管理の手法が導入されたのは、一九六〇年代末である。それ以前にも建築基準法に基づく建築規制は可能だったが、その規制は緩く、建築の自由が大きく認められていたものだった。規制が緩いために、高度経済成長期にはディベロッパーが将来の社会資本整備を期待して、あるいは自らがその整備に携わることを念頭に、割安の土地に目をつけた開発を行うこともできた（第1章）。その結果、都市空間全体としてみれば広範にスプロールが発生することになったのである。

無秩序な土地利用が行われると、がけ崩れの危険性がある土地や地盤が悪くて住宅に適していない土地が開発されてしまう恐れがあるだけでなく、道路・水道などの社会資本や学校のような公共施設の整備が求められて社会的な費用も大きくなる。そこで一九六八年の新都市計画法を中心とする法体系では、指定された都市計画区域を市街地として開発すべき土地（市街化区域）とそうでない土地（市街化調整区域）に「線引き」したうえで土地の区画や形質を変えるような開発行為には許可を必要とするとともに、開発を認める土地についてはそれが商業地・工業地として開発されるべきか、住宅地として開発されるべきかといった用途の指定を行うことになった。市街化調整区域については基本的に開発を行わないこととして、将来の社会資本整備を見越した開発の歯止めとなることが期待された。

このように地方自治体による規制が行われているものの、それは必ずしも十分とは言えない。そもそも市街化区域には「おおむね十年以内に優先的かつ計画的に市街化を図るべき区域」として農地なども広範に含まれ、当初から広めに設定される傾向があった。なぜなら、ある土地が市街化調整区域に指定されることは、その区域での開発を原則的に禁止することを意味しており、重大な私権の制限を受ける土地の所有者から強い反発が生じるからである。そのために、実際に開発が行われる可能性が低くても市街化区域に指定される土地が多くなり、その中で徐々に住宅地が広がっていくという現象が起きる。

また、開発規制といっても、許認可が必要とされる開発行為が限定されていて、かつ不許可とす

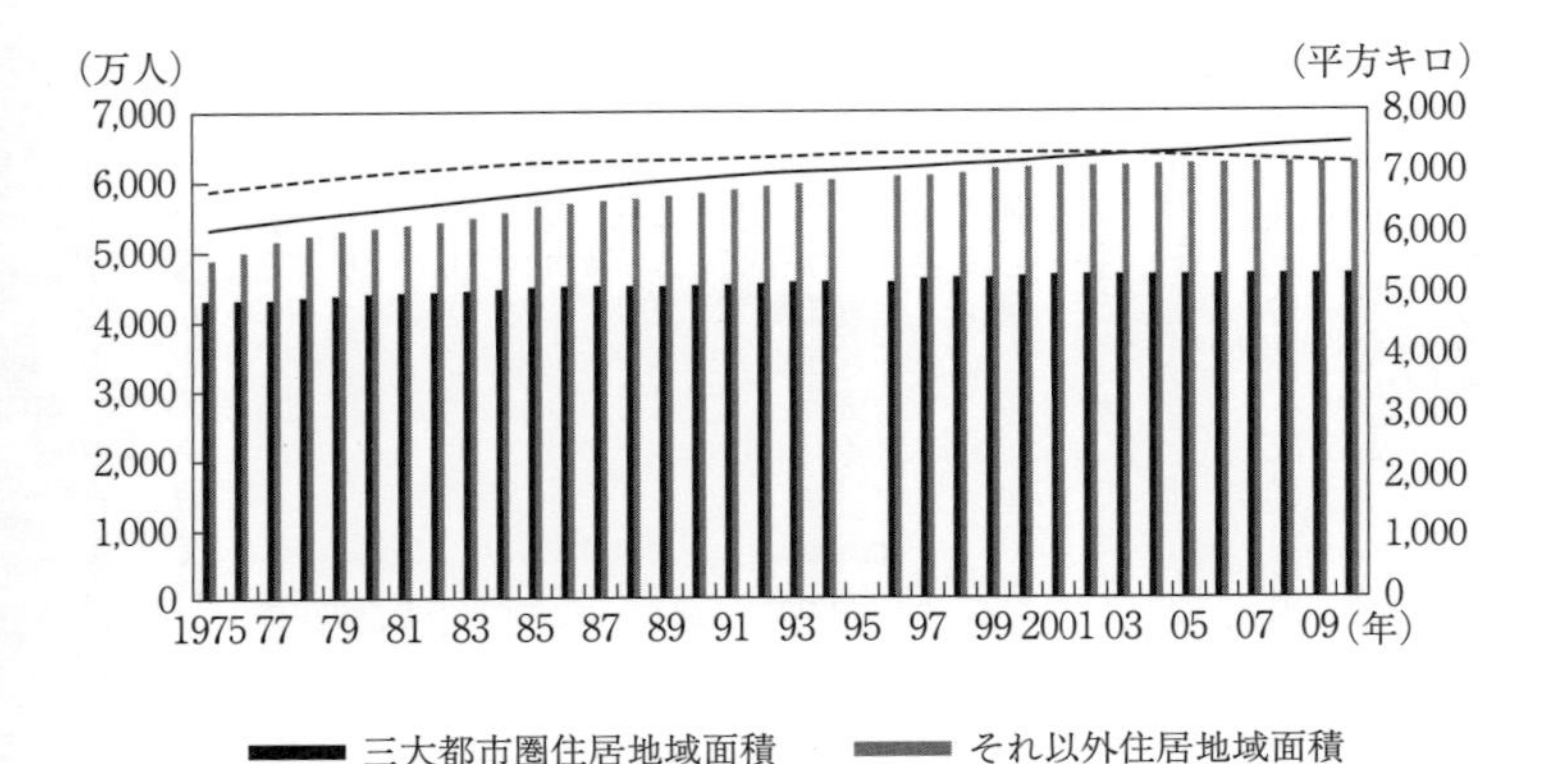

図3－4　人口と住居地域の推移（三大都市圏とそれ以外の比較）

（注）1：縦棒（右軸）は住居専用地域面積＋住居地域面積，折れ線（左軸）は人口。
2：三大都市圏は，東京圏（東京都・神奈川県・埼玉県・千葉県）と名古屋圏（愛知県・岐阜県・三重県）と大阪圏（大阪府・兵庫県・京都府・奈良県）の合計。なお1995年の住居専用地域面積＋住居地域面積のデータは欠損。
（出典）総務省統計局「社会・人口統計体系」から筆者作成。

る裁量も乏しいという問題もある（安本 二〇一三）。たとえば建築物の新築・増築・改築・解体などは開発許可の対象にならないし、土地利用の変更という都市空間管理から見て重要な変更にも許可は必要ない。さらに、市街化区域においては小規模な開発行為やいくつかの敷地を統合して建築物の建築を行うような再開発型の開発行為は、建築規制によって足りるとして許可は不要であるとされている。

市街化区域以外の開発が不可能というわけではないことも重要である。本来は開発が認められない市街化調整区域でも、例外的に認められる開発行為が多く、「滲み出し」的な開発が進められていた（石田 二〇〇四）。しかも、二〇〇〇年以降の規制緩和によってそのような開発が進みやすくなったという（野澤 二〇一七）。それだけでなく、都市計画区域として指定されていない地域で事実上の開発が進められ、それを追認するかたちで市街化区域に編入するということも行われている。図３－４に示されるように、限られた市街化区域の中で住宅地域が指定されていた三大都市圏では、一九七〇年代以降は人口が増えても住宅地域がそれほど増えていないのに対して、三大都市圏以外の地域では、人口が減少に転じているのに住宅地域が増えている。このように、建築の自由の前に地方自治体による都市空間管理は後景に退きがちだったのである。

都市政策としての中心市街地整備

スプロールを抑えることが難しい一方で、地方自治体が都市計画として力を入れたのは、土地区画整理事業や市街地再開発事業を通じた中心市街地の整備であった。とりわけ重要なのが、駅前などに密集する住宅や商店街などを統合し、バスターミナルや道路と公共施設が入る駅前再開発ビルを同時に建設して都市機能の刷新を図るような展開を可能にする市街地再開発事業である。一九六九年に制定された「都市再開発法」に基づいて行われる大規模な市街地再開発事業では、国からの補助金も支出されることがあり、伝統的な商店街を近代化するとともに、再開発ビルに大規模デパートを誘致するなどして、「まちの顔」を創りだしてきた。

このような市街地再開発事業において、地方自治体は国からの補助金を用いて支援するだけではなく、土地利用の高度化を図るために用途規制を変更したり、容積率規制の緩和を行ったりすることがある。そのような決定が行われると、同じ土地から利用可能な建物の延べ面積が増えて、それを利用することで開発利益を得ることが期待される。具体的な市街地再開発事業では、事業の前にその場所で居住・営業を行っていた人々に対して、再開発ビル内に、以前に所有していたものと等価の床（権利床）を提供するか、事業以前の権利を金銭的に補償しなくてはならない。再開発ビルの総床面積から権利床を差し引いた部分（保留床）を売却して事業費を捻出することが求められるため、この保留床を想定通りに売却できるかが、事業の成否を決めることになる。

再開発を行って土地利用を高度化し、そこから開発利益を上げることができれば、それは都市の政府にとっても望ましい。成功すれば、事業費を捻出できるだけでなく、都市に賑わいが生まれて国や地方自治体が負担する補助金を税収によって回収することも期待できるだろう。実際、高度経済成長期には、人口の継続的な増加によって需要が確保され、市街地再開発事業は一定の成功を収めてきた。その副作用として、開発された地域の地価は高騰し、他方ですでに述べたように郊外での住宅開発が容易だったため、中心市街地付近に住んでいた人々が郊外に移動することで中心部が空洞化する、いわゆる「ドーナツ化現象」が加速することになった。

しかし、高度経済成長を経て、低成長の時代に入ると、旺盛な需要が減退していく。需要の少ないところに大規模な市街地再開発事業を行っても保留床が売却できず、結果として事業が立ちいかなくなることも少なくない。実際、バブル経済の進展とともに、一九八〇年代以降には二〇階建てを超える高層ビルを伴う市街地再開発事業が増加したが、バブルの崩壊とともに行き詰まったものも多い。しかも、多くの地方自治体が、自らの中心市街地を活性化させようとして、それぞれに高層ビルを伴う再開発事業を行ったことは、需要を超えた過剰な供給につながったと考えられる。[2]保留床が想定通りに売却できないとなると、地方自治体がその分を買い取って関連施設を入居させたり、事業の破綻に伴って巨額の財政負担を求められたりすることもある。

近年では、東京などの大都市を中心とした「都市再生」や、地方都市における「中心市街地活性化」「暮らし・にぎわい再生事業」などが行われている。一定の需要が見込める前者では、容積率についての規制を緩和して依然として拡大する需要に対応しようとすることが求められる。そこでは、認められた容積率の上限まで建物を建てていない土地の所有者が、より大きな床面積を必要とする事業者に対して容積率を売却するような新しい手法も取り入れられている。他方で、多くの地方都市では建物に対する需要が減少して空き家・空きオフィスなどが増えており、容積率の極大化を図らずに身の丈にあったかたちで開発事業を行うことが志向されつつある。また、従来「まちの顔」であったデパートなどのテナントが撤退してしまったビルのリニューアルや再・再開発なども課題となっている。

住宅地の拡大によるスプロールを許容しつつ、中心市街地の活性化を図るという地方自治体の都市政策は、いわば都心を中心に「道」をはじめとした社会資本の整備を行って、都市の魅力を高めながら郊外に安い住宅を提供することで、人々を呼びこむことを狙うものだったと考えられる。活発に経済活動を行う人々が集まれば、地元経済が活性化し、地方自治体としても税収が増えると期待できる。そして、そのような中心市街地の整備にあたっては、国からの補助金を用いることもできたため、地方自治体がこぞって同じような都市政策を志向することになった。

いかに人々を住まわせるか

より直接的に人々を住まわせる公営住宅に対して多くの地方自治体が冷淡な態度をとっているのは、この志向の裏返しとも言える。高度経済成長を経て、残余化の傾向が強まり経済活動に貢献することが期待しにくくなっていった公営住宅は、しばしば低所得者を呼びこむ「迷惑施設」のように扱われ、地方自治体からはその建設を忌避され、押し付け合いが行われていた（阿部 二〇〇一）。国が補助金を出していたとしても、個々の自治体にとって公営住宅は財政負担を必要とするような「よそ者」を呼びこむものであり、国が目標とするほどに建設されることはなかった（第2章）。

これまでのように、利便性を高めて人々にとって都市の魅力を向上させようとする都市政策は、今でも引き継がれている。たとえば、「道」の整備の代わりに教育や保育、子どもへの医療などを充実させるという戦略はその代表的なものだろう。これらの対人サービスは、本来は純粋に公共財と呼べるものではなく、人々が自らのために購入するものでもある。しかし豊かな自治体は、補助金を拠出してこれらを拡充させて、勤労世代へのアピールを行っている。このようなアピールを通じた都市間の競争は、地方都市にとってより厳しい。人口増加が止まってむしろ人口減少に向かう中で、東京という圧倒的な魅力と経済力を持つ都市に対してどうしても劣位に置かれてしまうからである。

地方自治体によって、教育や保育、医療などの分野でサービスに格差が出るとすれば、自由に移動が可能な人々——多くの場合は高所得者——は、自分にとってより望ましい地域に移住する可能性がある。移住先として人気が高い地域では住宅サービスの価格が高くなると、所得の少ない人々がそのような選択をすることは容易ではなくなるだろう。日本の地方自治体は、平等志向の強い地方財政制度のもとで、長らくそのような自治体間の格差が生まれにくかったが、一九九〇年代後半以降の地方分権改革、特に二〇〇〇年代のいわゆる三位一体改革を経て、格差が顕在化しつつある。どの地方自治体に住んでいたとしても、人々が支払う住民税はほとんど変わらないが、人口や経済が集中して地方交付税を受けないような地方自治体では、地方交付税を受ける自治体と比べて手厚い財政支出が可能になっているのである。それが顕著なのは財政的に豊かな東京二三区であり、保育サービスへの補助や子どもへの医療の無料化などが広範に行われている（西川 二〇一二）。

少なくとも二〇〇〇年代の日本では、所得による分離居住は必ずしも顕在化していなかったが

（西川・林 二〇〇六）、地方自治体の財政力格差によるサービスの違いと所得によって異なる居住地選択が常態化すれば、分離居住が進む可能性はある。所得による分離居住は、社会的亀裂を深めて都市に大きな困難をもたらすものであり、それに対して、無理に両者の混合を進めても期待された効果が上がるとは限らない（Donzelot 2006＝2012）。「道」を中心とした公共財的な社会資本の整備を中心に担ってきた日本の都市の政府も、その延長で都市間競争を進めて人々に選ばれるようにアピールし続けていくことが望ましい帰結を生み出すとは考えにくいだろう。

4　都市政治の対立軸

都市内部における対立

ここまで、都市はいかに作られるか、という問題関心から、都市をあたかもひとつのまとまりのように議論してきた。しかし、当然ながら都市の内部にも対立は存在し、必ずしもひとつのまとまりとして扱うことができない。そして、その対立の帰結は、都市のあり方に重要な影響を及ぼすことになる。

中心となる対立は、都市としての魅力を向上させるための投資への負担と、投資が生み出す利益の性質をめぐる対立であると考えられる。たとえば鉄道や道路のような交通網の整備は、都市交通の利便性を向上させ、都市の魅力を高める投資だが、基本的にそれはすでに都市に住んでいる人々の負担で整備されることになる。多大な費用をかけて整備を進めたにもかかわらず十分な需要が生まれなければ、負担した都市居住者にとっては大きな損失となる。さらに金銭的な問題だけではなく、鉄道や道路を整備するときには、周辺の住民が住まいの移動を余儀なくされることもある。つまり、都市全体の利便性を高めて多くの人に受益があると期待される事業が、一部の住民にとっては負担でしかないということもありうるのだ。そのため、都市の政府が事業を行うには、その反対を抑えるだけの支持が必要になる。

鉄道や道路のような社会資本に限らず、保育所の整備などでも同じような問題がありうる。保育所の整備は都市の魅力を高め、新たな住民を呼びこむ可能性があるが、すでに都市に住んでいる人で保育所を利用する人は「子育て世代」のみで、必ずしも多数派ではない。しかも少子化が進展しているために、保育所の整備が不十分であれば子育て世代はそもそも定着しづらい。結局、保育所の整備に賛成する人々は必ずしも多数派ということにはならず、子どもの立てる物音が迷惑だ、などといった理由とともに保育所の整備は難航するのである。

日本では、中央集権的な地方財政制度のもと、長らくこのような対立は顕在化しにくかった。都市の政府である地方自治体が、住民に対して独自に税を課して社会資本の整備を行うということはほとんど行われず、どの地方自治体でもほぼ同じ地方税率で、負担の大きさが住民によって選択されることはなかったのである。[3] 都市の魅力を増すための社会資本整備は、住民の負担を求めるよりも国からの補助金を用いることで実施されてきた。国からの補助金を用いることで、社会資本整備によって立ち退きを余儀なくされるような住民を除いて、多くの住民はどこの地方自治体でも同じように払わなくてはいけない地方税のほかに追加的な負担をすることなく、その便益を享受することが可能だったのである。負担が少ないために、都市全体の利益よりも一部の地域に限定された利益を実現するための社会資本の整備も行われやすかっただろう。しかし、バブル崩壊後に低成長が続き、人口減少にも直面している中で、国からの補助金に依存した社会資本整備は難しくなっている。将来の負担にしかならない社会資本整備は、全体の観点から中止が求められることもある（砂原 二〇一二）。

都市全体の利益と個別的な利益の対立は、投資の受益と負担をめぐるものだけではない。すでに都市に住んでいる人々の既得権をめぐる対立も問題になる。大規模なショッピングモールなどが都市の外から新規参入すれば、都市住民の利便性を高めるかもしれないが、既存の商店主などにとっては深刻な脅威となる。そこで、既存の商店主などが地方自治体に働きかけて、ショッピングモールの新規出店を阻むような土地利用規制を実施しようとすることも考えられる。反対に、都市ですでに土地を所有している人々が、自分たちの土地の価値が下がるような用途規制に対して反発することもありうる。典型的には、開発行為が規制されて転売が困難になり価値が下がることになる市街化調整区域への指定が問題になる。人口減少とともに開発可能な地域を限定しようとしても、所有者の反発を抑えられずに本来開発されるべきではない土地が市街化調整区域に指定されないということになれば、望ましくない都市のスプロールを抑えることは難しくなるだろう。

都市の政府である地方自治体には、このような都市内部での個別的な利益の表出を受け止めつつ、それを抑えながら都市全体としての魅力を高めていく事業を行うことが求められる。しかしながら、戦後日本の地方自治体にとってそれは極めて困難な要請であった。なぜなら地方自治体は、住民による個別的な利益の主張を抑えるのが難しい制約のもとに置かれていたからである。

持家社会の枷（かせ）

ひとつめの制約は、本書で議論してきた持家社会という「制度」そのものである。

第二次世界大戦前、都市部の住民の七〜八割は賃貸住宅の居住者であり、そもそも他の地域から移動してきた人々が多くを占めていた。しかし戦争直後から、都市でも人々の持家への志向が強まっていく。住田昌二は、戦争で大きな被害を受けた都市を中心に持家率が大きく上昇したことを指摘している。そのような変化が生じたのは、インフレーションが進む一方で、戦時中に発令された地代家賃統制令の影響もあり、民間の賃貸住宅供給が進まなかったために、都市の人々であっても持家を建設するほかなかったからである（住田 二〇一五）。戦争の被害が少なかった都市でも、家主にとって割に合わない賃貸住宅が十分に供給されることはなく、以前の賃貸住宅が売却されたものも含めて、家族向けの住宅として持家が増加していくことになった。

特有の魅力によって人々の移動をうながす都市において、住宅を所有することで人々が移動しなくなるとすれば、都市の新たな発展を困難にする面もあると考えられる。もし多くの人々が賃貸住宅に住んでいたり、住宅を所有していたとしても中古住宅市場が発展していて住宅を売買しやすかったりすれば、周囲の環境の変化に応じて他の場所に移動することも容易だろう。しかし日本では、第1章で見たように、中古住宅市場が発展しておらず一度購入した住宅はその世代限りのものとなりがちで、また賃貸住宅が貧弱なために移動には新たな持家の購入も考えなくてはならない。このような状況では、何らかの問題が地域で発生したとき、移動することで個人的に問題を解決するよりも、地域の近隣コミュニティに属する人々をしばしば無料で動員して、集合的に問題を解決しようとする志向が強まると考えられる（Schoppa 2013）。もちろん、そのような志向を通じて、近隣コミュニティが好ましい問題解決機能を発揮することはあるが、他方で既存の住民の利益を過度に守ろうとしたり、再開発に対して自分たちの快適な生活を妨げるものとして強い反対が生じたりすることも否定できない。

都市において持家が多く、そこから移動しようとしない人が多いと、すでに開発された住宅地において大規模な再編を行うことが難しくなる。土地の権利関係を調整するのに多大な取引費用がかかるからである。その結果として、東京の都心三区（千代田区・中央区・港区）のような需要の大きいところであっても規制された容積率を使い切ってはいなかった（山崎 二〇一四）。再編によって高密化し都市が発展するどころか、実際に東京・大阪という大都市の中心近くにおいてすら、住環境としては劣悪な木造密集市街地が多く残されていた。都心に近い利便性が高い地域では新しい住宅が供給されにくく、価格も高騰するために、新しい住民は郊外に住宅を求める傾向が強くなる。いわば都心の近くから順番に人々が住み着いていくので、戦後直後や高度経済成長下の人口移動による住宅難の時期に供給された建物がそのまま残っていたのである（饗庭 二〇一五）。

住宅の所有で人々の移動が制約されると、都市がその外延部に人々を引き寄せたとしても、その内部での流動性は低くなると考えられる。都市で持家を所有する人々は、現状の生活を最低限維持しながら、近隣コミュニティの利便性を高めるような事業――たとえば小規模な道路の整備や近隣をつなぐバス路線――を求めるとしても、それが都市に魅力を感じて新たに移動してくる人々や郊外の新住民の要望と合致するとは限らない。また反対に、郊外の新住民も、古くからの住民のための事業より、郊外でのサービスの拡充を求めるだろう。住宅の所有を通じて人々が地域と強く結びつくことで、それぞれの地域ごとの個別的な利益の主張が強まると考えられるのである。

政治制度の影響

さらに、戦後日本で採用されてきた地方自治体の政治制度は、このような住宅の所有を基礎とする地域の個別的な利益の主張を助長するところがあった。とりわけ重要な影響を与えてきたと考えられるのが、地方自治体において「二元代表制」の一翼として知事・市長など首長とともに自治体の意思決定を担う地方議会の選挙制度である。

地方議員は、大選挙区・単記非移譲式投票と呼ばれる、一人一票で多くの得票を得た候補者から順番に当選していく選挙制度で選ばれる。この制度は、①候補者個人に対して投票が行われ、②当選の敷居が極めて低くなるという特徴を持ち、結果として極めて限定された住民からの支持による当選が可能になる。どの程度の支持で当選できるかといえば、人口一〇万人程度の市であっても、おおよそ一〇〇〇票程度で十分であり、候補者にとっての問題はこれをどう固めるか、ということに尽きる。多くの場合、候補者は特定の地域や団体と結びつき、自分たちを当選させてくれた住民に対する個別的利益の提供を優先するインセンティブを持つようになる。

選ばれた地方議員たちは、それぞれが個人として、地方自治体の中での利益の配分をめぐって競争を強いられることになる。一部の議員が外から見た都市の魅力を高めることを重視しようとしても、他の議員たちから協力を得ることは簡単ではない。個人で選ばれる議員たちによる、自分こそが地元の利益にかなう政治家である、という住民に対するアピールを防ぐことができないからである。結果として、都市内部の特定の地域などの個別的な利益ではなく、その時点では都市の外に住む人々（＝将来の住民）に対するものも含めて広く薄く利益を追求していこうという視点が生まれにくくなるのである。

「二元代表制」のもう一方である首長は、地方議員と異なって、地方自治体の全域を選挙区とする小選挙区制によって選出される。そのため、議員のように地域の個別的な利益にこだわるよりも、「全体の民意」を強調するような戦略をとることもできる（砂原 二〇一一）。それは、単に当該自治体の「全体の民意」であるだけではなく、自治体の外部からの視点に立脚して、少なくとも短期的には住民の意向と反するものでさえありうるだろう。そのような首長の中には、改革を訴えて住民から広い支持を受けて、地方議会と激しく対立する首長もいる。しかし、多くの首長は選挙に勝つために個々の地方議員たちの支援を必要とするので、地方議員が主張する個別的な利益を無視できない。特に、自民党一党優位が続いていたいわゆる五五年体制では、地域に根を張り個別的な利益の主張とつながりの深い自民党の国会議員・地方議員と協調するかたちで、首長も選挙において個別的な利益を追求するネットワークの中に組み込まれがちであった。

住民による個別的な利益の主張に対して敏感になりやすい首長・地方議会は、基本的に現状を容認しながら、変化を起こすにしてもそれを漸進的なものにすると考えられる。実際、市町村と相談しながら最終的に都市計画を決定する都道府県のレベルで見ると、自民党議員が多い都道府県では都市計画上の住宅・商業・工業という用途地域の指定において、用途を純化させず混在させる傾向があるという（曽我　二〇〇五）。用途を純化させることは、すでに行われている土地利用の方法に強く介入することを意味する。多くの地域団体から支持を受ける自民党議員が多いことで、そのような介入を行わずに現状を容認する傾向につながっていると推論できるだろう。

人口増加と経済成長が続く環境では、個別的利益の主張は大きな問題になりにくい。なぜなら、経済成長による増収を背景として、都市の政府では個別的利益の主張を認めつつ、都市の郊外に広がるフロンティアに、移動してくる人々を吸収できるからである。しかし経済成長が止まり人口減少に向かう中で都市の再編が求められるとき、強い個別的利益の主張はそれを困難にする。現状の維持が優先され、都市全体を見据えた再編に対する強い反発をもたらすからである。現在の日本の都市は、少ない移動がもたらす近隣コミュニティの存在とそれを取り巻く政治制度に支えられた個別的利益の主張に向かい合わなくてはならないのである。

5　本章のまとめ

経済的な利益を中心に、魅力のある都市には人々が集まり、都市が拡大していく。日本では、東京圏を中心とした大都市圏に人々が集中し、大都市は過密を抱えつつその外延を拡大させていった。都市の政府は、国からの補助金を利用しながら、交通網を中心とした公共財的な社会資本の整備を行って、拡大していく都市の外延に対応していく。つまり、人々による土地の取引を通じて住宅が郊外に新たに供給されていくのに対して、都心へのアクセスである交通網や、生活に必要な衛生施設のような社会資本を政府が供給することで、移動してくる人々を吸収したのである。

政府による都市空間管理が、社会資本整備に偏る一方で、土地利用に対する規制は極めて弱かった。まず市街化調整区域のように開発を規制する地域を指定するのが容易ではなく、実際に事業者によって開発が行われるときにそれを規制する手段も乏しい。結果として、宅地となっていない郊外は容易に開発され、持家社会の「制度」を下支えする安い住宅の供給が可能になる一方で、スプロールは拡大していった。都市の政府が行うことは、スプロールの拡大に対応した社会資本整備に加えて、いわばそのスプロールを維持するための都市の魅力を向上させる手段としての中心市街地の整備であった。しかし圧倒的な魅力を誇る東京であればともかく、通常の都市が中心地域の活性化を通じて拡大し続けた都市を維持するのは極めて難しい。

それでも都市の政府がこのような都市空間管理を続けるのは、それを支持する人々が少なくないからである。都市においても持家が多く、中古住宅市場が発達していないことから流動性が高いとも言い難い。長期間の土地や住宅の所有に裏打ちされた、地域ごとの個別的利益の主張は強くなりがちとなる。そして、そのような人々の代表を送り出す地方議会の選挙制度は、それぞれの個別的利益の主張を強く反映させるものとなっている。都市の政府には人々の土地利用を統制するような政治的決定は難しく、結果として、開発利益を狙った闇雲な宅地開発によるスプロールの拡大につながっていったのである。

注

(1)　どのようなかたちであっても人々を集めればよいか、という点については議論がある。たとえばグレーザーは都市を高密度化することが経済成長につながるとするが（Glaser 2011）、これに反論するフロリダは相互作用の質が重要であるとする（Florida 2012）。この論争については、ブログ「未発育都市」二〇一二年七月三日の記事（http://d.hatena.ne.jp/baby_theory/20120703/p1）に学んだ。なおグレーザーも、フロリダの議論に対して、定義の曖昧な「クリエイティブ・クラス」よりも経済学の概念である人的資本が重要であると主張している（Florida 2012＝2014）。

（2）これは特に大阪府のように面積の小さい地方自治体が多数存在する地域でより深刻だったと言える（中山 一九九五：砂原 二〇一二）。

（3）例外的に異なる税率が採用されていたのは、都市計画を実施する地方自治体で導入されている都市計画税であったが、この税が生み出す違いはそれほど大きいとは言えない。

第4章　集合住宅による都市空間の拡大

1　集合住宅の誕生と普及

人々が集まって住む都市といえども、無制限に住まいを提供できるわけではない。魅力に溢れた都市には多くの人々が集まり、過密が生じてしまう。これまでは人々の集まる都市がスプロールのような問題を抱えながらいかに広がっていくかを見てきた。いわば都市の「ヨコ」への広がりを見てきたわけである。しかし、序章でも述べたように、全ての都市が「ヨコ」に広がっていくことができるわけではない。外敵の存在とそれを防ぐための城壁によって境界を確定されている都市もあれば、海や川、急な斜面などの地形的な要因で面的な拡大が抑制されてしまう都市もある。

集合住宅の萌芽

そのような都市が人々に住まいを提供するには、高層の建築物を建てて、住宅を作っていく必要がある。限りある土地を高度に利用することで、少ない土地に人々を効率的に住まわせるということである。このような集合住宅は、古代ローマの時代から見られており、帝国が隆盛を極めるにつれてローマへの人口集中が進み、一般市民は「インスラ」と呼ばれる六〜八階建ての高層アパートに住んでいたという。「もしすべての住宅を地面の高さに降ろしたならば、ローマはたちまちアドリア海までひろがる」という雄弁家の言葉は、まさに土地が高度利用されていたことを示すものであろう（大澤 二〇一五）。

土地が少ない都市では、人口増に対応してできる限りの高度利用をすればよいようにも考えられるが、必ずしもそれが許されるわけではない。たとえば、前近代では権力者が自らの権威を誇示するために、自分の居城などよりも高くなる建物の建設を禁止することがある。日本でも徳川幕府の時代には、特に裕福な商人などによって三階建ての建物が建設されるようになるが、それに対して幕府は贅沢の抑制や身分制度の維持という観点から三階建ての制限を行っていたという（大澤 二〇一五）。

近代の民主制のもとで、高層の集合住宅は、技術の発展により住宅問題を解消する重要な手段であると期待されてきた。都市での過密な低層住宅を批判し、高層の集合住宅を建設してその周りに緑地を作ることを提唱したル・コルビュジェの議論は、都市計画の思想に大きな影響を与えたとされる（Le Corbusier 1935＝2016）。とりわけ第二次世界大戦後の住宅難の時期には、政府が多くの高層の集合住宅を建設し、限られた都市の土地を高度利用しながら多くの人々に住まいを供給することも図られた。しかし、イギリスのように、一時期政府による高層の集合住宅が集中的に建てられたものの、費用がかかりすぎるということで取りやめになった事例もあるし（Dunleavy 1981）、フランスのように高層の集合住宅に貧困層が集中的に住むことが社会問題とみなされる事例もある（Donzelot 2006＝2012）。

そもそも政府や事業者が、自由に高層の集合住宅を作ることができるかといえばそうでもない。生活環境が悪化すると考える周辺の住民の反対を受けることは少なくないのである。高層の集合住宅が作られると、その付近に住んでいる人々にとっては、日照が建物によって遮られることがあるし、急激な人口増加によって道路や学校、公園などの社会資本が混雑して生活の満足度が低下することもあるだろう。また、都市の景観が損なわれると考える人も不満を感じるかもしれない。高層の集合住宅に反対するのは、そのような近隣の住民だけではない。都市の中心部の土地が高度利用されて多くの住宅が供給されると、郊外の住宅の需要を奪い取ってその地価を下げ、地主たちにダメージを与えることも考えられる。このように、高層の集合住宅は多くの人々の不満や反発を生む可能性がある。

民主制のもとでは、不満や反発を持つ人々が、様々な制限を求めて政治に働きかけることができる。高層の集合住宅が、特定の権力者によって禁止されなかったとしても、その存在に脅威を感じる人々によって規制されることはある。他方で、高層の集合住宅を建設するディベロッパーなどは規制の緩和を求めるとしても、まだ入居していない将来の住民たちが支持してくれるわけではない。そのために反対する主張の方が強くなることは珍しくない。結果として多くの都市において、直接的な高さ制限や日照を考慮した斜線規制、床面積を制限する容積率規制などが行われている。そのような制約のもとで、集合住宅は建設されていくのである。

日本における集合住宅

近代化を進めてきた明治時代以降、日本でも徐々に高層の集合住宅が作られるようになる。鉄筋コンクリートによる初めての高層の集合住宅は、東京のような都心ではなく、長崎県の「端島」という小さな島に作られた（大澤 二〇一五）。「軍艦島」という通称で広く知られているこの島からは良質な石炭が産出し、三菱鉱業が多くの炭鉱労働者を雇用していた。狭い島の中に多くの労働者を住まわせる必要があったために、高層の集合住宅が建設されたのである。私企業が所有する小さな島では集合住宅をめぐる政治が後景に退き、単に必要に迫られた高層化が進んだと理解できるだろう。

人口が集中する東京で鉄筋コンクリートによる高層の集合住宅が広く作られていくきっかけには、一九二三年に発生した関東大震災からの復興がある[1]。特に、震災後に集められた義捐金で設立された同潤会は、被災者の住宅確保とともに震災の教訓を踏まえた不燃化を重視して、鉄筋コンクリートによる集合住宅を大量に建設していった（第5章）。この集合住宅は非常に好評で、文化的あるいは先進的なものとして受け入れられ、その影響で民間の集合住宅も増えていった（高層住宅史研究会

編　一九八九)。

とはいえ、鉄筋コンクリートによる不燃化や最新の設備が整えられているような民間の集合住宅では、当時の日本人には馴染みが薄い洋式・椅子式の生活が求められるということもあり、そこに住むことができるのは、所得水準の高い人々に限られる傾向があった。たとえば初期の「文化アパート」や「青山アパート」「江戸川アパート」などでは、集合住宅の中に社交室が設けられ、入居者同士の交流もあったという(日本住宅協会　一九九五)。他方、同潤会アパート以降の民間アパートでは、顧客層の広がりとともに、木造三階建てのように規模は小さくなっていくものの、単身者・夫婦世帯を中心的な顧客としながら、周辺の介入から自由な、新しい都市型のライフスタイルとして受け入れられていった(高層住宅史研究会編　一九八九)。

戦後、深刻な住宅難のもとで住宅供給が急がれる一方で、戦災からの復興では住宅の不燃化が重視された。不燃化といっても、当時の集合住宅は分譲ではなく基本的に賃貸で、資金不足も深刻だったために、不燃化の費用を負担する民間の事業者は現れない。結果として高層の集合住宅として建設されていくのは、国からの補助を受けて地方自治体によって作られた公営住宅が中心となった。実際、戦後初の鉄筋コンクリート造の集合住宅は、東京都港区高輪に建設された都営住宅であった。この高輪アパート建設を主導したのは、当時の阿部美樹志復興院総裁らであり[2]、迅速な住宅供給のために安くて工期の短い木造住宅を大量に建設するべきだという主張に対して、費用がかさんだとしても都市の不燃化・立体化を進めるべきだという主張のもとに建設を推し進めたという（高層住宅史研究会編 一九八九）。

しかし、戦後まもなくは不燃化された集合住宅に入居する人々は限られていた。そのような住宅は、当時比較的所得の高い人々にも開かれていた公営住宅にほぼ限られており、賃貸価格も低くはなかったうえに、入居には高い倍率の抽選をくぐり抜ける必要があった。たとえば都営高輪アパートなどは、一九四七年の家賃が二二〇〇円であり、それに対して当時の初任給は一〇〇〇円程度であった。しかしそれでも何十倍という申し込みがあったという（高層住宅史研究会編 一九八九：一六）。また、民間企業にも不燃化された高層の集合住宅を建築するところが現れ始めていたが、高所得者への賃貸（東急不動産）や企業向けの給与住宅（竹中工務店）などであり、人々が広く集合住宅という住み方に親しんでいたわけではない。むしろ、多くの人々は設立されたばかりの住宅金融公庫の融資を利用して、鉄道会社などが開発する宅地に持家を建設していった。つまり、この時期は「タテ」よりも「ヨコ」のほうに都市が拡大しやすかったのである。

公団住宅から マンションへ

そのような状況を大きく変えて日本の都市を「タテ」に伸ばすきっかけとなったのは、一九五五年に設立された日本住宅公団である。当時住宅難は内政上の最大の課題のひとつであり、衆議院総選挙では主要政党が公約に住宅難解消を掲げていた。そして五五年二月の総選挙で勝利した鳩山一郎政権は、「一〇年間で住宅問題を解消する」という公約のもとで、日本住宅公団を設立し、国民の資産として残す住宅を建設するという使命のもと、不燃化された集合住宅を建設していく。公団住宅が出現したことによって、多くの人々が木造ではなく鉄筋コンクリート造の高層住宅に住むという新しい体験をすることになったのであり、日本における集合住宅の普及は、公団住宅と切り離すことができない。

第2章でも触れてきたように、公団住宅は原価主義に基づいて建設されていた。大きな利益はとらないとしても、入居者に対して建設費用を回収するだけの家賃を求める必要があり、その水準は公営住宅よりも高いものとなっていた。しかも、入居にあたっては家賃の五カ月分以上の収入を求めるというような基準があり、比較的所得の高い人々が対象となった。そこで、そのような入居者にも魅力的な住宅であることを示すために、新しい住宅としての特色を示すことがめざされた。

その中で最もインパクトを持ったものが「DKスタイル」、つまり食寝分離を前提として、テーブルと椅子で食事をするような洋式のライフスタイルの提案である。さらに、公団住宅では、洋式トイレやステンレス流し、シリンダー錠といった現在では一般的な設備が導入されている。それまでの日本で一般的でなかったこれらの設備は、単体で注文すれば当然大きな費用がかかる。しかし公団は、建設費用を節約するために、標準化による大量発注を行い、普及に成功したのである。

このような新しい洋式のライフスタイルは、特に若年層に対して次第に好評を博すようになり、公団住宅への人気は高まっていった。発足当初はともかく、一九六〇年代に入ると公団住宅への応募率が急騰するようになり、条件のよいところでは五〇倍を超えるにも至ったという。公団住宅での暮らしは一種の羨望を集め、一般の住宅においても食寝分離を前提にテーブルと椅子で食事をする暮らしが普及していくきっかけとなったという（高層住宅史研究会編 一九八九）。

公団住宅以前の民間の集合住宅は、すでに述べたように高所得者を中心としたものであり、当初はほとんどが賃貸住宅であった。分譲マンションとして初めて設立されたのは、東京都が建設した「宮益坂アパート」（一九五三年）であり、民間企業による個人向けのものとしては、日本信販の「四谷コーポラス」（一九五六年）であるとされる。一九六〇年代に入ると、高所得者向けではあるものの、新しいライフスタイルの普及とともに、日本住宅公団以外が供給する民間マンションも増加していった。特にブームとなったのは、一九六四年に開催された東京オリンピック前であり、一九五五〜六〇年でわずか二七棟、一二四八戸しか建設されていなかった民間マンションは、一九六四年の一年間だけで五六棟、一七六六戸が建設されたという（高層住宅史研究会編 一九八九）。その普及と軌を一にするかたちで、一九六〇年頃には住宅ローンが民間銀行による大型の消費者金融として扱われるようになり、より広い層が購入する可能性が生まれた。さらに一九六二年には「マンションの憲法」と呼ばれる区分所有法が制定されるなど、必要な制度の整備も進められた。

オリンピック後に、反動不況でマンション建設は一時停滞するが、その後に進められたのはマンションの大衆化であった。一九六〇年代末頃には第二次マンションブームと呼ばれる建設ラッシュが生じ、それ以前と比べて低価格で、また短期間の住宅ローンをセットにした販売が普及していった。そして決定的であったのは、一九七〇年からスタートした住宅金融公庫の融資付きの分譲マンションの登場であろう。その拡大とともに、分譲マンションは一般の人々にとっても、持家の重要な選択肢のひとつになったのである。

2　分譲マンションという住み方

増殖する分譲マンション　一九七〇年代、住宅金融公庫の融資を受けることができるようになった分譲マンションは、次第にその数を増やしていく。図４－１に示されているように、一九六〇年代には新設着工住宅のうちほんの数％にしか過ぎなかった分譲マンションは、一九八〇年代には一〇％を超え、二〇〇〇年代に入ると新設着工の二〇％近くが分譲マンションとなっている。この間、分譲マンションという住み方は、日本の暮らしの中にすっかり定着したと言える。当初は比較的所得の高い層のみが購入していた分譲マンションが大衆化していったのである。

一九六八年の住宅統計調査によれば、すでに住宅戸数が世帯数を上回ってはいたものの、全体的に住宅は狭く、とりわけ大都市における狭小過密居住は深刻な問題であった。それに対して民間事業者による分譲マンションの大量の供給によって、都市の不燃化を進めながら、新築で一定の広さ

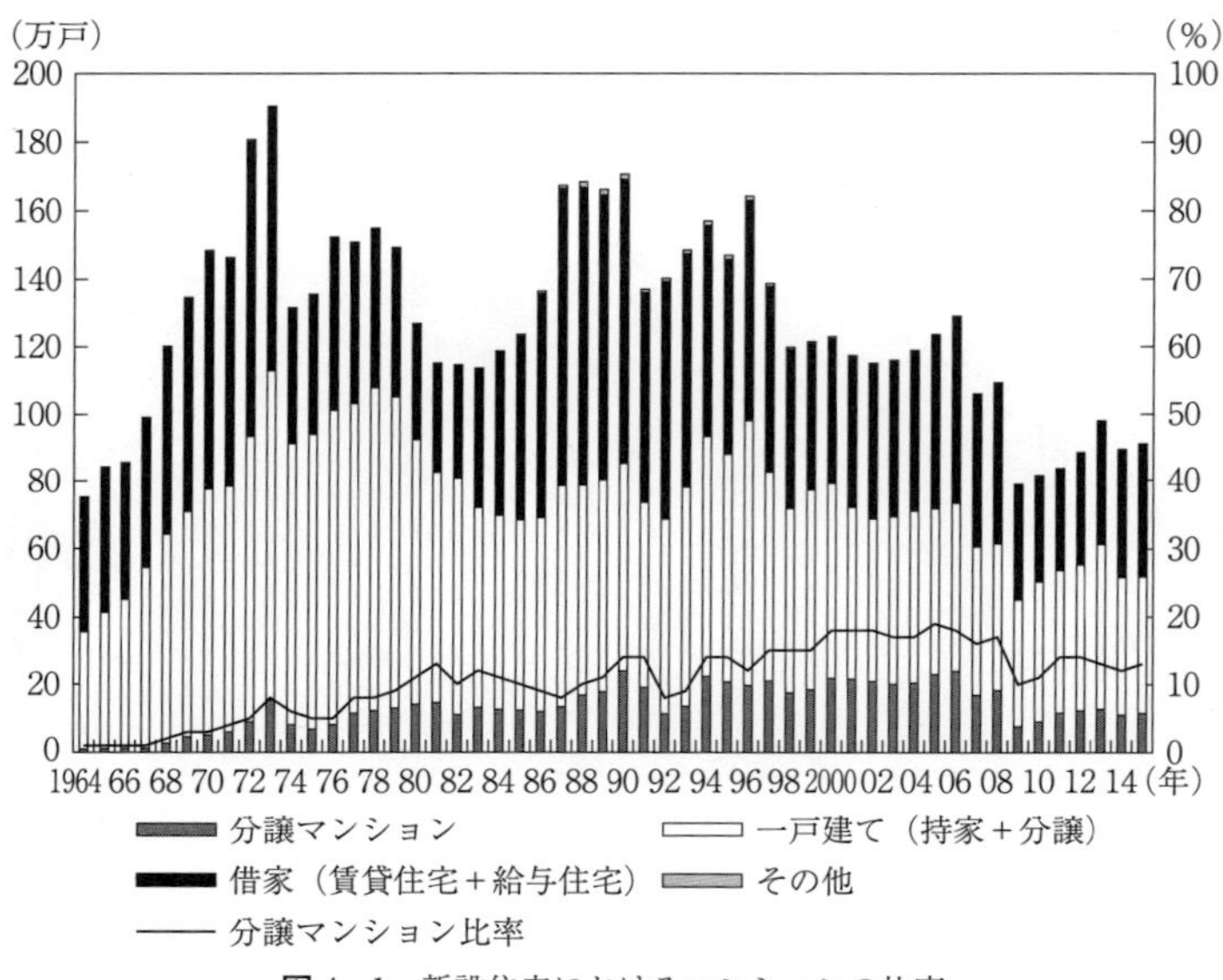

図4－1　新設住宅におけるマンションの比率

（注）マンションは，分譲住宅のうち，鉄骨鉄筋コンクリート造・鉄筋コンクリート造・鉄骨造のものをいう。一戸建てには，注文住宅と分譲住宅を含む。
（出典）国土交通省「建築統計年報」各年版から筆者作成。

を持った住宅を増やすことができたのである。そして、それまでは大都市郊外に住んでいた住宅の需要層が、遠隔化による通勤時間の長さに耐えられず、大都市の分譲マンションに流入していく傾向が見られた（『建設白書』一九七〇年度）。ある調査によれば、分譲マンションには都市居住を志向する高学歴の専門職・管理職が多く、その傾向はより価格の高い高層マンションで強いとされている（日本経済新聞社企画調査部・高層住宅研究会一九八二）。

大都市圏の中でも東京を中心とした首都圏において、分譲マンシ

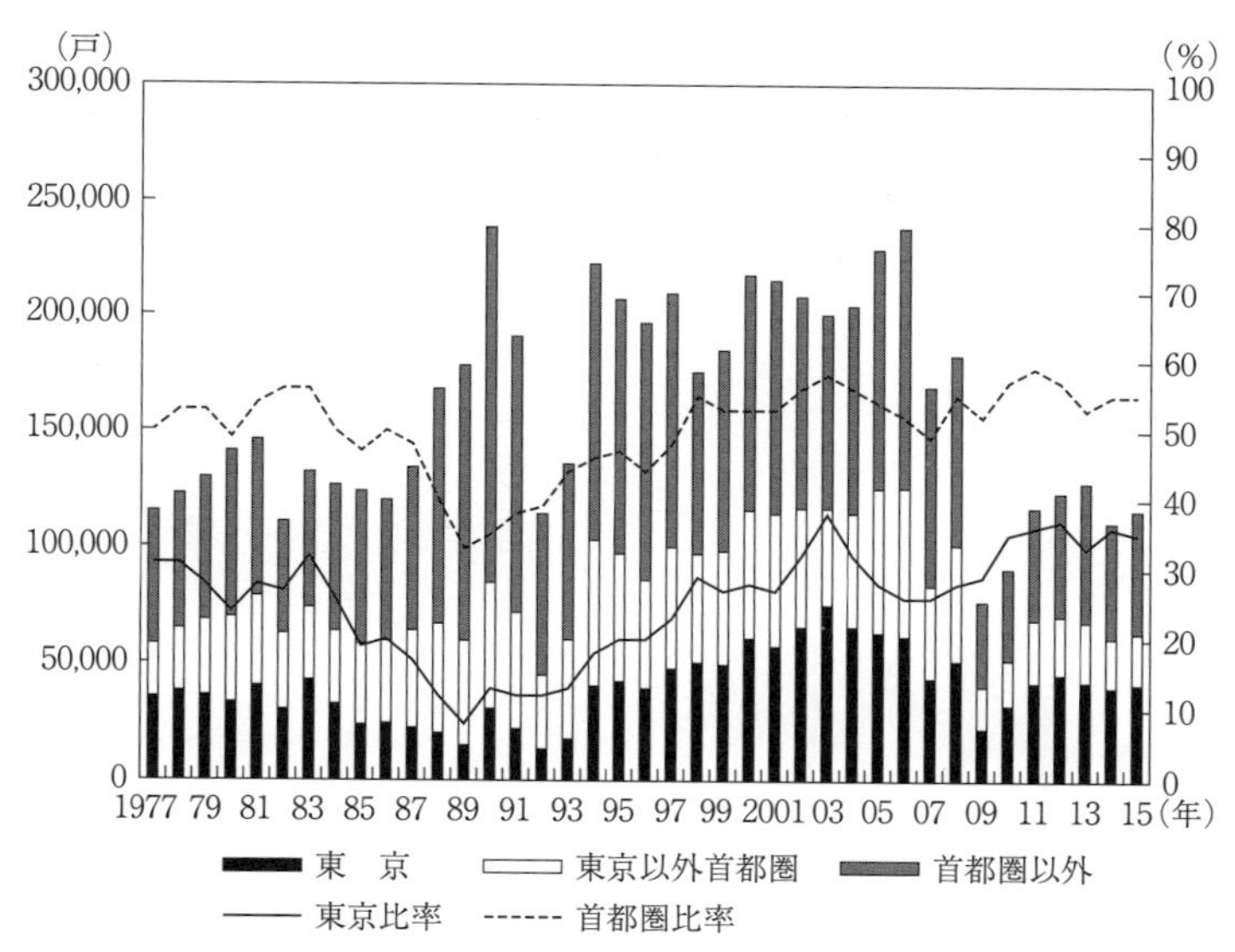

図4－2　首都圏への分譲マンションの集中

（注）東京以外首都圏は，埼玉県・千葉県・神奈川県を示す。

（出典）国土交通省「建築統計年報」各年版から筆者作成。

ョンの増加が著しい。図4－2に示されるように、一九八〇年代半ばまで、新設の分譲マンションの半分は首都圏で建設されており、さらにその中の半分以上が東京都で建設されていた。この傾向が変わるのが、八〇年代後半のいわゆるバブル経済の時期である。分譲マンション建設数は全体として伸びているものの、首都圏、特に東京都では建設数が減少し、全体に占める比率も低下している。東京都では地価が異常に高騰していて新規に分譲マンションを建設することが困難であったのに対して、地方では将来の価格上昇を当て込んだ分譲マンションの建設が続いたのである。結果として、バブル経済の最盛期である一九八九年には、新規に建設される分譲マンションのうち、首都圏で建設されるものは三三％（東京都は八％）にとどまった。

しかし、バブル経済の崩壊を経て、一九九五年頃から東京を中心とした首都圏でのマンション建設の割合が再び増加していく。この時期は東京圏への人口の再流入が始まる時期と符合している（図3－2）。その後、二〇〇〇年代に入るまで、二〇万戸の新築マンションが、首都圏と非首都圏でほぼ半分ずつ供給されてきたが、リーマンショックによって急激に新設数が落ち込み、供給数は約半分となっている。供給のうち、その三割以上が東京都での建設となっており、一九七〇年代後半から八〇年代前半にかけての供給と似通っていることがわかる。一九九〇年代に地方にも拡がった分譲マンションという住まい方は、二〇〇〇年代に入ってまた東京中心に回帰する傾向を強めていると言えるだろう。

「迷惑施設」としての性格

分譲マンションの大衆化は進んだが、分譲マンションを含めた集合住宅が、何の抵抗もなく増加していったわけではない。集合住宅は、大規模なものであるほど「迷惑施設」としての性格を持ち、建設を予定する地域からの反発を受ける可能性がある。これまでにも述べてきたように、初期の公団住宅は、大量の新住民が流入することによる上下水道や道路のような社会資本整備の必要性、そして小中学校・保育所建設などの要請から、それを負担することになる地方自治体によって避けられて、次第に都心から遠い地域に建設されるようになっていった。

公団住宅は政府機関によって建設されるものだが、分譲マンションは、基本的に民間事業者によって建設されるものである。第3章でも説明したように、地方自治体による開発規制が緩いために、分譲マンションを建設しようとする事業者は土地を取得して開発行為を容易に進めることができる。そのため、その過程で自治体や既存の地域住民と紛争を起こすことは決して少なくなかった。一部の自治体では、開発行為に対する条例による規制が困難な中で、法的な根拠のない行政指導を行うことで開発を止めようとした（板垣 二〇一七）。たとえば武蔵野市は、一定以上の大きさのマンション等を建築する際には教育負担金を納付することを求め、従わなければ水道の供給を止めるという行政指導を行ったが、これは違法行為として裁判で敗訴している。

より激しいのは、民間事業者と既存住民という私人間での、建物の高さをめぐる対立である。一九六七年には東京で高層の分譲マンションが隣家の日照を遮蔽したことが訴えられた事件について、最高裁が損害賠償を命じた判決を下し、その後「日照権」を根拠とした建設反対の住民運動が増えるようになった。既存の住民としては、日照時間が短くなって日光を浴びることができなくなるだけでなく、それによって資産価値が下がるということで、激しい反対を起こしたのである（高層住宅史研究会 一九八九）。

このような紛争は、東京から関西その他全国に波及しつつ、一九七〇年代前半にひとつのピークを迎える。東京でマンション建設に反対する住民を中心として、その建設にあたっては関係住民の同意取得を必要とする条例の直接請求が東京都に対して行われたのである。この直接請求が都議会で審議される中、建設省は建築審議会でこの問題についての検討を進めていく。その結果、建築基準法の改正で、住居専用地域を中心に、住宅が多く存在する区域など地方自治体が条例で指定した地域で日照保護を行うとされ、建築物の隣接区域において日影を生み出す高さを規制するという方法が採用された。反対に言えば、関係住民の同意取得は必ずしも求められず、基準を満たせば分譲マンションを建設しやすくなっていったのである。

日照権の保護について、裁判所から一定の基準が示されたからといって、高層の分譲マンションに対する既存住民の反発がなくなったわけではない。近年では景観利益の侵害という観点から反対運動が起きている。調和した町並みにおいて突如高層の分譲マンションが建設されると景観が乱される、ということである。代表的なものとしては、二〇〇〇年頃の神奈川県鎌倉市や東京都国立市で発生した住民運動があり、景観利益の侵害を理由として事業者を訴えている。これらは最終的に裁判で敗北していくが、景観利益の重視という観点は社会的に受容されるようになっている。多くの地方自治体が、実効性には疑問が残るとしても景観条例を制定するようになり（伊藤 二〇〇六）、二〇〇四年に良好な景観の保全・創出を目的に地方自治体に一定の強制力を与えた景観法が成立した。そして、二〇〇六年には最高裁の判決（国立マンション訴訟上告審）では、景観法の制定に言及しつつ、「法律上保護される利益」として景観利益が承認された。景観利益の内容については十分に明確になったとは言い難く、その適用のハードルは高いが、あらかじめ定められた法律や条例とは別に近隣住民の反対がマンション建設に突然予想外の影響を与える可能性は残る（板垣 二〇一七）。低層住宅中心の地域にとって、異質な分譲マンションは「迷惑施設」であり、理由を変えながらも排除の可能性が残されているのである。

商品としてのマンションと住民の多様性

もともと高所得層向けであった高層の分譲マンションは、高度経済成長期を経て一般市民に広がり、商品としての性質を強めていった。日本住宅公団以来の「ＤＫスタイル」やその後のＬＤＫプランという間取りはその最たるものであり、住宅の供給様式だけではなく、生活スタイルや、極端に言えば家族のあり方も規定してきたところがある。しかし、一九八〇年代に入り、民間事業者が住宅市場を主導し始めると、ＬＤＫからキッチン部分が分節化していくなど、間取りにも多様化が見られるようになる（山本 二〇一四）。山本理奈によれば、住宅の需要が一定程度満たされるようになったために、住むための機能だけではなく、人とは異なる住宅に住んでいるという差異が強調されるようになったという。

さらに、分譲マンションを求める世帯についても、高度経済成長期のような核家族世帯だけでなく、単身世帯や若年の夫婦世帯、さらには高齢者が住み替えを前提として購入するようになっていることもある。たとえば一九九〇年代後半には、専有面積がやや狭いコンパクトマンションが増加している。そのようなマンションは、都心に近くて通勤が便利というだけではなくて、狭いもののキッチンや水回りなどが充実し、セキュリティ対策も行き届いているという、シングル女性のニーズに応えるものとなっている（久保 二〇一五）。

新たな類型として無視できないのは超高層のタワーマンションであろう。二〇〇〇年代の規制緩和によって、タワーマンションの供給が本格化し、東京湾岸の江東区・港区を中心に大量の建設が進められた。タワーマンション居住はステイタス・シンボルとして捉えられ、居住者用のジムやプール、コンシェルジュサービスや子育てルームなどの充実した共用設備が用意される傾向にある。高度経済成長期のステイタス・シンボル、「住宅双六」の「上がり」は郊外の一戸建てであったが、タワーマンションへの居住は新たな「上がり」として位置付けられつつあると考えられる（富田 二〇一五）。

このように、商品としての住宅は多様化する傾向にあるが、それぞれの分譲マンションの中での住民の同質性は高いと考えられる。実際、近年であっても大規模マンションに同世代の人々が集中的に入居することで、小学校の受け入れ困難が生じる事例もしばしば報告される[3]。多くの分譲マンションは、場合によっては社会資本の整備を伴いつつ、新たに開発された宅地の上に、パッケージとして同じような住宅を供給する。商品性が強いからこそ、供給にあたって事業者は、顧客の収入や年代などについて特定の条件を想定して住宅を販売するために、購入する顧客の同質性が高まるのである。第1章で論じたように、住宅が一世代限りのものとして消費され、中古住宅市場を通じて購入する新たな入居者がなければ、集合住宅は最初に入居した特定の世代とともに高齢化していくことになる。

このような住民の同質性は、分譲マンションに限らず、「ヨコ」に拡大していくニュータウンなどにも共通するものである（住田 二〇一五：三一九〜三二九）。しかし一方で集合住宅の場合、一戸あたりの床面積が一戸建てよりも狭いことが多く、複数の世代の同居を経て次世代へと継承されることは難しい。さらにニュータウンの一戸建て住宅のように、個々の住宅を建て替えたりするようなこともできないために、同質的な住民が住宅とともに老いていく傾向が強まる可能性はある。他方で、集合住宅は一戸建て住宅よりも商品性が高いために、需要の大きい都心などでは、中古住宅市場での売買が行われたり、賃貸住宅として利用されたりすることも少なくない。その場合には、居住者の新陳代謝が生じて住民が多様化する可能性もある。そのような集合住宅間の差異は、時間の経過とともに大きくなっていくと考えられる。

3　集合住宅の公共性

集合住宅としての意思決定

集合住宅には、人々が集まって住むことによる様々な利点がある一方、個人に負担が生じることもある。まず利点としては、施設・設備などを割安に共用できることが大きい。たとえば、生活に必要な水の供給を考えたとき、他の人から離れて一人で住む人が自分のためだけにわざわざ水道管を敷設しようとするとあまりに費用が大きくなるが、狭い地域に多くの人々がまとまって住めば、水道管をできる限り共用して最後のわずかな部分だけを個人が負担すればよい。このような利点は、人々が都市に集まって住むということと共通している。集合住宅の場合は、それに加えて利便性の高い土地を多くの人で利用できるということや、まさにそのために一人で利用するよりも土地を割安に使えることを指摘できる。

それに対して集合住宅の欠点は、人々が非常に近い距離で生活することで紛争が生じるという点に求められる。第3章で議論した都市の問題と同様に外部性が存在するのである。騒音や悪臭といった生活公害はその典型だし、「洗濯物を外に干すか」といった住宅周辺の景観をめぐって紛争が生じることもある。こういった紛争を抑えつつ、多くの施設・設備を共有資産として利用することで集合住宅のメリットを享受するためには、日常的な行動や共有資産の維持にかかる負担についてのルールが必要である。ルールを作ることで紛争を予防するとともに、あらかじめその処理の方法を定めておくのである。

日本の集合住宅の場合、すでに述べたように、それぞれの居室は均質な商品としての性格が強く、入居者の同質性は高いと考えられる。しかしだからと言って、集合住宅の中で外部性の問題を解決するのは簡単ではない。分譲マンションを対象としたサーベイ調査によれば、他の土地から移動してきた人々が居住するマンションは、周辺住民との接触が希薄であるだけではなく、マンション内部の空間の共有がコミュニティの形成に結び付くわけでもないことが指摘されている（高村 二〇一二）。そういったマンションの共有資産を適切に維持管理するためには、たとえば管理会社が派遣する管理員の働きかけが極めて重要になるという。

さらに集合住宅の中に多様な人々が住むようになると、ルールの合意がより困難になる。世代が違えば住宅に期待するものも変わり、たとえば子どもが引き起こす騒音に対して子育て世代と引退世代が激しく対立することなども考えられる。また分譲マンションの中に賃貸として利用される居室が増えると、所有者ではない利用者は、所有者と比べて取引費用が低くて移動が比較的容易なので、面倒な共有資産の管理に協力しないかもしれない。とりわけ集合住宅の高層化はこの問題を強調することになると考えられる。所得階層という点だけ取ってみても、当初のエレベーターがない集合住宅でも、裕福な人々は下層階に集まり、忌避された上層部に貧しい人々が住むことになりがちだった。エレベーターが一般化すると、今度は最上階の「ペントハウス」に象徴されるように裕福な人々ほど高層階で眺望を得ようとする（Bernard 2006＝2016）。進展する集合住宅の高層化が、入居者を多様化し、紛争のもととなる差異を生み出す可能性もあると考えられる。

資産としての集合住宅

集合住宅で紛争が生じると言っても、一人に所有される集合住宅で、その所有者が部屋を入居者に貸していく賃貸住宅であれば問題はそれほど大きくない。住宅の資産価値について考える必要があるのは基本的に所有者だからである。所有者としては、どのような人が住んでいようと、居住する階数や居室の広さに応じて個々の入居者から必要な家賃や管理費を取ればよい。建物が老朽化してきたら、所有者の負担によって大規模な修繕を行ったり、場合によっては建て替えを行ったりすることになる。

集合住宅の所有者の立場で重視すべきは、住宅の資産価値である。騒音や悪臭の原因を作ったり、他の入居者と頻繁に近隣トラブルを起こしたりするような入居者は、外部性の問題を引き起こし、集合住宅の資産価値を損ねてしまうと言える。また、約束した家賃を定められた期限内に支払ってくれない入居者は、所有者に損害を与えるだけではなく、他の入居者にとっても望ましくない影響を与える可能性がある。所有者としてはそのような入居者を適切に退去させることで集合住宅の資産としての価値を維持したいと考えるだろう。しかし戦後日本では入居者の権利保護が強かったために、所有者がそのようなコントロールを行うのは困難であった。第1章でも見たように、結果として資産価値の高い集合住宅は賃貸住宅として供給されにくかった。

分譲マンションのように、集合住宅の所有者が一人ではなく多数である場合、困難は大きくなる。特に、同じ集合住宅に多様な人々が住み、所得階層の違いが大きいような場合は、建物の管理や修繕のための負担についての考え方も違う。所得が高い人は、多少の金銭的負担があっても、建物を中心とした居住環境の維持管理に自分自身の時間を割くのを嫌がることがあるし、反対に所得が低くて金銭的負担を好まない人々は、多額の管理費を負担するくらいなら自分たちが管理のために時間を割くほうが望ましいと考えても不思議はない。多くの人々が入居していると、建物を共有資産として管理していくときの分担をきちんと果たすことを期待するのも難しくなる。実際、国土交通省のマンション総合調査によれば、マンションの総戸数が多くなるほど管理費を滞納する入居者が増えていくことが示されている（野澤 二〇一七）。

多数で集合住宅を所有するときの問題を深刻にするのが、それぞれの住宅に設定された所有権である。多くの入居者がお互いの所有権を尊重しあいながら集合住宅の管理をしなくてはならず、建物全体の大規模な修繕や建て替えといった事業を行うときには、基本的に住宅の所有者の同意と事業のための負担が必要になる。そのため、一部の所有者から建物が老朽化してリフォームしたいという提案がなされても、他の所有者の同意を調達できなければそのような決定は行われない。言い換えると、集合住宅の一部が自分の資産であったとしても、それを全て自分の自由に扱うことができるわけではなく、他の所有者との合意形成が求められるのである。

このような集合住宅を、資産として扱うのは簡単ではない。一方で居室など自分の所有する部分はそれ自体資産価値を持つが、他方でその資産価値は集合住宅全体の価値に左右されるからである。どんなに自分自身が丁寧に居室を使い、リフォームによって価値を高めても、酷い使い方をして周辺環境に悪影響を及ぼしたり、エレベーターなど共有資産の補修を拒んだりする住民がいると、外部性の問題が発生して集合住宅全体の価値が下がり、ひいては自分自身が所有する部分の資産価値も下がってしまう。そこで、集合住宅を資産として管理し、外部性をコントロールするために、一定の共通ルールが設けられている。それが日本でいえば「マンションの憲法」とも呼ばれる区分所有法ということになる。

「区分所有」のルールと管理組合

区分所有法制は、日本に限らず集合住宅が普及している先進国で、終戦直後から一九六〇年代の高度経済成長期にかけて導入され[4]、資産としての集合住宅を管理する方法に一定の共通点が観察される（鎌野ほか 二〇一四）。このような法制のもとでは、基本的には、専有・共有の財産について定めたうえで[5]、入居者が遵守すべき規約について合意し、資産の管理を行う管理組合の位置付けが定められている。入居者は、集合住宅の一区分を専有する区分所有者として位置付けられ、所有する建物や敷地の管理を行う。重要なのは、管理組合が建物の変更・改良や建て替え、区分所有関係の解消を行うときの決議のための手続きが定められていることである。たとえば日常的な管理については区分所有者の過半数による決議、建物の建て替えのときには全員一致、といったように、決議の重要性に応じて異なる合意形成のハードルを設定することも行われている。そのハードルさえ超えれば、一部の区分所有者の反対があっても、所有権を乗り越えて共有資産の取り扱いを決めることできるのである。

日本の区分所有法制の特徴として、個々の区分所有者の所有権が強く、管理組合の集合的決定による拘束が弱いということが指摘できる（竹井 二〇〇七）。それはまず、管理組合が必ずしも法人格を持たない点に見て取れる。多くの国で集合住宅が管理組合によって運営されるのは、集合住宅を資産として扱うことが難しい中で、法人という継続的な権利主体が、長期的に資産を活用して利益を上げることを重視しているからだと考えられる。そのような法人は、区分所有者から使用料＝管理費を取って共有資産を適切に管理したり、規約を遵守せず周辺環境に悪影響を与える区分所有者を排除したりすることで、住宅の資産価値を守ることができる。区分所有者の観点から見ても、部分的に不自由を感じても、共有資産の価値を高めるために法人に管理を委ねることには意味がある。

しかし日本では、一九六二年に区分所有法が制定されたとき、「区分所有者による団体」つまり管理組合を設立する規定は存在せず、その規定が作られたのは一九八三年の改正を待たなければならなかった。改正以前、管理組合の設立はあくまで任意であり、そのために初期の分譲マンションでは管理組合が作られていなかったところもある。それどころか、組合加入も任意であるために、組合に入らない区分所有者には集合的な意思決定の影響が及ばないという事態も考えられた。そして現在に至るまで管理組合が法人となる（管理組合法人）かどうかは任意であり、法人化していない管理組合は、区分所有者による管理費などの未納について支払いを請求する主体となるようなこともできない（小田 二〇一七）。

区分所有法が制定された当初、集合住宅であっても構造上・用途上可能な限り単独の所有物としたうえで、残余部分のみを共有資産として、所有権の次元での排他性を確保することが重視されていたという（稲本・鎌野 二〇〇四）。共有資産の変更については、民法の規定に基づいて、権利を持つ共有者全員の一致を求めるものとなっていて、管理組合のような団体での多数決に基づいた変更ということは想定されていなかったのである。多数決による決定を認めるためには、民法の共有の世界には存在しない集合的な意思決定主体が存在するという擬制が必要となり、それを持たない制定当初の区分所有法では共有者全員の合意がなければ共有部分を変更することはできなかった。四分の三の特別過半数を以て共有部分の変更が可能とされるには、一九八三年の法改正を待たなくてはならなかったのである。そのように個人の所有権を強く認めるところから出発していることもあって、集合住宅という資産管理のための集合的決定に所有権が従属する、という状況が考えられてこなかったと言える。

所有権が強すぎることは、「自分の資産なのだから好きに処分しても良いだろう」という発想につながりやすい。分譲マンションのような集合住宅では匿名性が強調され、他者から介入されることも、他者に介入することも好まない傾向が強いとされる。そしていざ紛争が起きるとなると、個々の入居者間での個人的・感情的な紛争となり、管理組合や他の区分所有者はかかわろうとしない（尾崎 一九九七）。それに対して、ドイツやオーストリアなどでは区分所有者に対して「秩序ある管理義務」を課し、その義務を履行せず、他の区分所有者に大きな不利益を与える場合には、その区分所有者を排除してその専有部分を競売にかけるということもあるという（鎌野ほか 二〇一四）。もちろん、そのような強権を発動するには管理組合における合意形成が欠かせない。

区分所有者が、同質的な価値観を持ち、全く同じように共有資産を扱おうと考えるとしたら、管理組合のような集合的決定のための機関は必要ないかもしれない。しかし現実にそのようなことはありえない。資産としての集合住宅の価値を維持し、高めていくためには、異質な区分所有者の間でルールを定め、そのルールのもとで利害を調整し、お互いの行動に制限を加え、必要な負担を分かち合わなくてはならない。その意味で、分譲マンションの管理組合は、外部性の問題に対処することが求められる政府としての性格を強く持っているのである（竹井 二〇〇七）。

4　分譲マンションの終末期

行き詰まる分譲マンション　分譲マンションが一九七〇年代に一般化してから、すでに五〇年近くが経っている。その間、大量の供給が続く一方で、既存の分譲マンションの老朽化も著しく進んでいる。二〇一一年に初めて全数調査を行った東京都は、分譲マンションが五万三二一三棟、推定で約一八五万戸が存在し、そのうち築四〇年を超えるもの、つまり一九七一年までに建てられたマンションが二六二九棟、推定で一〇万戸に及ぶことを明らかにした（東京都都市整備局「マンション実態調査」）。一九七〇年代以降、建設のペースが早まるために、これから築四〇年を超える分譲マンションが続々と増えていく。

老いるのは分譲マンションの建物だけではない。区分所有者の高齢化も進んでいる。国土交通省のマンション総合調査によれば、一九九九年は分譲マンションに居住する区分所有者（世帯主）のうち六〇歳以上の割合は二五％程度だったものが、二〇一三年には約五〇％程度にまで達している。この調査によれば、調査対象者のうち当該分譲マンションに「永住するつもりである」とする区分所有者が五二％にも達しており、「いずれ住み替えるつもりである」という一八％と比べて非常に多い。一九八〇年に行われた同様の調査では、「永住するつもり」が二二％に対して「いずれ住み替えるつもり」が五七％であり、この間分譲マンションに対する意識が大きく変わっている。

区分所有者が永住し、高齢化するとともに分譲マンションの建物が老朽化することは、共有資産の管理を難しくする。なぜなら、永住するために相続も含めて代替わりが進まず、区分所有者は自分の世代さえ利用できれば良い、と考えてしまうからである。そうすると、特に共有部分に対して新規の投資を行って集合住宅の資産価値を高めようとする動機付けは弱くなり、ますます資産としての魅力が失われて、中古住宅として購入しようとする人がいなくなる。そのような分譲マンションは、櫛の歯が欠けるように空室が増え、一部は割安の賃貸住宅として利用され、誰も共有資産の価値に関心を持たないような状態が生まれてしまう（米山 二〇一五）。

分譲マンションが行き詰まる原因は、高齢化だけではない。特に首都圏の近郊、長距離通勤で東京都心に通うことができる限界付近に建設されたものや、リゾート地に別荘用として作られたものなど、バブル経済崩壊後に資産価値が激しく低下した分譲マンションも同様の問題を抱えている。群馬県の分譲マンションを調査した松本恭治によれば、もともと資産価値の落ちているところにエレベーターや機械式駐車場など高額で重要な共有資産が破損すると、残された区分所有者が負担を嫌ってできる人から退去するなどして積極的に修繕を行わないうちに、管理組合が機能不全に陥り「廃墟マンション」となってしまうプロセスがあるという（松本 二〇一三）。一度管理に失敗し、共有資産としての価値が失われると、図4－3のような資産価値劣化のサイクルに陥り、区分所有者

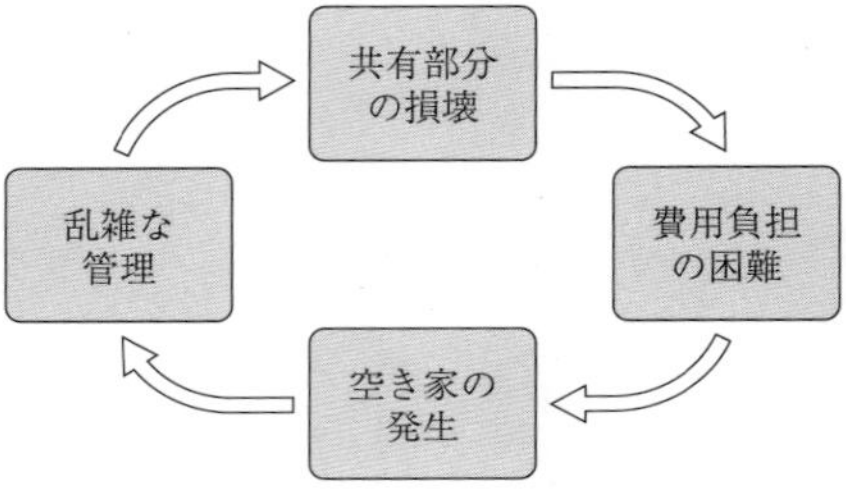

の相当の努力と負担なしに資産価値を取り戻すことは困難となるのである。

共有部分の損壊
費用負担の困難
空き家の発生
乱雑な管理

図4-3 資産価値劣化のサイクル
（出典）筆者作成。

建て替えとその困難

現在、分譲マンションの行き詰まりを打破する手法として想定されているのは、その建て替えである。老朽化した建物を新しくすることによって資産価値を生み出し、住み続けることがめざされている。しかし、実際に分譲マンションの建て替えに成功した事例は極めて少ない。国土交通省の調査によれば、図4-4に示されるように、二〇一七年四月現在で建て替え工事が完了したマンションは二三二棟に過ぎず、実施中のものもマンション建替法に基づくものを中心に二四棟があるのみとなっている。[6] 言うまでもなく、これは全体のごく一部である。

建て替えに成功した初期の事例は、利便性が高い地域に立地し、そして容積率に余裕がある分譲マンションが中心となっている（米山 二〇一五）。その理由は、建て替えによって分譲マンションを大規模化し、そこで新たに生じた空間（保留床）を売却することによって、建て替えに要する費用を捻出できるだけでなく、場合によってはもともとの区分所有者が大きな負担をすることなしに建て

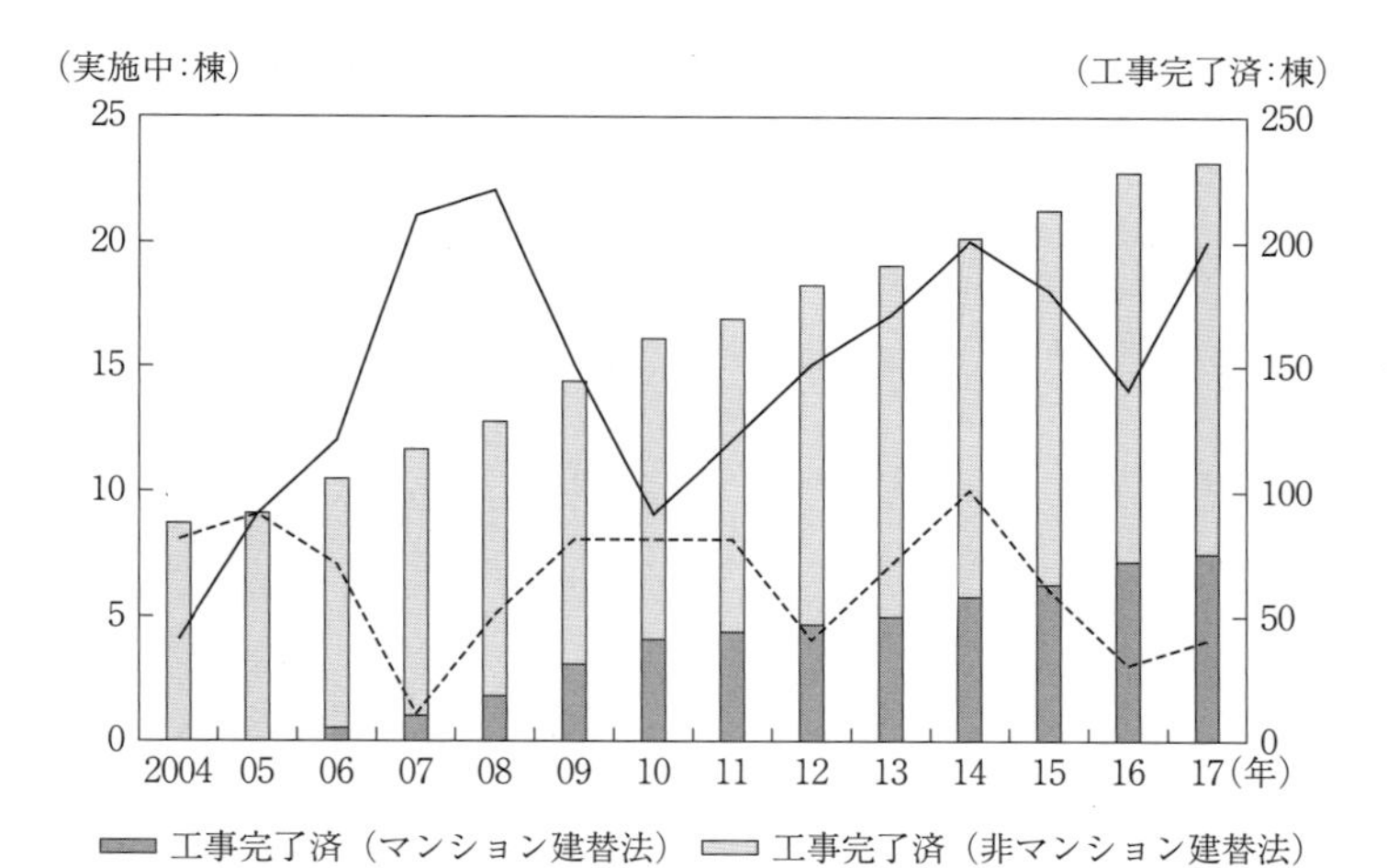

図４－４　マンション建て替えの実施状況

（出典）国土交通省ウェブサイト（http://www.mlit.go.jp/common/001203024.pdf）から筆者作成。

替えることができるからである。このように余裕のある容積率を用いて建て増しし、そこから開発利益を得る手法は、第3章で扱った市街地再開発事業と同型である。極端な話だが、バブル経済期の建て替えでは、面積が倍になる住戸を無償で取得できた事例もあったという（山本 二〇一二：一三七）。一九九三年までの事例での建て替えまでの平均年数は三〇年未満であることを考えると、物理的な老朽だけでなく、土地活用の機会をとらえた事業化と推定される。

しかしどんなに好条件であっても、分譲マンションの建て替えには困難が伴う。建て替え期間中には住み替えを余儀なくされるという負担が確実に伴うし、現在の建物に対する感傷的な愛着や、変化を嫌う現状維持志向を持つ区分所有者は、仮に経済的な利益が大きいとしても、建て替えに反対する可能性がある。それどころか、有利な補償を受けることを目的に、かたちだけの反対をするような区分所有者の存在も考えられる（山崎・瀬下 二〇一二）。大きな資金が必要になるからこそ、関係者がいろいろな思惑を持って行動するのである。

これまでに政府は、分譲マンションの建て替えを促進するために法整備を行ってきた。まず一九八三年の区分所有法の改正で、「建て替え決議」が制度として創設され、マンション管理組合を構成する区分所有者の五分の四の特別多数によって分譲マンションの建て替えが可能とされた。それまでの区分所有法には建て替えについての規定はなく、区分所有者全員の合意が必要とされていたが、この法改正によって反対者がいても建て替えを進められるようになったのである。

さらに二〇〇二年には、区分所有法の改正で建て替え決議に関する制限が緩和された（村辻 二〇一二）。具体的には、建物の維持にかかる費用が大きすぎて客観的に不合理になったときのみ建て替えが認められるという「費用の過分性」要件や、居住用の建物は同じ居住用として用いるときに建て替えを認めるという「主たる使用目的の同一性」要件が削除された。それに加えて、同じ敷地の中での建て替えのみを認めるという「敷地の同一性」要件が緩和され、従来の建物の敷地と一部でも重なっていれば隣地を含めて建て替えを行うことができるようになった。この緩和によって、容積率に余裕のある隣地を取得して建物を大規模化し、売却で利益を生み出す保留床を大量に確保するような建て替えも視野に入るのである。また二〇〇二年には、中心的な当事者となる建替組合に法人格を認めるなど、マンションの建て替えを促進するための手続きを規定したマンション建替法（建替円滑化法）も制定されている。

建て替えを促進する制度の改正が行われているが、それでも実際に建て替えが進む分譲マンションは極めて少ない。建て替えが直近の問題になるような、築年数の長い、初期の分譲マンションは、比較的小規模で、容積率に余裕があり、立地条件もそれほど悪くないにもかかわらず、建て替えは進んでいないのである。より後の時期に建設された分譲マンションは、規模が大きいものも増え、容積率の限度近くまで利用し、しかも立地条件が悪くなってくる。そうなると、建て替えにかかる区分所有者の負担が大きくなり、合意はより困難になるだろう。とりわけ貯蓄の少ない高齢の区分所有者となれば、基本的に反対することが予想される。

さらに深刻なのは、二〇〇〇年代に入って増加したタワーマンションだろう。都心に立地する建物が多いとはいえ、建て替えてさらに大規模化するのは今のところ現実的と言えないし、何より大量の区分所有者と居住者が――場合によっては小さな町村ほどある――存在する。合意に至る困難を考えると、極めて多額の費用がかかることになる建て替えは、ほとんど不可能と言うべきだろう。建て替えができず共有部分が劣化していくことだけが明らかになると、先ほどの図4-3のような資産価値劣化のサイクルに陥って空き家が発生し、「廃墟」となる可能性も否定できない。

フロンティアの消失と政治の出現

分譲マンションを、建て替えによって存続するものと捉えることは、建て替えに伴う大規模化で新しい区分所有者を呼び込むことを前提としていたと考えられる。「タテ」の方向にフロンティアを拡大して移動する人々を吸収することで、既存の区分所有者が少ない負担で持家を保持し続けることができるのである。第3章で論じた「ヨコ」に広がってきた都市と拡大の方向こそ違うが、人口減少で再編が困難になるのは同様である。人々が自由に移動できる中で、望ましくないと判断された分譲マンションからは人々が立ち去り、ひどい場合は「廃墟」となってしまう。

建て替えとは、それまでの建物を解体、清算して新しい建物を造ることである。大規模化して新しい区分所有者を呼び込むことは、フロンティアを拡大させた開発利益から費用を賄うことを意味する。他方、そのような開発利益が見込めない場合には建て替えが困難になるだけでなく、「廃墟」と化した既存の建物が、外部性の問題を引き起こして周辺に負の影響を与える可能性もある。最終的には、そのような「負の資産」となった分譲マンションをどのように解体するか、という問題も出てくるだろう。

最も単純な解決方法は、建設した分譲マンションを維持していくにあたって、管理組合に解体までの責任を負わせることだろう。管理組合が中心となって、区分所有権解消の決議によって土地を売却し区分所有者に配分して清算を行ったり、区分所有者に対して費用の積立を求めたりするような方法が考えられる（米山 二〇一五）。しかし、本来そのような費用を負担すべきは必ずしも区分所有者だけではない。もともとその土地を開発して莫大な開発利益を得たディベロッパーや、建て替えて新たな開発利益を得ようとする開発者がいれば、それらを含めて負担の配分が議論される必要がある。それは新たに負担を迫られる管理組合・区分所有者も、解体によって住まいを失う可能性がある区分所有者や賃貸住宅として住む利用者も、開発利益が減るディベロッパーも、関係者全てが望まない陰鬱な議論となることが予想される。

フロンティアを拡大し、基本的に全ての関係者にとって利益が見込めるかたちで建て替えを進めることができれば、この面倒な政治を回避できる。そして、特に都市部での人口増加が続いていた日本は、関係者がそのような期待を抱きやすい環境であった。しかし都市においても人口減少が進む現在は状況が違う。基本的に正の利益を配分するのではなく、「負の資産」を残さないためにどのように不利益を配分するのかということこそが問題になるのである。分譲マンションはその典型だが、だからと言って分譲マンションとその区分所有者に限定した議論にとどまるものではない。住宅を建設するディベロッパーや住宅保障を行う政府、戸建ての持家所有者や賃貸住宅の利用者も含めて、社会的な資産としての住宅をどのように残していくか考えなくてはならないのである。

5 本章のまとめ

高層の集合住宅を建設することで、土地を高度利用することができれば、都市を平面的に拡大させなくても、多くの人々を住まわせることができる。しかし、そのような土地利用を行うためには、多くの土地を集約する必要があるだけでなく、新たな土地利用に対する周辺の住民からの抵抗を受ける可能性がある。高層の集合住宅がしばしば「迷惑施設」として扱われ、建設に大きな取引費用がかかってきたことは、第3章で見たような郊外を開発するスプロールにつながるひとつの理由であったとも考えられるだろう。

それでも、もともとは高所得層向けであった分譲マンションが、特に一九七〇年代以降、首都圏を中心に急速に増加し、日本における代表的な住まい方となっている。しかし他方で、それぞれが居室に一定の所有権を持ちつつも、集合住宅全体としての資産価値を考える必要がある分譲マンションという形式に適合した意思決定のあり方が発展してきているとは言い難い。ひとつの集合住宅を共同で利用している分譲マンションの場合は、都市の中でも外部性の問題が大きくなりやすいと考えられるが、日本では管理組合での多数決も含めた集合的な意思決定よりも、個々の区分所有者の権利とそれに基づく個別的な合意の重要性が強調されやすく、分譲マンションをひとつの集合住宅という資産として管理することが難しい。

そのような分譲マンションが困難に直面するのは、特にその終末期である。現在、老朽化する分譲マンションは増加しており、建て替えを必要とするものも少なくない。しかしこれまでに建て替えに成功したのは、建て替えによって大きな開発利益を得ることができる一部の分譲マンションに限られており、今後そのような分譲マンションが増える見込みは薄い。人口減少が進んで外部性の問題が発生しやすくなり、資産としての価値が失われる分譲マンションが増えていくことが予想される。これまでの各章で見てきた通り、日本では政府がこのような住宅をめぐる「市場の失敗」に介入することは稀であったと考えられるが、区分所有者のみの交渉に委ねることで、問題を解決することは容易でないだろう。

注

（1）なお東京で最も古い高層の集合住宅（一三階建て）は、深川の古石場アパートであるという（高層住宅史研究会編　一九八九）。

（2）阿部は筋金入りの不燃化・立体化の主導者であり、たとえば一九三四年の函館大火で函館の住宅がほとんど焼失したことを受けて、復興をどうするかという議論になったとき、当時三万人の函館市の人口を収容するために、「超高層を三棟つくれ。一万戸ずつ三棟つくれば、それでいいじゃないか」と返事をしたというエピソードがあるという（日本住宅協会　一九九五：一八）。

(3) 東京の例としてしばしば挙げられるのは、江東区の湾岸開発である。その事例を紹介したものとして、たとえば加世田ほか(二〇〇四)や野澤(二〇一七)などがある。
(4) ただし例外はイギリスで、共同保有に関する立法がなされたのは二〇〇二年である。それまでは基本的に所有権ではなく、九九年あるいは九九九年の長期不動産賃借権を購入し、実質的に所有するというかたちでの運用が行われていた(鎌野ほか 二〇一四)。
(5) 欧米先進国で土地・建物を一体の資産として扱い専有部分と共有部分の範囲が明確に示されるのに対して、日本では土地・建物は一応別扱いで、専有・共有の別は曖昧であることも許される。国土交通省が発表しているマンション標準管理規約では、「専有部分の専用に供される設備のうち共用部分内にある部分以外のものは、専有部分とする」とされていて、建物の構造によっては専有・共有の境界がはっきりしないケースも生じる。
(6) ただし阪神・淡路大震災による被災マンションの建て替え(一〇九件)は、マンション建替法による一件を除き含まない。

第5章　「負の資産」をどう扱うか

1　増加する空き家とその弊害

住宅の過剰供給

第2章で確認したように、戦後の日本の住宅政策の出発点は、激しい住宅不足にどのように対応するかという問題であった。政府が公営住宅を提供しつつ、一定の資産を持つ人々に対して住宅金融公庫を通じて融資をして持家を拡大させ、高度経済成長期には日本住宅公団による大量の住宅供給が行われてきた。結果として、一九七〇年代前半には、すでに総住宅数が総世帯数を超えている（図5-1）。その後も住宅を必要とする総世帯数は増加し続けるが、それを超えて総住宅数は増加し続けた。量という観点からの住宅の充足は早い段階から達成され、都市的な生活スタイルの普及による核家族の増加、さらには高齢者を中心とした単身世帯の増加にも耐えられるほどに住宅の数が増えていたのである。その数はもはや過剰とされるほどであり、二〇一三年の住宅・土地統計調査では、昼間だけの使用や建築中のものを除いた空き家が八

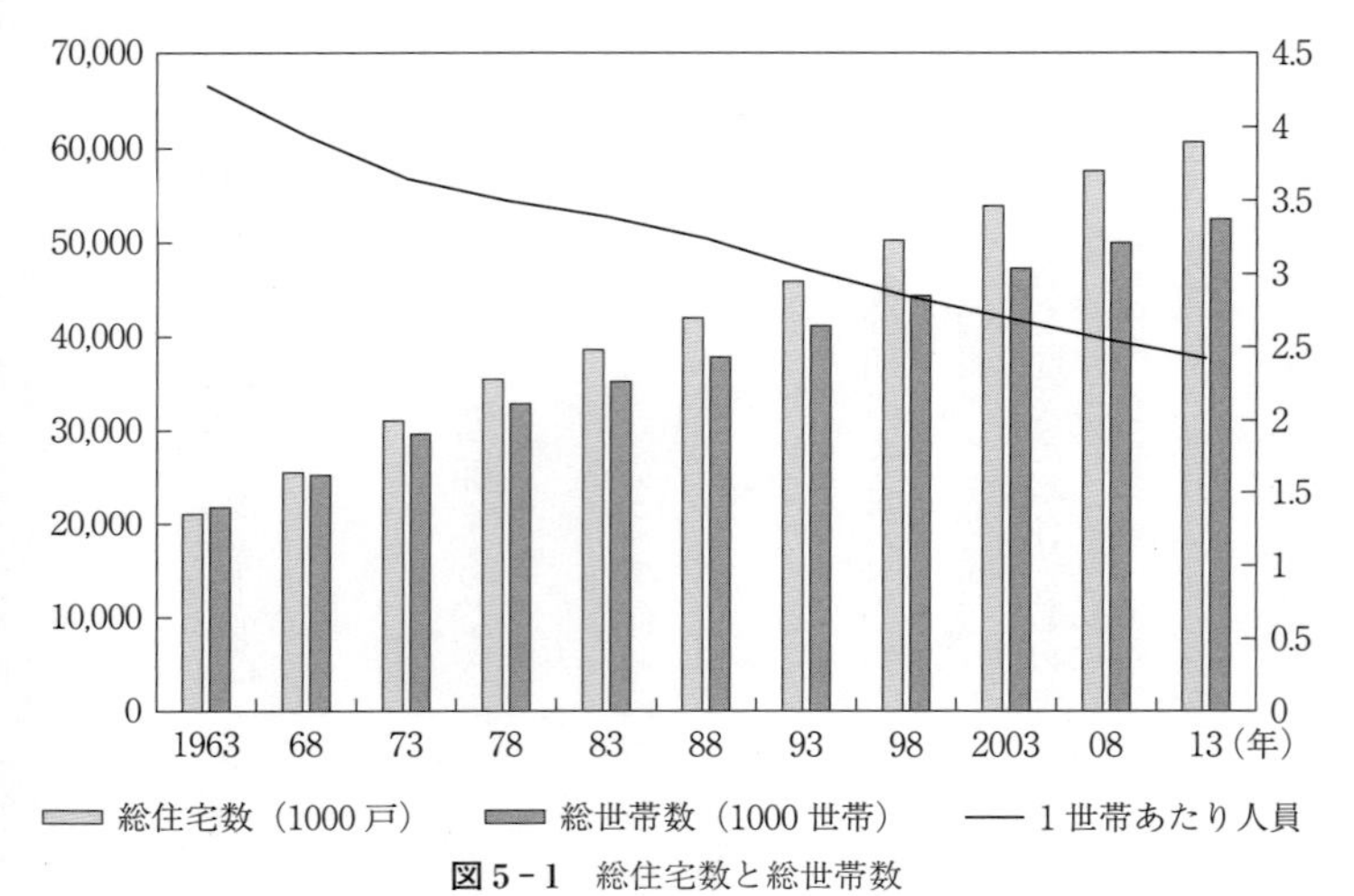

図 5 - 1　総住宅数と総世帯数

（出典）総務省統計局「住宅・土地統計調査」各年版から筆者作成。

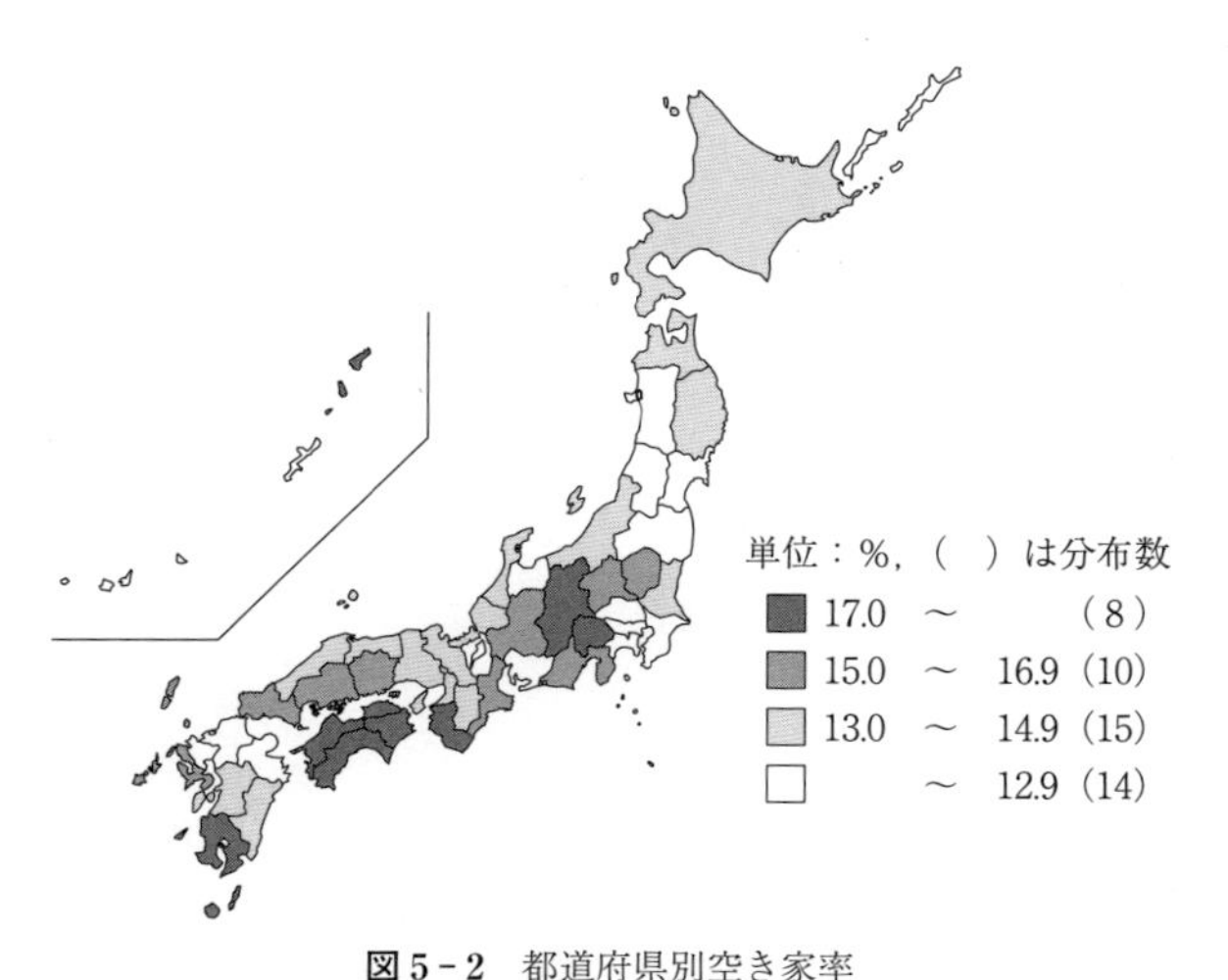

図 5 - 2　都道府県別空き家率

（出典）総務省統計局「住宅・土地統計調査」2013 年版から筆者作成。

○○万戸を上回るとされた。この八○○万という数字は、新聞などのメディアで衝撃をもって伝えられた。

都道府県別に空き家率を確認すると、山梨県（約二二％）や長野県（約二〇％）、和歌山県（約一八％）といった過疎に悩む地域を抱える県で空き家が多くなっている（図5-2）。他方、都市部で空き家が少ないかといえば必ずしもそうではない。確かに人口が集中する東京都の空き家率は一一％ほどで、全国で五番目に低くなっているが、大阪府では空き家率が全国平均を上回って推移しており、都市部にも空き家は少なくない。山梨県のように空き家率が二〇％を超えているところでは、とりわけ問題は深刻である。ただし、空き家が多い地域で住宅が作られなくなっているわけではなく、山梨県では二〇〇八年から二〇一三年の間に住宅は六％も増えている。対照的に、宮城県・山形県をはじめ、同じように過疎に悩む東北各県では、新規の建設による増加が少ないこともあって相対的に空き家率が抑えられていると考えられる。

このような傾向は、住宅の増加率と空き家率に加えて、同じ時期の人口増減を考慮すると明確になる。図5-3では横軸に住宅の増加率、縦軸に空き家率を取り、それぞれの都道府県の人口増減率をプロットしたものである。住宅が増えている一方で空き家が相対的に少ない地域では、二〇〇八年から二〇一三年の間に人口が増加している。例外的に人口が微減しているのは兵庫県だが、これは人口が増える瀬戸内海側と人口が減る日本海側という二つの地域を抱えていることでこの位置

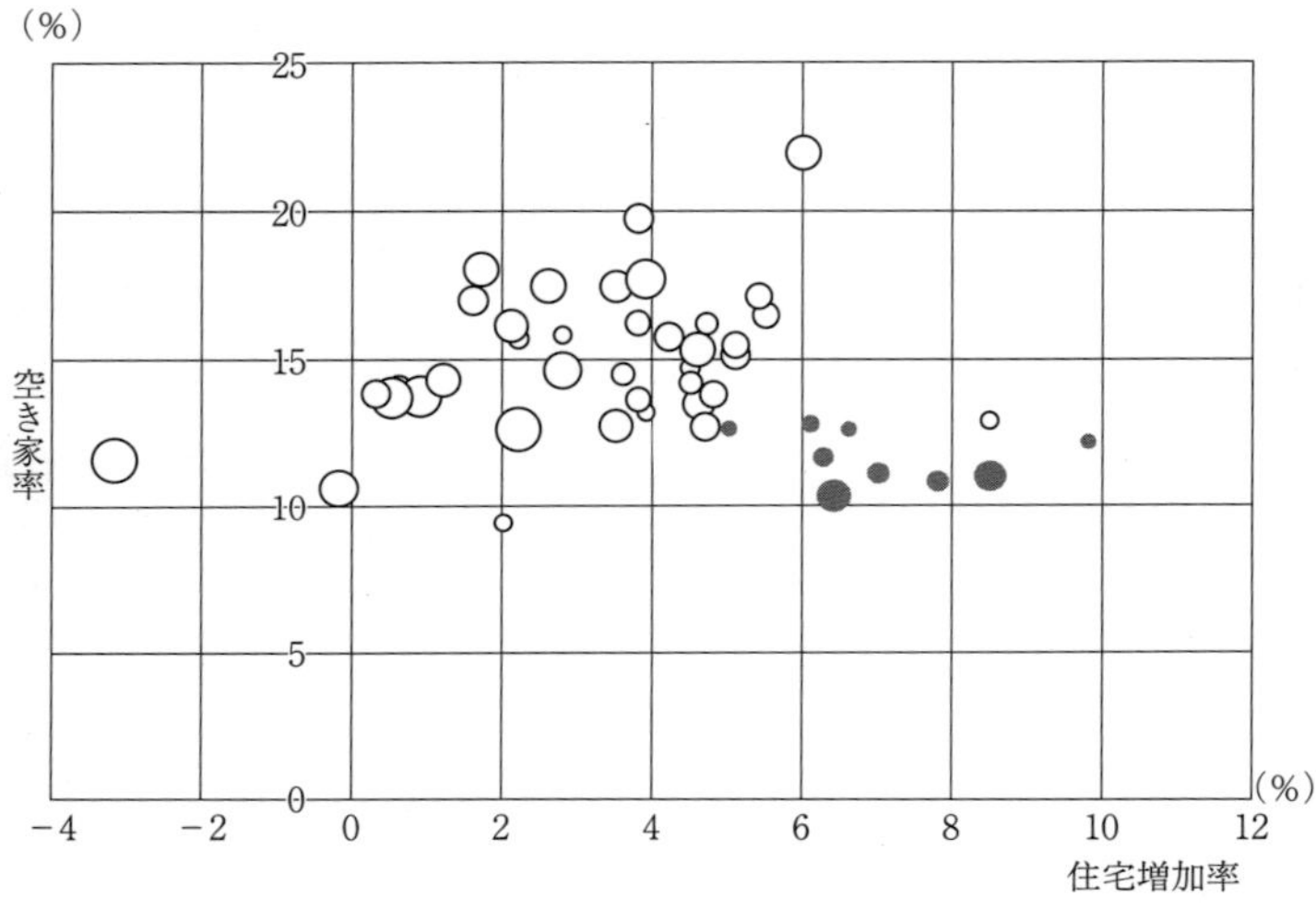

図５－３　住宅増加率と空き家率，人口増減

（注）黒丸は人口増の大きさ，白丸は人口減の大きさ。

（出典）総務省統計局「住宅・土地統計調査」と「社会・人口統計体系」から筆者作成。

にプロットされていると考えられる。他方で人口が減少している地域を見ると、住宅を増やしている地域ほど空き家率が高くなっていることがわかる。

空き家出現のメカニズム

なぜこのように大量の空き家が出現しているのだろうか。まず指摘すべきは、総住宅数が総世帯数を大きく超えているにもかかわらず、毎年大量の新築住宅が供給されるということである。バブル崩壊以降、新設住宅の着工は減少傾向にあり、リーマンショック後に最低を記録するが（七七五万戸）、それでも現在に至るまで毎年一〇〇〇万戸程度の住宅が供給されている。本書で論じてきた日本の持家社会では、新築住宅の購入が住宅取得の中心であり続けてきたが、その新しい住宅を建設するときに、必ずしも古い住宅を壊して建て替えるわけではなく、住宅が純増していくのである（第1章）。古い住宅を整理して周辺の権利関係を調整し、新しい住宅を建てるよりも、緩い土地利用規制のもとで新たな住宅地を開発して新築住宅を売り出すほうがはるかに容易だからである。

新築住宅が大量に供給され、人々が利便性や快適さを求めて新たな住宅に移り住む一方、残された住宅に新しい入居者が少なく、人が住まなくなった古い住宅が残される。もちろん、残された住宅が非常に不便な立地で使いづらいものであれば、新しくその住宅を使いたいという人は少ないだろうし、過疎に悩む地域で空き家率が高いのはそのような事情を反映していると考えられる。そして住宅を一代限りのものとして扱い、中古住宅市場が発達しておらず住宅の需要者も新築を選ぶために、そもそも住宅を満足できる価格で売却するのは容易でない。住宅の規格化が進み商品としての需要がある都市部の集合住宅よりも、農村部の一戸建て住宅などにとってこの問題はより深刻である。また所有者にとっても、十分に高い価格が期待できないのにそれまで住んでいた住宅を整理することが大きな負担となり、それを避けて積極的に売却や賃貸を行わないことがある。特に農村地域では、近くの墓や住宅内の仏壇の維持を理由に住宅の流動化が進まないことが指摘されている。

人が住まなくなった住宅が、空き家として放置されることなく、解体されて土地として売買されれば、新たな土地利用を通じてこれまでとは異なる価値が生まれるかもしれない。しかし、土地に高い値段がつき、売却で解体費用を賄うことができるような都市部でもない限り、住宅の解体が進むことは期待しづらい。住宅の所有者が何かの利益をもたらすわけではない解体のための費用を支払うことに抵抗があるというのはもちろんだが、それに加えて地方税法の特例による住宅用地に対する固定資産税の減免があるために、所有者が積極的に住宅を解体することは期待しにくいのである。

住宅にかかる固定資産税の税額は、土地と家屋の評価額によって決められるが、このうち土地に対する部分は、戦後の高度経済成長で地価が高騰する中で、時価で評価すると税額が高くなり過ぎることが問題となった。当初は地価の急激な変化を考慮した経過措置が取られていたが、一九七三年からは住宅用地に対して課税標準を価格の二分の一（住宅の延床面積の一〇倍まで）あるいは四分の一（二〇〇㎡まで）として計算する特例が導入された。さらにバブル経済の地価高騰の影響が考慮され、一九九四年には、固定資産税評価額を公示地価の七割程度にすることと併せてこの特例を三分の一あるいは六分の一へと拡充した。その結果、使わなくなった住宅を解体すると、多くの場合はそれまでの六倍もの固定資産税を払う必要が生まれることになる。そのために、売れない土地であれば古くなっても住宅を解体することはなく、そのまま放置する所有者が少なくないのである。

空き家の弊害

増大する空き家は、新築住宅を中心に住宅取得を進めるという人々の住宅をめぐる選択に加えて、利便性の高い地域への移動や、解体費用やその後の税負担の回

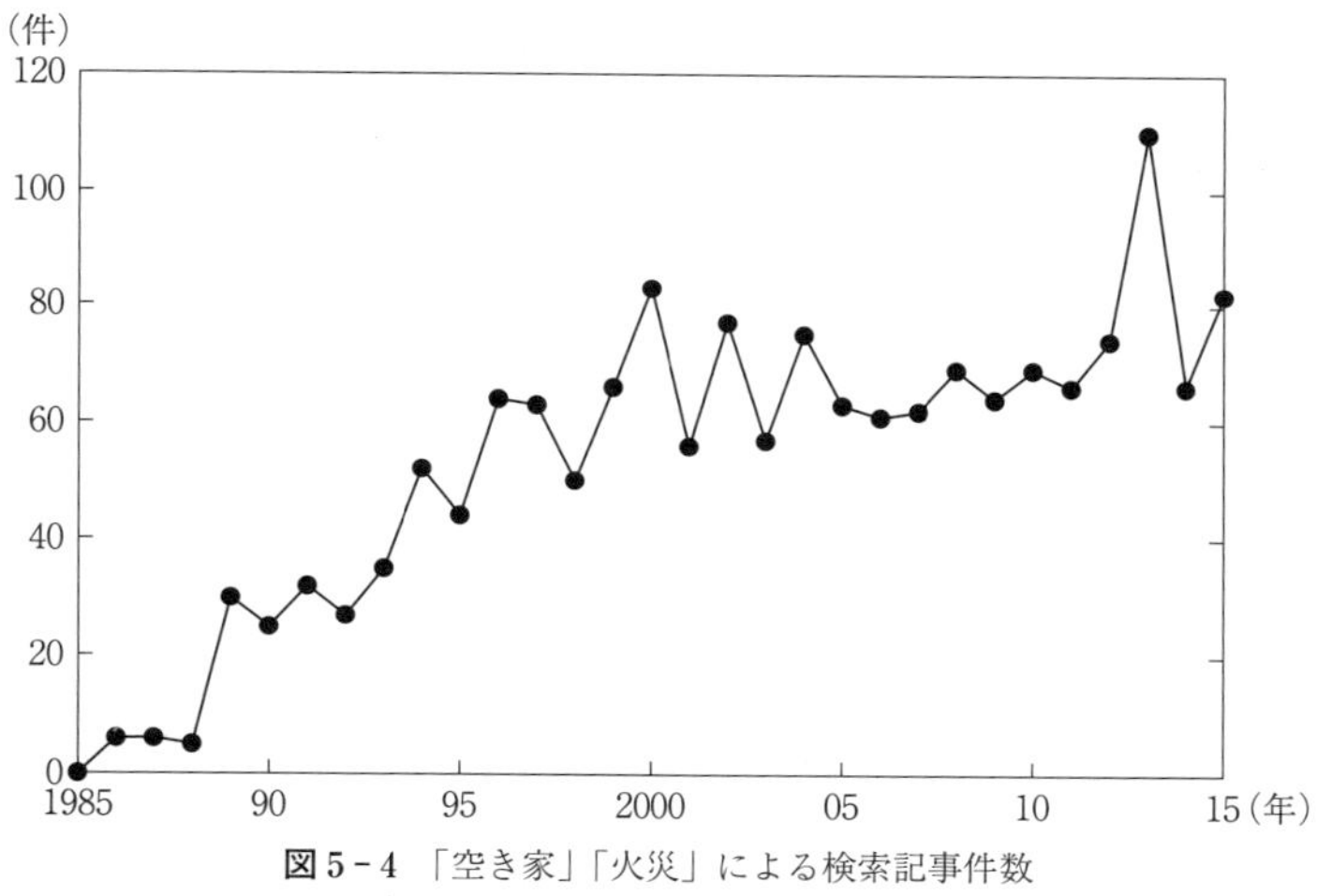

図5-4 「空き家」「火災」による検索記事件数
(出典) 聞蔵Ⅱ（朝日新聞データベース）から筆者作成。

避といった個人的な選択の結果という面がある。しかし、空き家が個人的な選択の結果生じたとしても、その弊害が他の人々に対しても影響を与える可能性がある。

しばしば指摘される空き家の弊害は、それが放火や失火などにつながり周辺にとっても大きなリスクとなるというものである。空き家であるため誰かが常に見ているわけではなく、周辺の燃えやすいものや、場合によっては家そのものが放火の対象となることがある。さらに、近隣で火事が起きたときに、対応が遅れて空き家が延焼することも少なくない。特に都市部の木造密集市街地の場合には、住民が入れ替わらずに高齢化する中で空き家が増加し、火災が起きた場合には消防車の進入が不可能で深刻な被害となることが懸念されている。このような火災への懸念は近年高まっており、朝日新聞のデータベースで、一九八五年以降どの程度「空き家」「火災」という言葉が同時に使われているか調べたところ（図5-4）、一九八〇年代後半にはほとんど登場しないが、地方で空き家が問題となり始める一九九〇年代後半から使用頻度が増えており、最近ではその対策の重要性を指摘するものも含めて新聞で報道されることが増えているのがわかる。

空き家の弊害は火災だけではない。空き家として放置されることで、廃棄物が不法投棄されることもある。誰かが不法投棄を始めて、それが集積されていくと、「そこに捨ててもいいのだ」と不法投棄が止まらなくなる。さらに、周辺の非行者や、場合によっては反社会的勢力が不法に侵入し、そのたまり場になるようなことも懸念される。また、たとえば埼玉県・群馬県で、外国人が空き家を使って大量の大麻を製造していたような事例も報告されている（『朝日新聞』二〇一四年四月三日付）。そして「不法」で侵入するのは人間だけかもしれないが、持ち主がいない住宅に動物が入り込んで害をなすということも無視できない(1)。

これらの弊害は、空き家が個人の問題にとどまるのではなく、外部性を発生させて周辺を巻き込んだ社会的な問題となることを意味している。空き家が劣化して見た目が悪くなれば、周辺住民の景観利益を損なうし、反社会的勢力などの不法侵入や火災の危険性が増すところまでいくと、周辺住民の身体や財産が危険にさらされてしまう。ところが、空き家はあくまでも個人の資産として残り続けるために、周辺住民が問題解決にあたろうとしても、その働きかけが所有権に対する不当な介入であるとして認められにくい。そうして空き家は、地域の景観や治安といった重要な「共有資産」を損壊し、周辺住宅の資産価値も落としてしまう。資産価値が落ちるような状況にまでなると、周辺の住民にとっても自分が所有する住宅の魅力が減り、さらに空き家として放置される住宅が増えるという、第4章で見た資産価値劣化のサイクルに陥っていくことも懸念されるだろう（図4－3）。このようにして空き家は、それを所有する個人にはいくつかあるうちのひとつの資産に過ぎないとしても、周辺地域にとっては望ましくない弊害をもたらす「負の資産」となりうるのである。

2　空き家対策の進展と限界

空き家の有効利用

空き家が放置されると、ひどい場合には火事の発生や治安の悪化のように地域にとって望ましくない外部性が生み出される可能性がある。しかし、空き家の持ち主個人にとっては、大きな費用がかかる空き家の処分を行う動機付けは弱く、放置されがちとなる。そのような中で、空き家を「負の資産」とさせずに地域で有効利用しようという取り組みが行われている。

たとえば「古民家カフェ」などと呼ばれるように、もともと住宅であったものを飲食店に転用する試みはその代表的なものだろう。貸す側としても、住宅として貸すよりも高い家賃を期待できる。

しかし、利益を出すには一定の集客と、利用可能な空き家についての情報流通も必要になるために、一定規模の都市でないと難しい（中川 二〇一五）。また、子育て施設や高齢者・障害者のグループホームなどとして空き家を利用するという試みもある。収益性という観点からは期待しにくいが、不足している公共施設を供給するために空き家を活用することができれば、地域にとっての「負の資産」どころか必要な資産になるだろう。それ以外にも、地域で活動するNPOに使用させるということもある。子育て期の母親をはじめ、孤立しがちな人々の居場所になるという機能や、芸術家を支援してアートイベントを行うという試みもしばしば行われている（饗庭 二〇一五）。

政府の補助を受けて、公営住宅に準じるかたちで空き家を再利用する可能性も検討されている。住宅として利用されなくなった空き家を、住宅を求める高齢者や低所得者に対して積極的に貸すことを狙うものである。二〇一七年四月に成立した改正住宅セーフティネット法では、一定の条件を備えた空き家の所有者が、空き家を賃貸住宅として都道府県や政令市・中核市などに登録すれば、所有者に対して住宅改修の補助金を出したり、入居する人々に家賃補助を行ったりすることを定めている。空き家を有効利用するだけでなく、孤独死リスクのある高齢者や、家賃を十分に払うことができない低所得者が、賃貸住宅を新たに借りることが難しいという問題に対して、政府が仲介に入ることで住宅を借りやすくすることを狙っているのである。

このように空き家を「負の資産」にせずに有効に利用しようという試みは重要だが、そう簡単ではない。一番大きな問題は空き家の所有者の協力を得られるかという点である。所有者は、空き家を利用できるように準備しなくてはいけないし、場合によっては利用者を探す努力も必要となる。そのような努力をしても、あまり高い家賃で家を貸すことができないとなると、空き家として放置しておこうと考えても不思議ではない。改正住宅セーフティネット法による取り組みは、そのようなギャップを埋めようとするものだと評価できるが、留意すべき点もある。すなわち、価値が低いとして空き家になっている住宅が公営住宅に準ずるものとして利用されると、住宅を利用する高齢者や低所得者よりも空き家の所有者が家賃補助の恩恵を受けることになったり、住宅確保が困難な人々をそのような住宅に押し込めていく残余化が生じたりする可能性は否定できないのである。

地方自治体による対策　「負の資産」となった空き家が、外部性を生み出して実際に周辺に悪影響を及ぼし始めたとき、地域住民はどのように対応したらよいだろうか。危ないからといって、自主的に空き家を整理したり解体したりするようなことは考えにくい。他者の所有する資産であるということもあるが、実際にそのようなことを行う地域住民にとっても大きな負担となるからである。その結果、好ましくないと思われながらも空き家はそのまま放置される。

そのとき対応が求められるのは地方自治体である。たとえば「火事の危険性がある」とか「子どもの通学路で危険だ」といったような相談が持ち込まれることになるが、自治体としても空き家に手を出すのは簡単ではない。基本的に個人の資産であるために、仮に自治体が空き家を除却しようとしても、その根拠となる法律が必要だし、費用をどう負担するかが問題になる。そのようなことが決まっていないために、面倒な仕事であるとして自治体の中でしばしば担当の押し付け合いが発生していたという（北村 二〇一二）。

空き家に正面から対応する法律がなく、問題が深刻化する中で、対策の嚆矢となったのが、埼玉県所沢市で制定された空き家等の適正管理に関する条例であり、この条例がのちに制定されていくほかの条例のモデルとなったとされる（北村 二〇一二）。所沢市では、それまで空き家についての相談が市民から持ち込まれても、法的な根拠のない行政指導によるしかなく、指導に対する所有者の反発もあったために、条例が求められるようになっていったという。この条例では、常時無人で管理不全状態になるおそれがあると市長が認める場合に、所有者に対して助言・勧告を経て命令を行うことができるとされる。そして、命令に従わない場合には、所有者の氏名を公表するという制裁を科すこともできる。北村喜宣によれば、この条例を根拠に発出された勧告・命令の多くが所有者によって受け入れられており、一定の効果があったと評価できるという。

問題は、所有者が勧告・命令を受け入れなかったときである。名前を公表しても、実際に危険性の高い空き家が残っているとすれば問題が解決したわけではない。特に、助言・勧告という行政指導を超えて命令を行うような事例であれば、空き家の状態は切迫していると考えられ、所有者が命令を受け入れないままに放置されていると、危険が現実化する可能性が高まってしまう。仮にその空き家が周辺住民に被害をもたらせば、自治体の責任が問われる可能性もあるだろう。

そのような場合に問題になるのが、自治体による行政代執行である。これは、適正な措置を行わない所有者に代わって自治体が措置を行う、つまり、多くの場合には危険な状態となった空き家の除却を行い、その費用を所有者から徴収するものである。しかし、この手続きは簡単ではない。まず空き家の定義が必ずしも明確でない中で除却を行うと、自治体が所有者から訴えられる可能性がある。特に、所沢市のように、法律の根拠がない中で条例を根拠に対策を行うものであれば、撤去の判断が適切なものであったかを巡って訴訟になりうる。加えて、除却にかかった費用を所有者から徴収するのも難しく、結局自治体が負担することになりかねない。そのため、所沢市を含めて空き家対策の条例を制定した多くの自治体では、行政代執行の手続きまでは規定していなかった。

空き家は危険だが、自治体は手を出しにくい、という状況の中でもいくつかの取り組みが行われている。ひとつの類型は、訴訟の可能性があっても条例を根拠に行政代執行を実施するというものである。秋田県大仙市は、二〇一二年三月に、全国で初めて条例に基づいて行政代執行による空き家の除却を行い、所有者に対して費用を請求した。大仙市に続いて、新潟県長岡市（二〇一三年一二月）、東京都大田区（二〇一四年五月）、東京都墨田区（二〇一四年一一月）、秋田県鹿角市（二〇一五年三月）などでも独自の条例に基づいて行政代執行を行っている。

次に、条例による行政代執行では法的な根拠が曖昧であることを考慮して、法律に基づいたかたちで行政代執行を行う自治体もある。そこで用いられる法律は、建築物の所有者に対して住宅などの建築物を常時適法な状態に維持するよう努力義務を課している建築基準法である。特に、同法の既存不適格とされる建築物が、「著しく保安上危険となり、又は著しく衛生上有害となるおそれがあると認める場合」、その除却を含めた適正措置をとるように所有者に勧告・命令することができる（第一〇条）。所有者が命令に従わなかったときには、懲役や罰金も含む制裁が行われるうえ、代執行も可能となる。このような手続きができるのは、建築確認を行う建築主事を置く比較的大きな自治体に限られるが、実際に京都市や大阪市、神戸市などでこのようなかたちで空き家の除却が行われている。

他方、行政代執行を行わず、所有者に対する補助などによって問題を解決しようという自治体も少なくない。東京都足立区で制定された条例では、自治体による助言・勧告を受け、それに従って空き家を解体するという所有者に対し工事費の助成がなされる。そのような自治体の中には、長崎市や福井県越前町のように、土地の寄贈と引き換えに空き家の除却費用を自治体が負担する例も含まれるだろう。また新潟県見附市のように、所有者が空き家を解体することによって上がってしまう固定資産税額を軽減する措置を設けている自治体もある（福田 二〇一三）。これらはいずれも所有者が自ら積極的に解体を認めることを支援する取り組みとなっている。

国の取り組み

空き家への対応は、基本的には自治体が行っているために、国が直接対応を求められることは少なかった。そこで、国としても自治体の対応を支援するための取り組みが中心となる。比較的早い段階から行われていたのが、自治体による実態調査を支援するものであった。国土交通省住宅局が、空き家調査の手引きを作って調査の方法を共有したり、住宅の危険度判定のマニュアルを作ったりするようなものである。

さらに、空き家の有効利用のための支援や、それができない場合の除却に対して予算措置を講じる支援もある。たとえば国土交通省の空き家再生等推進事業では、空き家を改修して宿泊施設・交流施設・体験学習施設などに変えていくための費用や除却にかかる費用の一部を補助したり、空き家の所有者を特定するためにかかる経費を補助したりすることが認められている。このような制度は、もともと過疎地域や旧産炭地域など、空き家問題がとりわけ深刻な地域で適用されていたが、二〇〇九年から対象が全国に広げられることになった。[2]

そのような中で、二〇一三年の住宅・土地統計調査の結果が一四年七月に発表され、八〇〇万戸を超える空き家が存在するとされたことは、国の危機感を強め、一一月には、議員立法で「空家対策特別措置法」が制定された。[3] この法律では、「空家」に加えて、倒壊の危険があったり衛生上有害であったりして何らかの対応が必要な「特定空家」が定義され、自治体に対しては「特定空家」の所有者に解体などを求める勧告・命令や、それに従わない場合に行政代執行で除却を行う権限が認められた。法律が定められたことによって、自治体が空き家を除却する根拠が整ったが、他方で自治体には空き家対策が義務付けられ、「特定空家」とされる空き家については勧告や命令、さらには代執行などの事務を行うことが求められることになった（北村 二〇一五）。

特別措置法は、条例での解決が困難であった点にも踏み込んでいる。具体的には、①個人の住宅への立ち入り調査、②所有者を調査するための固定資産税情報の利用、③除却を命じる所有者が不明な場合の略式代執行、が可能になった。これにより、状況の特定と行政代執行の実施がより容易になったと言える。さらに地方税法改正によって「特定空家」とされた住宅については固定資産税を六分の一とする特例を廃止した。この措置によって、所有者が自ら空き家を解体することを促そうとしているのである。

自治体の条例に加えて、国の特別措置法が制定されたことは、空き家対策への重要な貢献であることは間違いない。しかし注意すべきは、これはあくまでも発生した空き家を前にした対処手段だということである。「負の資産」となる空き家が増えるのにまかせてそれを除却していくというのは、費用面からも現実的とは言えない。対処手段を確立したうえで考えなくてはいけないのは、住宅を空き家という「負の資産」に変えない取り組みである。

「コンパクトシティ」の困難

空き家のようなかたちで住宅が「負の資産」に転化する中で、近年議論されているのが「コンパクトシティ」である。これは地方自治体が中心となって都市の中心部を再活性化し、居住地域をなるべく狭くしていこうという都市政策であるとまとめることができる。コンパクトな空間に人々をまとめることで、住宅が「負の資産」へと変わっていくことを防ぐとともに、生活に必要な様々な機能が近接し、居住する人々が効率の良い生活を送ることが期待されているのである。

このような試みを行った都市としては、青森市や富山市が有名である。両市ともに冬季の除雪費用が財政を圧迫しており、なるべく居住範囲を狭めて費用の削減につなげることが重要な課題となっている。取り組みの開始は早く、両市ともに二〇〇七年の中心市街地活性化基本計画の第一号に認定され、「コンパクトシティ」の先進都市であるとされる。まず青森市では、一九九九年に「コンパクトシティの形成」を都市計画マスタープランで導入し、中心市街地に多くの分譲マンションや公益機能を持った再開発ビルなどを建設して活性化をめざすとともに、郊外での宅地開発の抑制を進めようとした。また富山市でも、都市機能の（再）集約と公共交通による接続を目標として掲げている。こちらも公益機能を持った複合施設を建設したほか、中心部の住宅購入に補助金を出し、新しい交通システムとしてライトレールを導入するなど、中心部への居住の誘導を進めている（鷲ほか 二〇一五）。

しかし、政策の効果は期待された通りであるとは言い難い。青森市では、高齢者を中心に中心部への移住が一部見られるものの期待ほどではなく、再開発ビルは破綻し市長がその責任を取って辞任するなどの政治問題となっている。富山市でも、一定程度は都市の中心部での居住が増えたものの、新しい商業施設が赤字なだけでなく、従来の商店街とも過当な競争となって衰退が加速しているという（富山市中心市街地活性化基本計画第一期中間報告）。また両市ともに、郊外については居住者が減っているというわけではない。

なぜコンパクトシティ政策はこのような困難を抱えているのだろうか。両市の事例から明らかなことは、都市の中心市街地の再活性化を試みても、郊外地域から人が移動するわけではないということである。人口が増加した時期には、郊外地域にスプロールが発生し、じわじわと都市の外延が拡大していった。それに対して人口が減少する時期には郊外から徐々に都市の外延が狭まっていくわけではなく、都市の内部に孔が開くように空き家が出現して低密になっていく「スポンジ化」が進展しているのである（饗庭 二〇一五）。

都市を物理的にコンパクトにするためには、都市の外延部である郊外に住む人々を中心へと積極的に動かさなくてはいけない。しかしそのような移動は実際には生じにくい。それは、一定の集積が続いてきたうえに、さらに公共投資を行っている中心部ではどうしても住宅サービスの価格が高くなるため、すでに郊外の持家に住む人が仮にそれを売却できたとしても、中心部に移る原資とはなりにくいからである。そのため、郊外地域に住む人々はそのまま残ることになる。結果として、再開発が進められる中心市街地と、依然として開発を止められない郊外地域で新たに人口を奪い合うという構図が生じてしまう。このとき、住宅地が郊外に広がっていく中で、モータリゼーションが進展し、安い土地に大規模なショッピングモールなどが現れてくると、郊外に住む人々にとって、寂れる中心市街地は必ずしも魅力的なものとは映らない。実際、比較的成功しているとされる富山市の例などを見ても、従来からの富山市の中心というよりも、合併して富山市に加わった郊外地域（具体的には旧婦中町）で人口が増加している傾向が強いのである。

コンパクトシティの困難は、政府が人々の住まいの選択に影響を与えることの難しさを示している。二つの市の例は、いわば「正の資産」を作り出して都市の中心市街地の魅力を高めようとする取り組みであった。そしてそのような取り組みであれば、合意も生み出しやすかったと考えられる。しかし、それだけ費用も必要となってしまうので、どうしても住宅の価格も上昇し、政府が本当に移動してほしいと考える人々は却って移動できなくなってしまう。また、政府による補助があったとしても、利害関係者が多く存在し、それゆえ制約も多くなる都市の中心部よりも、民間の事業者によって新しい施設が建設される郊外地域のほうが人々にとって魅力的となる可能性もある。

本当に人を動かそうとするならば、政府の補助で中心市街地に安い公営住宅を作るなど、「負の資産」が増加しそうな郊外地域に住む人々に積極的に補助をして移住を促進することも検討されるべきだろう。しかし、莫大な費用を誰が負担すべきかについて争いが生じると考えられる。すでに中心部に住んでいる人々が負担を求められるとしたら、その合意はさらに困難なものとなる。結局のところ、空き家のような「負の資産」の問題を解消するのは容易ではなく、すでに存在している資産と向き合いながら、その利用を丁寧に考えていくしかないのである。

3　災害による住宅の被害と救済

災害が生み出す「負の資産」と政府の対応

「負の資産」は徐々に増加する空き家だけではない。地震や津波、あるいは豪雨やそれに伴う洪水、地滑りなどの災害は住宅に被害を与え、住宅が崩壊すると使えない住宅という「負の資産」が、突然に局地的に発生する。空き家が外部性の問題を発生させて、徐々に周辺の資産価値を低下させていくのに対して、大きな災害が起こった場合には、住宅の資産価値が一気に低下してしまう。政府が介入しながら地域の再建をめざすこともできるが、被害があまりに甚大であれば、その地域の再建を放棄して、被災者が新たな土地に移る支援を行うことも選択肢に入る。

大規模な災害のあとには、しばしばこのような「負の資産」をめぐる政治が発動する。再建をめざす都市では、被害を受けた住宅を抱えながらも、少しでも早く元の状態に近いかたちで居住を再開することを望む被災者と、これを機に都市の改造を進めようとする政策当局者との間に深刻な対立が生じることも少なくない。地域を放棄するということになれば、もちろんそれを受け入れられない人は強く反発する。しかし大きな災害が発生して「負の資産」が出現すると、以前から住んでいた人々が引き続き住む権利を主張しても、その主張が常に受け入れられるわけではない。仮に住み続けることができたとしても、被害を受けた住宅を補修する費用をどのように分担するかという問題は非常に深刻となる。個人の資産であるために、所有者が負担すべきとしても、自然災害という自己責任を超えた現象がもたらした結果を、政府は完全に放置しがたいからである。

被害に対する救済という点では、住宅を失った人々に対して、政府がどのように住宅を提供するかということも重要な論点となる。住宅に窮乏する人々に対しては、仮設住宅や公営住宅の提供というかたちで政府が救済を行っているが、これは災害によって一部の人々に生じた「負の資産」を社会的に共有する営みに他ならない。しかし、被災者に対して政府が住宅を供給するとしても、住宅はそれ自体が資産として価値を持つものであるため、闇雲に作ればよいというものではない。資産としてその後どのような利用価値を持つかを考えながら供給することが求められる。まさにこのような「負の資産」にどのように対処するかが問題となってきたのが、日本における最も深刻な大災害であった関東大震災、阪神・淡路大震災、東日本大震災という三大震災後の復興過程である。以下ではその復興過程を見ながら、災害が生み出す「負の資産」に対処する過程でどのような論点が出現するかを検討する。[4]

関東大震災からの復興と住宅

一九二三年に発生した関東大震災は、東京の広大な市街地を火災によって焼失させた。震災を受けて、直前まで東京市長を経験し、震災後内務大臣に就任した後藤新平がまとめた「帝都復興の議」は、東京を旧のままに戻すのではなく、復興に合わせて東京を抜本的に改造する意欲的なものであったと評価される（越澤 二〇一二）。当初閣議決定された計画では、国が関与して焼失していない地域まで含めて区画整理を行い、幹線道路や漁港など都市の社会資本の再整備をも行う大規模なものであり、莫大な費用が必要とされていた。

この計画は、その後の政治過程で縮小を余儀なくされ、東京市が中心となって、被災した地域の区画整理が行われることになった。土地の所有権を部分的に奪われる区画整理に対する地元住民の反対運動も起こったものの、一九三〇年までの帝都復興事業で焼失区域の約九割にあたる地域で区画整理が実施された。抵抗を受けつつも区画整理を実施し、道路や公園、上下水道などの社会資本が整備された地域状況は、計画縮小のために区画整理を実施しないまま市街化した地区が木造密集市街地として現在まで残されている状況とは大きく異なると評価されている（越澤 二〇一二）。

地主が対象となる区画整理が進められる一方で、住宅から焼け出された人々は、新しい住宅を探す必要に迫られた。しかし復興事業の中心は区画整理であり、建築関係の補助金はほとんど存在しなかった（小野 二〇一四）。そこで大量に出現したのが緊急避難的なバラックである。これは近い将来に恒久的な建築物に置き換えられることを予定した仮設的な住宅であり、公園や学校などに公的

表5-1 東京市の人口・世帯数と仮建築戸数

	人口		世帯数	仮建築戸数
		焼跡復帰		
1923年 9月 1日（推計）	2,226,951	—	477,714	—
1923年 9月12日	—	151,954	—	28,959
1923年10月30日	—	421,172	—	86,132
1923年11月	1,529,166	529,450	338,354	111,791
1924年 1月	1,917,308	—	418,357	133,919
1924年 5月	—	831,017	—	181,437
1924年10月	1,926,310	—	417,833	—

（出典）小野（2014）95頁から筆者作成。

に設置された避難所などに加えて、被災者が自ら建設したバラックが増えていった。バラックは、震災直後の九月一五日に公布・施行された「東京府及神奈川県ノ市街地建築物法適用区域ニ於ケル仮設建築物等ニ関スル件」（バラック令）によるもので、焼失地域においては通常の法令の適用を免れるかたちで住宅の建築が行われた（小野 二〇一四）。表5-1にあるように、数カ月で一〇万戸を超えるバラックが建てられているが、全ての被災者が自力でバラックを建てたわけではなく、一〇月末時点で一七万人余が「縁故者方ニ避難」して、七・九万人余が公設の集団バラックに収容されていた[5]。

バラック令では、大量に建設されたバラックが一九二八年八月末までに除去されることを規定していた。そのため、震災直後の建設費の高騰と、建築物の早期の除去が相まって、焼失地域における住宅の賃貸価格が高騰した。支払うことができない人々は都心を離れて郊外に移るか、公的な集団バラックでの居住を続けることになる。当初一時的な避難所として建設された集団バラックだが、一九二四年一〇月になっても依然として五万人以上の人々を収容し続けていたとされる[6]。集団バラックでは、家賃や水道料金などがかからず、他方で焼失した都心地域に作られていて利便性が高いため、低所得層にとっては家賃が高い賃貸住宅や利便性の低い郊外よりも望ましい住まいだったのである。

この集団バラックは、一九二五年六月までに撤去された。居住者は、同潤会や東京市の支援を受けつつ、新しい住宅に移動することになったが、それらの公的主体による住宅に入居した人々は必ずしも多くない。供給数が少なかっただけではなく、賃貸価格が高かったり、都心から遠かったりしたために、十分な受け皿とならなかったのである。そのためそういった住宅を選べない人々は、劣悪だが安い民間の賃貸住宅に入居するか、そうでなければ東京から離れて帰郷するという選択をとることになったと考えられる。

阪神・淡路大震災からの復興と住宅

一九九五年に発生した阪神・淡路大震災は、神戸市に残る木造密集市街地を中心に大規模な火災を発生させ大きな被害を与えた。そのような状況に対して、神戸市では、震災直後から区画整理・再開発に関する計画の策定を進め、二カ月後に新たな都市計画決定を行った。この間、区画整理事業が行われる予定区域では、建築基準法による建築制限が行われ、被災者による独自の住宅建設が禁止されている。関東大震災では「バラック令」によって、被災者による仮建築を行わせていたのに対して、阪神・淡路大震災ではそれをさせずに行政主導で都市や住宅の復興が定められていったのである。実際に区画整理が行われ、住宅地として再生するには数年の時間が必要であったが、その間、被災者への住宅として提供されたのが仮設住宅である。九五年四月時点ですでに三万戸程度の仮設住宅が設置され、ピーク時は四万六〇〇〇戸の仮設住宅がへの入居があった。

区画整理事業が行われた地域では、どうしても再建に時間がかかるものの、そうでない地域では、特に持家を中心に震災直後から再建が始まっている。持家の着工は、戸建て住宅が震災から半年が経過した七月頃から増え始め、一九九六年の六月から九月頃にピークとなっている（垂水 一九九八）。続いて増えていくのが分譲の集合住宅であり、住宅金融公庫の震災融資や阪神・淡路大震災復興基金による利子補給を受けるかたちで増加していった。被災したマンションの中には、容積率の緩和の特例を認められたりすることで、建て替えに成功したものもある。しかし全ての被災者が自力で住宅を再建できるわけではない。再建が困難な被災者に対して、兵庫県・神戸市が中心となって仮設住宅とは違う恒久的な住まいとして災害公営住宅の供給が計画された。ただしこれを全て兵庫県など地方自治体の建設で供給したわけではなく、民間の集合住宅を買い取ったり、二〇年の期限付きで借り上げたりするなどしたものもある。

多くの公営住宅が供給されたが、関東大震災のときと同型の問題を抱えていたと考えられる。ひとつには建設費の高騰もあって家賃が高くなるということである。特に震災以前に木造密集市街地に住み、年金暮らしをする高齢者世帯などには、公営住宅の家賃でも高くて申し込めなかったという。被災者からの要望を受けて地方自治体が国への支援を要望したところ、規模や立地、収入に応じて段階的な入居者負担額の決定が可能になり、また低所得者に対しては五年間の家賃減額が行われることになった[7]。また、これだけでは公営住宅の入居者と民間の賃貸住宅の入居者の衡平を欠くということで、民間賃貸住宅家賃負担軽減制度が導入され、住宅が滅失して民間の賃貸住宅に住む低所得の被災者が、三万円を限度として四年間の期限付きで家賃補助を受けることとされた(塩崎二〇〇九)。

もうひとつは、建設を進めやすいという理由で必ずしも被害の深刻でなかった地域にも公営住宅が多く建てられることになり、需要と供給が合っていなかったことである。もともと住んでいた地域で公営住宅に入居できなかった被災者の中には、遠く離れた供給過剰な地域で公営住宅に入居することになる人も多く、そのような被災者が従来のコミュニティから切り離されてしまうという問題も生じた(塩崎 二〇〇九)。若年層であれば、仕事に復帰してから資金をためて、新たな住宅を選択するということも可能だが、高齢者にとっては難しい。特に不便な住宅では、若年層が抜けて高齢者だけが取り残されるという残余化も進展することになった。

東日本大震災からの復興と住宅

東日本大震災では、津波のために極めて広い面積で甚大な被害が発生し、多くの人々が住宅再建を必要とすることになった。阪神・淡路大震災では、当座の住宅として仮設住宅が数多く建築されたのに対して、東日本大震災では「みなし仮設」と呼ばれる政策的革新が生まれている。これは、すでに存在する賃貸住宅を仮設住宅と「みなして」入居させる、つまり、被災者に対して実質的に家賃補助を与えるものである。もともとは、広範囲にわたって仮設住宅を供給することが難しい中での応急的措置として採用されたが、福島第一原子力発電所の事故のために広域避難を余儀なくされた福島県を中心として、「みなし仮設」に多くの人が入居することになった（表５－２）。

民間賃貸住宅であった「みなし仮設」は、一定期間後に撤去するような住宅ではない。恒久的な住宅を「仮設とみなして」運用するのは、従来型の仮設住宅から二つの意味で大きな政策転換を起こすものであった。まず、現物給付からの転換である。仮設住宅は、住宅という「現物」を被災者に提供するものであったのに対して、「みなし仮設」では住宅そのものというよりも、実質的に民間賃貸住宅を借りるための「現金」を提供して被災者の住宅を確保するものになっている。次に、現地主義からの転換である。仮設住宅は、原則的に発災していたときに住んでいた自治体が、その住民に対して提供するものであったのに対して、「みなし仮設」の場合に被災者は自治体の境界を越えて他の自治体での民間賃貸住宅を借りることも可能となったのである。

恒久的な住宅については、関東大震災や阪神・淡路大震災とは異なり、特定の自治体の都市計画で復興を進めるというよりは、内閣総理大臣の諮問機関である復興構想会議が発表した提言により

表5－2　被災3県における仮設住宅の供給状況（2014年8月末）

	合　計	建設仮設住宅			借り上げ仮設住宅	公的住宅
	入居戸数（入居者数）	入居戸数（入居者数）	建設戸数（管理戸数）	入居率（％）	入居戸数（入居者数）	入居戸数（入居者数）
3県合計	79,475（179,133）	41,384（89,323）	52,879（52,651）	78.6	36,410（85,207）	1,651（4,603）
岩手県	13,550（30,699）	10,964（23,957）	13,984（13,887）	79.0	1,909（4,729）	677（2,013）
宮城県	32,643（76,046）	17,423（39,130）	22,095（21,982）	79.3	14,555（35,445）	665（1,471）
福島県	33,282（72,388）	12,997（26,236）	16,800（16,782）	77.4	19,946（45,033）	339（1,119）

（注）入居率は入居戸数を管理戸数で割ったもの。
（出典）西田（2015）262頁から筆者作成。


ながら、各被災自治体が被災の類型を検討し、それぞれに復興の手法を検討・決定する形式がとられた。被害があまりに広域にわたり、ひとつの自治体どころか県単位でもまとめることが難しいからである。

その結果、多くの自治体が防災集団移転促進事業（防集事業）の枠組みを使って集落を高台に移転させることになった。防集事業は、もとの居住区域における住宅建築を禁止して他の区域への移転を促進するものであり、個々の住民の居住の自由を制限するために合意には時間がかかる。しかし、住民が個別に移転すると自主再建が基本となるのに対して、防集事業であれば国からの補助金を用いた手厚い支援が可能になる。そこで多くの自治体がこの事業を使って集落ごとの移転を促進したのである（大谷 二〇一五）。

東日本大震災の復興過程においても、建設費の高騰や需要と供給のミスマッチという、関東大震災や阪神・淡路大震災と同様の問題が観察できる。まず、集団での移転には手厚い支援が可能だが、住民の合意が必要であるために非常に時間がかかることになった。しかも、地形的な制約が多いうえに、基本である自治体と被災者の間の売買契約にも時間がかかり（安本・森川 二〇一三）、津波の被害を受けた地域で民間住宅などの宅地整備の着工が本格化し始めたのは二〇一三年に入る頃からである。自力で住宅を建てることが難しい人々に向けた災害公営住宅は、建築資材の高騰という要因もあって、震災から二年経った二〇一三年三月の時点で計画の四割程度が着手されていたに過ぎない（復興庁 二〇一四）。特に、原発事故のあった福島県では調整に非常に時間がかかったために、最初の被災者向け住宅ができたのが、二〇一四年九月になってからであった。

さらに東日本大震災の被災地では、将来の人口流出という大きな問題を抱えているため、住宅の需要と供給のミスマッチが深刻になる可能性がある。公的支援を受けつつ住宅を再建しようとする人も、将来人口が減る地域で宅地を購入するかどうかという選択を迫られ、当初は購入を考えていた被災者が、変更・中止する選択に傾きがちとなっている。災害公営住宅でも、当初は入居を希望していた人々で、その意思を変更する人々も少なくない。さらに、入居が進んでも、将来は稼得能力の高い人々から地域を離れていく可能性もある。そうなると、せっかく作った住宅ストックが有効に利用されず、自治体にとっても非常に重い負担になってしまうのである（平山 二〇一三）。

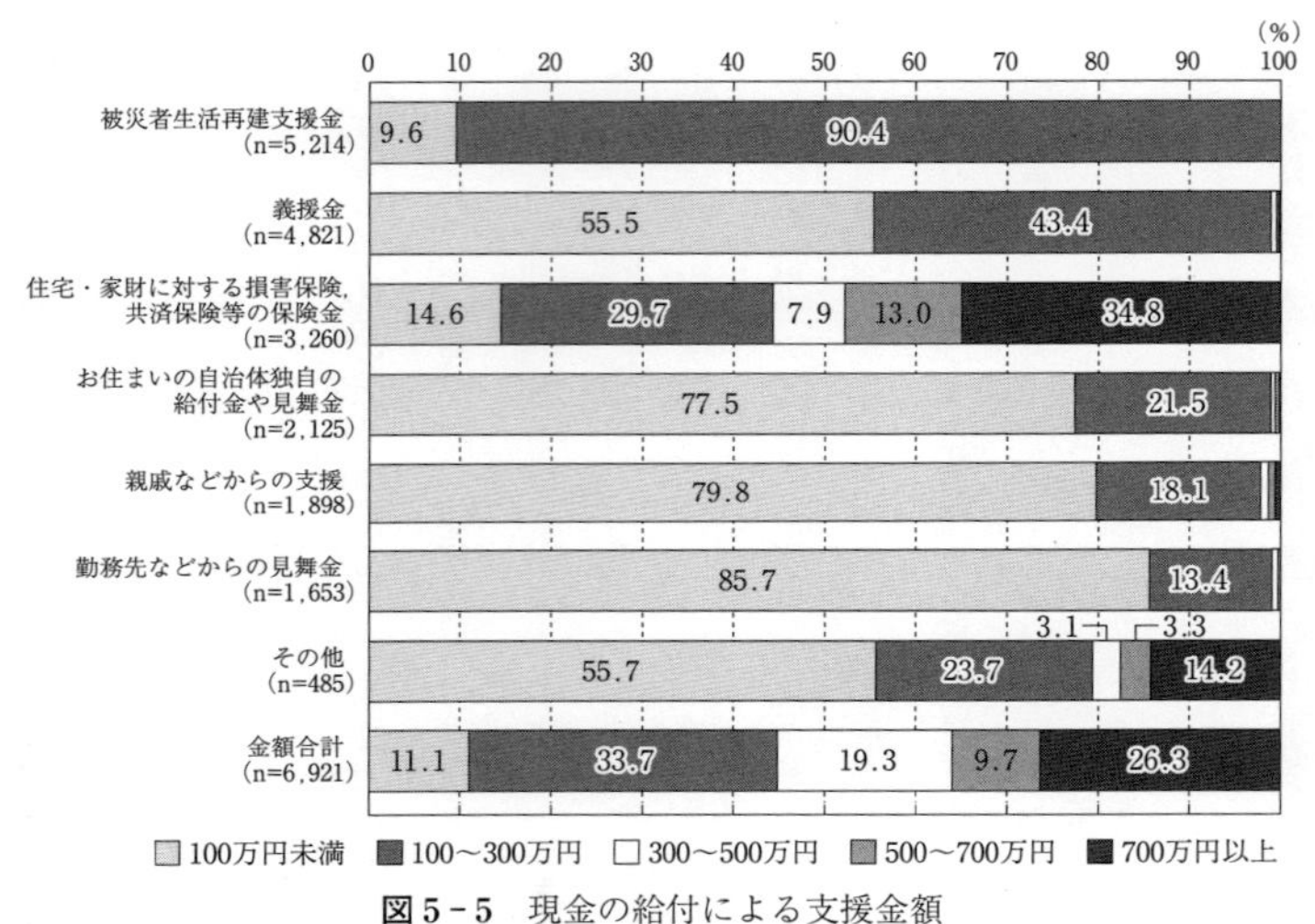

図5－5 現金の給付による支援金額

（出典）平成24年度被災者生活再建支援法関連調査報告書。

4 平時と災害時をつなげる政策

再分配としての住宅再建

ここまで検討した三大震災の経験を踏まえると、まず強調すべきは、災害の後に住宅にかかる費用が高くなるということである。住み続けるにしても補修の費用がかかるし、新たな住宅を建設するのはより大きな費用が必要になる。しかも、三大震災のような大災害であれば、住宅建設の需要が高まって建設費用がさらに高騰することになる。そして、被害を受けやすい高齢者や低所得層などが、このような費用の高騰の影響を強く受けることになる。関東大震災と阪神・淡路大震災という都市型の災害では、火災に脆弱な住宅が集まる木造密集市街地が危険にさらされやすく、その中には公営住宅の入居基準よりも家賃の低い、極めて古い木賃アパートに住む人々も多かった。東日本大震災の被害は広範囲に及んだが、高齢化した過疎地域で大きな被害が生じていた。そのように、高齢者や低所得層で重点的に被害が大きくなると、被災者が独自に住宅再建を行うのは非常に困難となる。

被災者が生活再建を行うときの資源としてどのようなものが考えられるだろうか。現金の量という観点で頼りになるのは、「共助」の重要な手段である地震保険である。しかし図５－５に示されるように、事前に地震保険に加入している人は多いわけではなく、世帯加入率は三割を切っている。地震保険と比べると、被災者生活再建支援金のように政府などが給付する公的な支援の額は限られている（制度の変遷については田近・宮崎 二〇一三）。義援金などを含めても、被害が限定されている災害であればある程度カバーできるものの、東日本大震災のような広範囲の甚大な被害の場合は、一人あたりの現金給付の規模が小さくなってしまう。

損壊した住宅はあくまでも個人財産であり、これを公的に補償するのは難しい。そこで、住宅の再建支援として、持家を建て直したり修繕したりするときの住宅ローンの利子補給や租税の減免という手法がとられる。実際、阪神・淡路大震災のときもこのような手法によって分譲マンションを含めた持家の建築が促進された。ただし、このような手法では、持家を中心とした復興は支援できるが、賃貸住宅が被害を受けた人々は支援されにくくなるという問題がある。被災した地域で再び賃貸住宅が建設されるまでには時間がかかるし、費用の高騰によって以前よりも家賃が高くなることが予想される。

住宅再建は、非常に費用がかかるものであり、全ての人々に可能となるわけではない。とりわけ、厳しい状況にある低所得層は地震保険に加入していないことが多く、また、個人への現金給付は必ずしも十分ではない。しかも住宅ローンの利子補給や租税の減免などは持家取得に偏っており、恩恵を受ける層は限られる。そこで、災害公営住宅のような公的な住宅の提供が必要になるのである。このような支援は、大災害の被災者に対する支援というだけではなく、その中でも「負の資産」を抱えて厳しい状況にある人々への再分配という側面を強く持つことになる。

しかし本書で見てきたように、日本の公営住宅は、供給の乏しさから入居が強く制限されており、かつ、一度入居した人々がなかなか離れにくいことによる残余化の傾向が強い。現在、単純に低所得・貧困というだけでは公営住宅への入居が困難な状態になっているとされるが、災害被災者はそこに優先的な入居が認められる。しかし、一定の所得があって転居が可能な被災者から新たに住宅再建を行う、つまり公営住宅から離れて新たな生活を構築することが可能であり、他方でそれができない人々は公営住宅に残ることで、結果として残余化がより強調されることになる。被災者を特別扱いし、再分配を短期間で集中的に実施することになるために、平時の再分配でも存在する歪みが一層激しくなってしまう可能性がある。

資産としての住宅

再分配という視点に加えて、住宅復興を考えるときに無視できないのは、住宅が社会における重要な資産だという点である。住宅を建設するには多額の費用がかかり、不要になったとすれば撤去するのにも費用がかかる。全国的に空き家が問題になっている現在の状況を考えると、とにかく必要だから作ればよいということにはならない。

住宅を資産として考えるとき、まず検討すべきは仮設住宅のあり方である。最終的に撤去される仮設住宅には、多額の費用がかかるが、資産として次代に残ることがない。阪神・淡路大震災においては、五万戸近くの仮設住宅が建設されたが、このうち兵庫県で建てられた四万八三〇〇戸については、維持費なども含めて概算で約一四七〇億円かかったとされている。当時の災害救助法では、仮設住宅一戸あたりの限度額は一四四万七〇〇〇円であったが、阪神・淡路大震災の場合には一戸あたり約三〇〇万円がかかっており、撤去の費用まで含めるとさらにその額は大きくなる（児島 一九九九）。神戸のような地価の高い地域に、大量の仮設住宅を建設しようとすれば、需要の急増も相まって費用が高くなってしまうのである。しかし同時期にすでに大阪市だけでも一五万戸以上、つまり震災によって滅失した住宅の数以上の空き家があったという推計がある（宇南山 二〇一三）。一戸あたり三〇〇万円以上あれば、数年分の家賃補助を行ってもある程度余剰が残るだろう。

資産の活用という意味では、東日本大震災における「みなし仮設」は大きな意義を持つ試みだったと評価できる。しかし、少なくとも二つの課題が検討されるべきだろう。そのひとつは、恒久的な住宅への実質的な家賃補助である「みなし仮設」の場合には、仮設住宅の撤去ではなく家賃補助の停止が必要になることである。それは応急的な援助が必要である被災者というステータスが終了することを意味するわけだが、そのようなステータスの変更には抵抗が伴う。実際、東日本大震災の「みなし仮設」でも、当初は原則一年とされたものの、家賃補助の停止が議論にのぼると批判が生まれて補助が暫定的に延長される、ということが繰り返された。

もうひとつは、コミュニティの喪失という批判である。阪神・淡路大震災の直後、特に高齢者が従来のコミュニティと切り離されて個別に仮設住宅に入ることになったため、多くの孤独死が起こったことが問題になった。その経験を踏まえて、東日本大震災の仮設住宅では、従来のコミュニティを維持するかたちでまとめて入居する方式がとられたところがある。しかし、「みなし仮設」の場合には既存の賃貸住宅にそれぞれが入居していく形式をとるために、従来のコミュニティを維持することが難しい。「みなし仮設」ではなく従来の仮設住宅を維持する論拠として、仮設住宅がこのようなコミュニティの維持に有効であると主張されることもある（大水 二〇一三）。

次に、災害直後の仮設住宅だけではなく、恒久的な住宅についても、その質を考える必要がある。大災害が起きると、復興の過程で大量の住宅需要が出現し、住宅建設の費用が高騰する。他方で、一定数の公的な住宅供給を行うことが求められると、限定された予算でなるべく安い住宅を建設しなくてはならない。数値目標を達成するためにとにかく住宅供給を優先すると、不便な立地・簡素な設備という意味で、質の低い住宅が多く生産されることになる。短期間で大量に住宅を供給しようとすることで、質の低い住宅を作ると、そのような住宅でもよい、あるいはそのような住宅しか選べない人々だけが残り公営住宅の残余化を加速させる可能性がある。それだけでなく、もし多くが空き家となってしまうと周辺の住宅の価値も落ちる。せっかく建設された公的な住宅が「負の資産」となって、資産価値劣化のサイクルが生じてしまうのである。

人口減少を念頭に置くと、新たな住宅を供給する際に、長期的な資産価値を考える必要がある。そこで重要なのは、「みなし仮設」と同様に、既存の住宅の活用という方法だろう。もちろん、恒久的な住宅の供給において、既存の住宅を利用する方法を広げれば、「みなし仮設」と同様に、被災者としてのステータスやコミュニティの問題が生じる。たとえば、阪神・淡路大震災のときのひとつの政策的な革新として行われた民間住宅の借上を通じた公営住宅の提供という手法は、入居から二〇年経って、被災者というステータスで支援を受けてきた人々とそれ以外の困窮者の間での公平性が論点となっている(岩永 二〇一四)。また既存の民間住宅を利用したときに、いずれは土地を他の用途に使いたいという所有者の意思をどのように考えるかという問題も重要となる。

自治体の役割・国との関係

災害復興における住宅再建が、再分配的な性格を強く持つということと、住宅を社会的な資産として運営することを考えると、地方自治体にはどのような取り組みが求められるだろうか。重要な前提は、地方自治体が災害後の住宅再建において中心的な役割を果たすだけでなく、災害が起こる前の都市計画の主要な担い手だということである。

「みなし仮設」のような実質的な家賃補助を災害復興における中心的な手段として位置付けると、現地主義に基づいた復興が行われるとは限らなくなる。家賃補助を用いて他の利便性の高い地域に移り住めるとすれば、人々が住み慣れた土地を離れることは十分にありうるからである。しかも、災害によって住宅供給が逼迫し、元の地域での住宅再建に相対的に費用がかさむことになるとその傾向は強まるだろう。反対に言えば、これまでの現地主義的な復興は、そのような費用がかかったとしても現地の復興をめざしたものであったと理解できる。

しかし、財政資源の制約や、平時における住宅の過剰供給（空き家の増加）を考えると、今後も制約なしに現地主義的な復興を続けることが望ましいとは言い難い。大災害が起こっても、その地域を維持することをめざすのであれば、復興よりも災害以前の都市計画で木造密集市街地のような脆弱な地域を減らしておく努力が重要なものとなる。阪神・淡路大震災において、第二次世界大戦の戦争被害による区画整理を行った地域に被害が少なかったように（越澤 二〇一二）、事前に災害に強いまちづくりを実現することが、当然だが何より重要になる。

災害に強いまちづくりを実現する、と言うのは容易だが、実現するのは非常に難しい。復興期でさえ困難である区画整理事業のような政策を、現に住宅が存在する平時に行うのはさらに大きな困難があるのは確かである。しかしそれでも、災害に対して脆弱な地域をそのままにしておくことが望ましくないという原点に立ち戻るべきだろう。そこで、災害前後の都市計画を連続させるようなかたちで、次の二点について検討が行われるべきだと考えられる。まずは、危険地域からの移住をうながす手法である。基本的に危険地域は資産価値が低いので、資産を処分して移住しようとしても極めて難しい。そこで、あらかじめ再分配的に移住をうながすような給付を考える必要がある。具体的な手法としては、公営住宅の拡充や家賃補助である。木造密集市街地など、移動が生じないことが問題視されることは少なくないが、その背景には、住宅にかかる費用が大きいために移動が困難だということもある。公営住宅の拡充や家賃補助によって、その費用を低減し、移動を促すということである。

木造密集市街地のような危険性の高い地域において、補助金や課税などの手法を使ったとしても、居住者だけに委ねていると再開発は困難であると考えられる（山崎 二〇一四）。特に災害によって崩壊する確率が高い地域や住宅については、政府が介入して再分配的な手法を使うことによって被害を減らすことを考えなくてはいけないだろう。これは、要するに、危険な地域や住宅をあらかじめ指定して、居住を制限したうえで、東日本大震災で用いた「みなし仮設」という手法を、危険度が高い地域に住む人々にあらかじめ適用するということに近い。一方的に危険度が高い地域であるという指定を受けるだけでは、地価が低下するなどして住民の反発を招くだけである。そこに再分配的な移動の促進のような方策を組み合わせることが必要だろう。[8]

次に、国と地方自治体の関係を見直す必要がある。災害に対して備えがないままに、大きな被害が生じても、国が十分な援助を行って復興を進めてくれるという期待があれば、地方自治体が減災のための都市計画に取り組む動機付けは弱くなる（Goodspeed and Haughwout 2012；田近・宮崎 二〇一三）。そこで重要なのは、都市計画における自治体の責任を強調して、国の再分配への安易な依存を許さないというコミットメントであろう。もちろん、それは簡単ではなく、しばしば守られないことになるだろうが、地方自治体の責任を強調することが事前の減災を進めさせる重要なポイントとなる。

国が災害復興への関与を弱めることは、国の政治的な状況によって復興への支出が決められてしまうことを防ぐ意味もある。たとえばアメリカについての研究でも、災害復興関係の支出と住民の支持を狙う選挙政治に関連があると指摘されている（Garrett and Sobel 2003；Yamamura 2014）。このような指摘は、東日本大震災からの復興におけるいわゆる「国土強靱化」の文脈でもしばしばなされる批判にも近い（塩崎 二〇一三）。また、人々の関心を浴びる事後的な再分配政策に力を入れると、目立たない事前の予防政策に対して資源を配分しないという分析もある（Healy and Malhotra 2009）。日本では、国が被災自治体あるいは住宅が倒壊した個人への補償などについて事後的な手厚い援助を行うことがマスメディアなどで評価されがちだが、支援が事後に偏ることは、地方自治体を中心とした防災への投資のインセンティブを損なうとともに、再分配の資金が政治的に配分される危険性があることを念頭に置かなくてはならないだろう。

5 本章のまとめ

住宅は、人々に住まいを提供するという重要な価値を持っている。しかし、利用されない空き家が増えるようになると、外部性の問題が発生し、周辺住宅の資産価値を落としてしまうようなこともある。このような空き家の増加は、「制度」としての持家社会のもとで、郊外に新たな住宅を作り続けてきたことの帰結でもある。都市が大きく拡大して、その中に利用されず再開発もされない空き家が出現し、都市の密度を下げてしまうことになる。そのような問題を受けて、中心市街地への集約も含めて都市の政府が対応を試みるようになっているが、空き家にも持家として強い所有権があるために、介入は容易ではない。そして、一度拡大した都市を政府が縮小させていくことは極めて難しい。

本書で論じてきた持家社会の「制度」は、災害によって生み出される「負の資産」への対応にも影響を与えている。基本的に持家を軸とした現地での復興が志向されるために、被災者に対して仮設住宅が供給され、持家の再建支援が行われる。東日本大震災で「みなし仮設」が導入されるまでは、被災地から移動して支援を受けるようなことはほとんど考えられず、被災者が支援を受けるためには、被災地で長い時間をかけ高い建設費用を支払いながら、住宅再建を行うしかなかった。災害の際に賃貸住宅を利用していた人々に対しては、持家の所有者に対するのと同じような支援を行うことが難しく、災害公営住宅の供給が中心となる。被災者は最も必要性の高い人々として公営住宅への入居を認められるが、災害後の厳しい状況で作られた公営住宅は、通常の公営住宅と比べても条件が悪くなりがちで、残余化の傾向が強くなることが懸念される。要すれば、災害時には、持家の再建へと資源が割かれる一方で賃貸住宅への支援は薄く、公的な賃貸住宅が用意されても残余化の傾向を持つという、持家社会の「制度」がより強調されるようになると言うこともできるだろう。

このような「負の資産」への対応から改めて見えることは、日本の持家社会において人々を移動させることの難しさである。都市を拡大させて新築住宅を増やす一方で、建設した住宅を中古住宅として売却することを前提としていないために、多くの人々は購入した住宅を所有し続けることになる。その結果として、利用されない住宅は空き家として「負の資産」となっていくし、災害で「負の資産」が発生しても、持家があるその地域での再建を志向し続けなくてはいけない。そうして拡大しすぎた都市を再度集約することができないために、政府は「負の資産」が生み出す問題に、個別に対処療法的に取り組まざるを得なくなるのである。

注

（1）空き家に野生生物が生息することで、生物多様性への貢献となる可能性があることを指摘する議論もある（浅田・寺田 二〇一四）。
（2）除却は人口減少が認められる地域のみとなっている。
（3）同様の法律は、同年六月にも検討されていたが、このときは上程が断念されている。なお、一一月に同法が制定されたのは、安倍晋三首相による衆議院解散の二日前であり、住宅・土地統計調査の結果を受けて、数ある法案の中でこの法案が選択的に審議されたものであると言える。
（4）以下、本節と次節は砂原（二〇一六）に基づいている。
（5）数字は小野（二〇一四）で引用されていた『中外商業新報』一九二四年九月三日付の記事による。
（6）小野（二〇一四）で引用されていた『罹災要救護者収容所概要』による。
（7）このような制度は、一九九六年に公営住宅法の改正によって導入されることになった、応能応益家賃制度（第2章参照）を先取りするものであるとされる（塩崎 二〇〇九）。
（8）山崎（二〇一四）では、零細な土地所有者に対して、譲渡可能開発権（TDR: Transferable Development Right）の導入を提案している。開発利益を土地所有者に分配することで、所有権や居住権を制限されたことを補償するしくみだが、地主ではない賃借人の存在を考えると、当該木造密集市街地だけではなく、社会全体として移動可能性を高める方策が必要になると考えられる。

終章　「制度」は変わるか

1　本書の議論

描き出された持家社会

なぜ、日本の持家社会という「制度」は、現在に至るように形成されてきたのだろうか。本書で明らかにしたことは、人々が主に新築の住宅を購入するという選択が、購入者の好みというよりも、様々な個別の法律や規範、慣習などによって相互補完的に支えられてきたということである。住宅の取引費用が大きいことによって生じる賃貸住宅や中古住宅での「市場の失敗」に対して政府は積極的に介入せず、むしろ経済対策の一環として住宅建設を重視し、新規建設を奨励してきた。多くの新築住宅が供給される背景には、土地利用の規制が緩く、新たな土地が継続的に供給されてきたことがある。住宅の開発によって、民間事業者が大きな開発利益を得るとともに、人々は相対的に安い新築住宅を手にすることができた。

このような展開を許した原因は、直接的には、地方自治体において新規の宅地開発を防ぐ都市計画の不在に求めることができるかもしれない（野澤 2017）。しかしだからといって、それぞれの地方自治体の怠慢を糺せば問題が解決するわけではない。そもそもこれまで日本における都市空間管理は、国家主導で道路や上下水道、鉄道などの「道」を中心として行われてきた。地方自治体は、開発を規制するための強い権限を与えられているわけではなく、むしろ国家主導で開発が進む「道」を整備しながら人を呼び込み経済活動を活発にすることが求められていた。そして、大選挙区・単記非移譲式投票という特殊な選挙制度で選ばれ、少数であっても強い地元の支持を必要とする地方議員は、郊外の土地の所有者が開発利益を求める場合に、積極的に協力することはあっても、反対に開発を抑える側に立つことは考えにくい。

戦後、人口増加が続き、住宅に対する需要が堅調な中で、人々は安く住宅サービスを購入できて、需要の拡大とともに都市も拡大していく。まずは「ヨコ」方向に開発の容易な郊外地域において広範なスプロールが生じ、一九七〇年代以降は高層の集合住宅が一般化して「タテ」方向への拡大も進められた。後者について、とりわけ二〇〇〇年代に増加した、いわゆるタワーマンションは、その最たるかたちだと言えるだろう。集合住宅は、土地の効率的な利用を可能にするが、その拡大は、都市の面的な拡大と共通する部分を持っている。つまり、もともとの土地の所有者が、特に規制緩和で容積率が大きくなるなどして、土地の売却を通じて巨額の開発利益を得ることが可能になり、その土地を取得したディベロッパーが多くの人々に住宅を大量に販売するのである。プロジェクトには巨額の費用が必要でも、大量に販売することができれば、一戸あたりの値段にすれば消費者の側は相対的に安く購入できる。いわば都市のフロンティアが、郊外の安い土地だけではなく、都心近くで新たに作り出される容積率＝空間にも見出されたのである。得られる利益が大きい以上、フロンティアの開発を止めることは難しい。土地を売りたい既存の住民の利益が重視されることになり、購入したディベロッパーに対して建設を規制する手段も乏しいことは郊外とまさに同型である。

人口増加が止まった現在、日本の持家社会は深刻な問題を抱えている。新たなフロンティアの開発で拡大し続けた都市において、かつての中心市街地がその集積を失い魅力を低下させていることは少なくない。中心市街地の活性化を図ろうとしても、郊外の安い新築住宅という選択を持つ人々にとって十分な魅力を提供することは難しい。他方、人々は、賃貸住宅や中古住宅という選択を持たず、一度購入した新築住宅に縛られがちである。その所有者に利用されず、賃貸住宅として利用されることも中古住宅として売却されることもない住宅は空き家として放置され、地域に負の影響をもたらす外部性を生み出すことにもなる。一度住宅を購入してしまえば、災害が起きたりその可能性が高いと考えられたりしていても、持家がある地域から移動することも難しくなる。拡大しすぎた都市で人口減少が進み、さらに魅力が失われて移動可能な人々から都市を離れていくことになれば、都市全体で資産価値劣化のサイクルに陥ることが懸念される。

本書で描き出した持家社会という「制度」は、必ずしもそれを実現しようとする何らかの政治的意思によって生み出されてきたとも言えない。むしろ戦後直後は、公営住宅の拡充や、住宅難に対する日本住宅公団の設立など、賃貸住宅を拡充しようとする政策もとられてきた。より賃貸住宅が重視されるような「制度」が実現せず、持家社会への道が確固たるものになっていったのは、高度経済成長が過ぎて一九七〇年代に入り、政府による公的な賃貸住宅の供給が急速に縮小してからというべきではないかと考えられる。ケメニーの議論を援用すれば、高度経済成長期に既存の公営住宅への負担が軽くなる「成熟（maturation）」過程が進展しており、それを利用して公営住宅の家賃を引き上げつつ、新規の公営住宅の建設を続ける可能性がありえたと考えられる（Kemeny 1995）。しかし家賃の引き上げが行われない公的な賃貸住宅は残余化の傾向を強め、また集合住宅として建設される公的な賃貸住宅の開発に対して地方自治体や地域住民が抵抗するという状況が生じており、賃貸住宅を重視する「制度」が安定することは難しく、それは結局実現しなかった。

変化の可能性

他方で、日本で実現した持家社会という「制度」が安定するようになったのは、土地や住宅に対する極めて強い所有権の尊重という要因があると考えられる。所有者がその土地や住宅を自由にコントロールしてもよい、というだけではなく、その土地や住宅から生まれた開発利益も独占的に享受するということを含意する。所有者が、その利益を大きくしようとする行動を政府は規制できず、フロンティアは可能な限り拡大し、結果として住宅が増えていく。土地の所有者は、取引費用が高い家族向けの賃貸住宅を供給しないし、持家によって住宅更新を行う社会のメインストリームは、政府が賃貸住宅を支援するよりも、持家取得を支援することを望む。このように、土地や住宅への所有権を軸として「制度」が形成されてきたと考えられる。その中で都市の政治に求められてきたことは、「制度」を能動的に変化させるようなことではなく、開発が生み出す極端な過密やその過程で生じる紛争を調停する機能であったと思われる。

時間をかけて形成されてきた「制度」を、政府による決定ですぐに変化させることは難しい。本書で論じてきたように、「制度」としての持家社会は様々な法律や規範、慣習によって補完的に支えられており、政府がある法律を変えてみても、それが人々の住宅をめぐる選択を変えなければ「制度」は変わらないのである。典型的には、借り手への強い保護が賃貸住宅の取引費用を高めて人々に持家取得を促す原因とする経済学者の主張を受けて、借地借家法の改正によって定められた期間で借り手に退去を求めることができる定期借家の制度が創設されたものの、人々の住宅をめぐる選択はほとんど変わらない（中澤 二〇〇六）といったようなことが挙げられるだろう。定期借家が可能になったとしても、他の法律や規範、慣習が変わらずに「制度」が持続すれば、多くの人々が最終的に賃貸ではなく持家を選択し続け、結局定期借家は利用にくい。

それにもかかわらず「制度」が変化する原因として考えられるのは、短期的には一定（外生的）に見えても長期では変わりうる（内生的）変数の変化である。[1] ある「制度」のもとで、人々の特定の行動を合理的なものとしてきた条件が変われば、その行動がとられにくくなり、結果として「制度」の自己拘束性が弱まるということである。言い換えると、新築住宅を購入するという住宅をめぐる選択が、他と比較して必ずしも望ましいものではなくなり、単に好みの問題となれば、「制度」が変化する可能性が大きくなるということである。

本書の議論を踏まえれば、人口増加から人口減少への変化が、人々の住宅をめぐる選択を変えていく可能性があると考えられる。[2] 人口が継続的に増加している中では、都市が拡大してその郊外に新築住宅が安い建設されても都市の密度は低下しにくかったが、都市が拡大しすぎたうえに人口が減少する中で依然として新築住宅が供給され続けると、都市の密度の低下が生じる。都市が拡大しすぎる前は、土地への需要が強いために、住宅を一世代で使い捨てにしたとしても、特に相続のタイミングなどで土地を売却できただろう。しかし、第1章で見た再建築率の低下が示すように、都市が拡大しすぎるとそのような土地への需要も低下し、それも難しくなる。中古住宅として売却することも難しく、地域によっては「負の資産」と化すリスクがあり、外部性に対処するための負担を求められるようになることで、新築住宅を購入するという選択の費用が大きいことを人々が認識するようになれば、「制度」は変わる可能性があるだろう。

人口が減少していく中で、現在の「制度」は、持続可能とは言い難いものになりつつある。しかし、だからと言って、ラディカルな変化は難しい。仮にこれまでの住宅政策を見直すかたちで、政府が人々の土地や住宅に対する所有権をいままでより制限しようとしても、大きな反発を受けるだけだろう。政府が変化を狙って様々な政策を繰り出しても、それが場当たり的なものであれば、効果を期待するのは難しい。人々の選択が結局もとのところに落ち着いてしまうと予想されるからである。しかし、政府が人口減少という変化を捉えて、これまでとは異なる人々の行動を促すような政策を適切に行うことができれば、「制度」は変わるかもしれない。考えるべきは、人々の選択を徐々に変えていくかたちで新しい「制度」へと誘導していく、長期的な移行のプロセスである。

さらに検討すべき課題

本書では、個人の住宅をめぐる選択と、都市計画などを含めた政治権力による都市空間管理をあわせて考えていくことで、日本において住宅をとりまく都市政治の特徴や問題点を論じ、変化の可能性を示唆することができた。しかし、住宅と政治について重要な論点でありながら本書で論じることができなかった点も少なくない。とりわけ重要なのは、住宅の金融資産としての性格を踏まえたうえで、他の社会政策との関係を検討することだろう。

ケメニーの研究以来、住宅が貯蓄としての性格を持つために、人々の住宅取得と政府による公的な社会政策、とりわけ年金の規模のトレードオフが指摘されてきた（Kemeny 1981：Castles 1998：Dewilde and Raeymaeckers 2008）。人々が住宅を所有することが一般的な国では、持家購入を迫られる勤労世代の負担が大きくなる一方で、引退世代はその住居が確保されているだけでなく、リバースモーゲージのような手法を使って住宅から所得を生み出すことも可能で、公的年金がそれほど充実していなくても生活することができる。それに対して住宅取得が一般的でない国では、勤労世代が支払う住宅サービスの費用は低いものの、引退後の住居確保のために公的な支援が必要になるだけでなく、公的年金を通じた引退世代への所得保障が求められがちとなる。それが、一九九〇年代以降の世界的な福祉国家の縮退や金融の規制緩和によって、世界的に持家への志向が強まっている（平山 二〇〇九b：Forrest and Hirayama 2015）。公的な社会保障が縮小する中で、換金性の高い住宅が、個人が引退後に所得を引き出す源泉として強調されるようになっているのである。結果として、住宅を取得しやすい人々とそうでない人々の間の分断や不平等が顕わになる。

本書で明らかにした日本の持家社会では、中古住宅市場が弱く、住宅が一世代で使い捨てにされてしまうことが多いために、必ずしも住宅が引退後の所得を引き出す手段として使われているわけではない。第2章で見たように、日本における住宅政策の三本柱とされてきた、公営住宅と日本住宅公団、そして住宅金融公庫の改革が行われた後、低金利を利用して持家を取得する人々は増加していると考えられるが、その力点は引退後の所得の源泉というよりは、賃貸住宅と比べて安価な住居の確保に置かれているように思われる。そのために、住宅を所有していても、引退後に一定の公的な支援が必要とされることになるだろう。(3) このような住宅と社会政策の関係について、国際比較を視野に入れたうえで議論することは今後の課題のひとつである。

また、本書を通じて示唆されてきたのは、日本で資産として価値を持ってきたのは、住宅というより土地だったことである。「土地神話」という言葉が示すように、戦後を通じて価格上昇が期待されてきたのは土地であって住宅ではない。持家取得傾向が強い二元モデルの国を中心に、旺盛な実需を背景に住宅価格の値上がりが続き、購入した住宅を売却しつつより高額の住宅を取得する行動が「住宅神話」をもたらすことがあるが、中古住宅の売却が少ない日本では事情が異なる。「土地神話」の場合には、住宅の利用がもたらす利益より、土地がもたらす開発利益が重視されているようにも思われるが[4]、こういった論点も国際比較を視野に入れながら検討する必要があるだろう。

2　住宅政策のゆくえ

新たな「制度」への展望

本書の議論を踏まえれば、都市の持続可能性を重視して「制度」を変化させようとするときに求められる政策は、一方で少なくとも短期的には今よりも新築住宅を購入する費用を高めて、他方で中古住宅や賃貸住宅にかかる費用をより低くするものになるだろう。新築住宅を大量に供給することを防ぐとともに、それ以外の選択肢を充実させるということになる。そのような政策が実現されれば、新築の住宅が一世代限りで使い捨てられるようなことを防ぎ、人々が生涯で住宅サービスにかける費用を低下させることにもつながる。

その第一歩としては、多くの論者がすでに指摘しているように、宅地開発と新築住宅建設の抑制、そして、地域における住宅戸数の管理といった手段になるのではないか。これは、所有者のみが土地から得られる開発利益を抑制することも意味する。人口が増加し、住宅への需要が強い時期に、まして個別利益への要求が強い地方議会でそのような決定がなされることは望むべくもないが、現在の状況は違う。既存住宅に住む地域住民にとっても、新築住宅の建設は、自分たちの住宅の価値を下げる可能性がある。利害関係者として、地域での新築住宅の建設に関する意思決定に関与する資格はあるだろうし、そのような関与は新築住宅の抑制にもつながりやすいと考えられる。

日本の現状を見ると、そのようなコントロールが適切に行われているとは言えない。都市計画を通じた土地利用規制には抜け道が多く、また規制のための手段も限られている。その結果として、住宅地が拡大し、住宅を新たに作るべきとは言えない地域に多くの新築住宅が供給されることになっている。また、利便性の高い東京湾岸といえども、将来的に管理が困難になることが考えられるようなタワーマンションも大量に建設されており、仮にその一部が将来管理運営に行き詰まり、「負の資産」となった場合には処理が極めて困難になると考えられる（榊 二〇一六）。このような住宅の野放図な増加を抑え、既存の住宅資産の利用を促すことは、政府に求められる重要な役割であると考えられる。

言うまでもなく、新築住宅の建設を抑制すれば、その一方で中古住宅市場の育成は急務となる。

多くの人々が、新築住宅ではなく中古住宅を購入する必要に迫られるからである。そこでとりわけ重要な政策は、中古住宅の売却・購入における取引費用を下げるものだろう。第1章でも見たように、現在の中古住宅の取引慣行では、客観的な第三者の視点から中古住宅を評価するしくみが非常に弱い（長嶋 二〇一四）。そのような評価を行うためには当然に費用がかかるが、その費用が高いと中古住宅の取引が行われにくくなる。この取引費用を下げて、価値の高い中古住宅は高い価格で、そうでなければそれに見合った価格で取引が行われるようにすることが求められる。もちろん、住宅としての資産価値を上げるようなリフォーム投資を記録し、それを正当に評価することは、その重要な前提になるだろう。

賃貸住宅をどのように扱うかは、おそらく議論が分かれるところである。ひとつの考え方として、かつての単一モデルの国々のように、賃貸住宅と持家が同じような選択肢として設定されるべきだという発想はありうる。しかしそのような国々でさえ、持家の個人の生活を保障する金融資産としての性格が強まって、持家が選択される傾向にある。高度経済成長期のように国の財政資源をふんだんに利用することが難しい中で、単一モデルのような「制度」を実現しようとすることは現実的とは言い難い。

それでも日本の場合、まずは中古住宅と同様に、特に規模の大きな賃貸住宅で生じる取引費用を下げる努力は必要だろう。住宅が過剰となり、分譲マンションも含めた既存の持家が賃貸に回される可能性が高くなっている中で、借り手側だけでなく貸し手側についても正当な保護を与えることが求められる。具体的には定期借家権のさらなる普及などが考えられるが、現状がそうであるように、それだけで人々の行動を変えることは難しいだろう。住宅更新を行うことを考えたときにより安い持家という選択肢が残る限り、割高な賃貸住宅は選択されにくい。結局、新築住宅の抑制や中古住宅市場の育成といった取り組みが重要となる。

賃貸住宅の家賃を引き下げることを考えるならば、住宅に対する公的支援の拡充は重要な論点になる。しかし厳しい財政難の中、公的賃貸住宅の量的な拡充は不可能に近い。そこで検討すべき政策手段は、従来の公営住宅を見直しつつ、これまでよりも規模が大きい家賃補助を実施することである。家賃補助は、すでに欧米諸国などにおいて重要な政策手段として多くの予算が割かれている。従来の公営住宅のように、特定の地域において国や自治体が直接住宅を提供するのではなく、人々がその所得などに応じて家賃補助を受けつつ、自由に居住地を選択するという方法である。日本でも、公営住宅への入居が実質的な家賃補助になっていることを考えれば（第2章）、空き家を中心に家賃補助可能な賃貸住宅を増やすという住宅セーフティネット法での取り組みや、災害時の「みなし仮設」の拡充が、まずは現実的な方策だろう。

中古住宅市場の育成や、賃貸住宅に対する家賃補助の拡充などを通じて、購入した住宅を売却する機会があったり、新しい住宅として賃貸住宅が利用できたりすれば、人々は移動を行いやすくなる。人々が住宅サービスにかける費用を低くすることが、人々の移動可能性を高めることにつながるのである。日本における持家社会という「制度」のもとで所有権が強調されることは、住宅にかかる費用が大きくて移動が難しいことの裏返しだとも考えられる。永住する「終の棲家」を前提とせず、ライフスタイルに応じた住み替えを促すことができるようになれば、所有権を強調しない新たな「制度」が現れるかもしれない。

ガバナンスの再構築

日本の現状を考えれば、政府には住宅にかかる費用を下げる取り組みだけでなく、過剰な供給のために「負の資産」となった住宅に対処することも期待されるだろう。とはいえ、政府がその期待に応えるのは容易ではない。その理由は、「負の資産」となる住宅を処理するためには費用がかかるが、それが将来の発展には必ずしもつながらないことにある。他方で、政府が将来にわたって利益を生み出してくれるような「正の資産（普通の資産）」を作れば、時間をかけてかかった費用を回収できるかもしれないという期待もある。たとえば、道路や上下水道、あるいは公共施設などの社会資本であれば、使用者から直接利用料を取らないにしても、利用に応じた便益を想定することができる。長期的にその便益の合計が、費用を上回れば十分に政府が供給する意義のある資産と言える。

もちろん、「負の資産」のような問題を解消するのが政府の務めであり、人々はそのために税を払っているという主張はあるだろう。しかしそのような主張が広い賛同を得られるとは限らない。

なぜなら、政府が利用できる財政資源は限られており、同じだけ費用をかけるのであれば、長期的に利益を生み出す「正の資産」に投資した方が好ましいという主張もまた強いからである。さらに、住宅が「負の資産」の場合には、災害による住宅被害が典型だが、個人や特定の地域に偏っていることが多いために、政府を構成する多くの人々から支持を得るのが容易ではないのである。ましてや、「負の資産」となった住宅を処理したあとに、資産価値が上昇するなどして周辺地域の住民だけが便益を受けるとすれば、そのような費用を負担することに抵抗を感じる人も増えるだろう。

「負の資産」となってしまった住宅を政府が処理するのが難しい中で、政府に求められるのは、まず「負の資産」となるような住宅を生み出さないことである。すでに述べたように、新築住宅の建設を抑制することは重要である。しかし「負の資産」への対応という観点からは、単に建設を抑制するというだけでなく、利害関係者を巻き込んで、適切に資産としての住宅を管理するガバナンスのしくみを強調すべきであると考えられる。たとえば、現在はディベロッパーが土地を購入して集合住宅を建設すると、それを売却しさえすれば開発利益が確定し、その後の管理運営に責任を問われることはほとんどない。ディベロッパーに対して管理への責任ある参画を求めていくことは、開発利益の一部を利害関係者で共有し、それを用いて集合住宅が「負の資産」となることを防ぐような方策も検討されるべきだろう。

適切な管理を行わず「負の資産」を作り出し、共有資産にダメージを与えるような住宅の所有者に対して、周囲の人々が適切な管理を求めるときに、所有権が盾になって所有者に何の働きかけもできないとすれば、「負の資産」は容易に出現してしまう。もちろん所有権の尊重が重要であるとしても、政府には「負の資産」が生み出す問題とのバランスを考えることも求められるだろう。これは、言い換えれば、政府は住宅に関連する共有部分のガバナンスの向上を支援すべきということである。とりわけ、将来にわたって維持管理のあり方が懸念されている超高層のタワーマンションについては、政府はそのガバナンスに関心を持つ必要があると考えられる。

より一般的には、人々の行動を制限する政治権力を発動させる集合的な意思決定のしくみについての見直しに焦点が当てられるべきである。具体的に検討すべきは、地方議会の選挙制度や、町内会・自治会あるいは分譲マンション管理組合などのあり方というガバナンスのしくみである。これまで強い所有権を前提に所有者が市場を通じて自分たちの持分から得られる利益を追求できることは十分に強調されてきた。持続可能性が危ぶまれる状況では、市場の機能を尊重しつつも、都市の集積・土地・集合住宅といった共有資産から得られる共通の利益を大きくすることを狙うしくみを考えていくべきだ。そのためには、単に観念的にガバナンスのあり方を論じるだけではなく、たとえば分譲マンションであれば、近年の標準管理規約の改訂がもたらすような、具体的なガバナンスの変化がどういう効果をもたらしたのかについて実証的に検討していくことも不可欠である。

本書の冒頭でも述べたように、住宅は私たちが人生で最も出費する対象のひとつであり、利害が絡む交渉は厳しくなる。もちろん個人がそれぞれに自己利益を追求するのを完全に抑制することはできないだろうが、一定の規律を与えていくことを模索する必要はある。個人が他者の選択に介入することが難しい中で、集合的な決定を行う政治の機能が重要なものとなるのである。

注

（1）このようなアイディアは、アブナー・グライフが一連の内生的な制度変化の議論で示した「準パラメータ」という概念に基づく（Greif and Laitin 2004 : Greif 2006 = 2009）。その議論の中で、「準パラメータ」とは、短期的には制度の外生的な「パラメータ」と考えられているものの、制度の動学的な変化を考える際にはそれを内生的な「変数」として人々の行動に影響を与えるものとされるが、グライフ自身が述べているように、「パラメータ」「準パラメータ」「変数」の区別はそれほど厳密なものではない（Grief 2006 = 2009 : 141）。他にも、序章で触れたピアソンは、制度変化の長期的過程を検討する中で、「準パラメータ」という言葉こそ使っていないものの、制度の発展においてある変数に閾値が存在し、その閾値を超えることが制度変化を促すことを議論している（Pierson 2004 = 2010）。

（2）本書の議論では十分に扱えなかったが、これまでの「制度」を前提としない異質な人々、具体的には移民の流入のような現象も、変化を促す可能性がある（青木 二〇〇八）。

（3）もちろん、公的な支援だけではなく、住宅を引き継ぐことになる同居する家族などによって引退世代へのケアが行われることも無視できない。冷戦崩壊後に住宅の私有化を進めた旧社会主義国では、住宅を所得の源泉にするというよりも、住宅の利用を軸に家族や血縁者のネットワークで引退世代に対する必要なケアが供給されているという（Dewilde and Ronald eds. 2017）。

（4）　開発利益が期待できなくなった土地は、「所有者不明」として放置されることが問題となる（吉原　二〇一七）。強制的な登記による問題解決が議論されているが、住宅の問題と同じく、人々の選択を無視して解決を考えることは難しいように思われる。

参考文献

Aoki, Masahiko, 2001, *Toward a Comparative Institutional Analysis*, Cambridge: MIT Press.（瀧澤弘和・谷口和弘訳『比較制度分析に向けて（新装版）』ＮＴＴ出版、二〇〇三年）。

Bernard, Andreas, 2006, *Die Geschichte des Fahrstuhls: Über einen beweglichen Ort der Moderne*, Frankfurt: Fischer-Taschenbuch-Verlag.（井上周平・井上みどり訳『金持ちは、なぜ高いところに住むのか』柏書房、二〇一六年）。

Castles, Francis G., 1998, "The Really Big Trade-Off: Home Ownership and the Welfare State in the New World and the Old," *Acta Politica* 33(1): 5-19.

Dewilde, Caroline, and Richard Ronald, eds., 2017, *Housing Wealth and Welfare*, Cheltenham: Edward Elgar.

Dewilde, Caroline, 2017, "Do Housing Regimes Matter?: Assessing the Concept of Housing Regimes through Configurations of Housing Outcomes," *International Journal of Social Welfare* 26(4): 384-404.

Dewilde, Caroline, and Peter Raeymaeckers, 2008, "The Trade-Off between Home Ownership and Pensions: Individual and Institutional Determinants of Old-Age Poverty," *Ageing and Society* 28(6): 805-830.

Donzelot, Jacques, 2006, *Quand la ville se défait: Quelle politique face à la crise des banlieues?*, Paris: Seuil.（宇城

輝人訳『都市が壊れるとき――郊外の危機に対応できるのはどのような政治か』人文書院、二〇一二年）。

Dunleavy, Patrick, 1981, *The Politics of Mass Housing in Britain, 1945–1975: A Study of Corporate Power and Professional Influence in the Welfare State*, Oxford: Clarendon Press.

Florida, Richard, 2012, "The Limits of Density," *CityLab*, May 16 2012, (https://www.citylab.com/design/2012/05/limits-density/2005/).

Florida, Richard, 2012, *The Rise of the Creative Class, Revisited: 10th Anniversary Edition-Revised and Expanded*, New York: Basic Books.（井口典夫訳『新クリエイティブ資本論――才能が経済と都市の主役になる』ダイヤモンド社、二〇一四年）。

Forrest, Ray, and Yosuke Hirayama, 2015, "The Financialization of the Social Project: Embedded Liberalism, Neoliberalism and Home Ownership," *Urban Studies* 52(2): 233–244.

Garrett, Thomas A., and Russell S. Sobel, 2003, "The Political Economy of FEMA Disaster Payments," *Economic Inquiry* 41(3): 496–509.

Glaser, Edward L., 2011, "How Skyscrapers Can Save the City," *The Atlantic*, (https://www.theatlantic.com/magazine/archive/2011/03/how-skyscrapers-can-save-the-city/308387/).

Glaser, Edward L., 2011, *The Triumph of the City: How Our Greatest Invention Makes Us Richer, Smarter, Greener, Healthier, and Happier*, New York: Penguin Press.（山形浩生訳『都市は人類最高の発明である』NTT出版、二〇一二年）。

Goodspeed, Timothy J., and Andrew F. Haughwout, 2012, "On the Optimal Design of Disaster Insurance in a Federation," *Economics of Governance* 13: 1–27.

Grief, Avner, 2006, *Institutions and the Path to the Modern Economy: Lessons from Medieval Trade*, New York: Cambridge University Press.（岡崎哲二・神取道宏監訳『比較歴史制度分析』NTT出版、二〇〇九年）。
Grief, Avner, and David D. Laitin, 2004, "A Theory of Endogenous Institutional Change," *American Political Science Review* 98(4): 633-652.
Healy, Andrew, and Neil Malhotra, 2009, "Myopic Voters and Natural Disaster Policy," *American Political Science Review* 103(3): 387-406.
Kemeny, Jim, 1981, *The Myth of Home Ownership: Private versus Public Choices in Housing Tenure*, London: Routledge & Kegan Paul.
Kemeny, Jim, 1992, *Housing and Social Theory*, New York: Routledge.（祐成保志訳『ハウジングと福祉国家――居住空間の社会的構築』新曜社、二〇一四年）。
Kemeny, Jim, 1995, *From Public Housing to the Social Market*, New York: Routledge.
Kemeny, Jim, 2001, "Comparative Housing and Welfare: Theorising the Relationship," *Journal of Housing and Built Environment* 16(1): 53-70.
Kemp, Peter A. ed., 2007, *Housing Allowances in Comparative Perspective*, Bristol: The Policy Press.
Le Corbusier, 1935, *La ville radieuse: Eléments d'une doctrine d'urbanisme pour l'équipement de la civilisation machiniste*, Paris: Éditions de l'architecture d'aujourd'hui（白石哲雄訳『輝ける都市――機械文明のための都市計画の教義の諸要素』河出書房新社、二〇一六年）。
Lowe, Stuart, 2011, *The Housing Debate*, Bristol: The Policy Press.（祐成保志訳『イギリスはいかにして持家社会となったか――住宅政策の社会学』ミネルヴァ書房、二〇一七年）。

Moretti, Enrico, 2012, *The New Geography of Jobs*, New York: Houghton Mifflin Harcourt.（池村千秋訳『年収は「住むところ」で決まる――雇用とイノベーションの都市経済学』プレジデント社、二〇一四年）。
Pierson, Paul, 2000, "Increasing Returns, Path Dependence, and the Study of Politics," *American Political Science Review* 94(2): 251-267.
Pierson, Paul, 2004, *Politics in Time: History, Institutions, and Social Analysis*, Princeton: Princeton University Press.（粕谷祐子監訳『ポリティクス・イン・タイム――歴史・制度・社会分析』勁草書房、二〇一〇年）
Sassen, Saskia, 1991, *The Global City: New York, London, Tokyo*, Princeton: Princeton University Press.（伊豫谷登士翁ほか訳『グローバル・シティ』筑摩書房、二〇〇八年）。
Schoppa, Leonard, 2013, "Residential Mobility and Local Civic Engagement in Japan and the United States: Divergent Paths to School," *Comparative Political Studies* 46(9): 1058-1081.
Yamamura, Eiji, 2014, "Impact of Natural Disaster on Public Sector Corruption," *Public Choice* 161(3/4): 385-405.

饗庭伸、二〇一五、『都市をたたむ――人口減少時代をデザインする都市計画』花伝社。

青木昌彦、二〇〇八、『比較制度分析序説――経済システムの進化と多元性』講談社学術文庫。

浅田正彦・寺田徹、二〇一四、「空閑地・空き家と生物多様性――野生動物と人間生活が重複する空間をどう考えるか」浅見泰司編『都市の空閑地　空き家を考える』プログレス。

浅見泰司・福井秀夫・山口幹幸編著、二〇一二、『マンション建替え――老朽化にどう備えるか』日本評論社。

阿部昌樹、二〇〇一、「住宅政策における自治体の役割」原田純孝編『日本の都市法Ⅱ』東京大学出版会。

石田博英、一九六三、「保守政党のビジョン」『中央公論』七八巻一号、八八～九七頁。

石田頼房、二〇〇四、『日本近現代都市計画の展開 1968-2003』自治体研究社。

板垣勝彦、二〇一七、『住宅市場と行政法――耐震偽装、まちづくり、住宅セーフティネットと法』第一法規。

伊藤修一郎、二〇〇六、『自治体発の政策革新――景観条例から景観法へ』木鐸社。

稲本洋之助・鎌野邦樹、二〇〇四、『コンメンタールマンション区分所有法（第二版）』日本評論社。

猪瀬直樹、一九八八、『土地の神話』小学館。

岩永理恵、二〇一四、「神戸市の借り上げ復興住宅問題――住宅保障と被災者」『神奈川県立保健福祉大学誌』一一巻一号、三～一一頁。

上崎哉、二〇〇七、「公共投資の一手段としての公的住宅建設――一九六五～一九九八年度まで」『近畿大学法学』五五巻一号、七三～一一九頁。

上竹悠介・樋口秀・中出文平・松川寿也、二〇一一、「地方都市における勤労単身世帯の居住実態とそのまちなか居住推進に関する研究――長岡市におけるケーススタディ」『都市計画論文集』四六巻三号、九三七～九四二頁。

宇南山卓、二〇一三、「災害救助法と応急仮設住宅――阪神・淡路大震災の経験から」『國民經濟雜誌』二〇八巻三号、一〇五～一一八頁。

大河内一男、一九六九、『戦時社会政策論』大河内一男著作集四巻、青林社。

大澤昭彦、二〇一五、『高層建築物の世界史』講談社現代新書。

大谷基道、二〇一五、「津波被災地における高台移転」小原隆治・稲継裕昭編『震災後の自治体ガバナンス』東洋経済新報社。

大水敏弘、二〇一三、『実証・仮設住宅――東日本大震災の現場から』学芸出版社。

大本圭野編、一九九一、『証言　日本の住宅政策』日本評論社。

大本圭野、一九九四、『日本の住宅政策の歴史的形成過程とその構造的特質に関する研究』神戸大学博士論文。

大本圭野、二〇〇〇、『戦後改革と都市改革――発見された「宅地法」案資料集成』日本評論社。

尾崎一郎、一九九七、「都市的紛争と法」岩村正彦ほか編『都市と法』岩波書店。

小田敬美、二〇一七、「管理組合法人の法人化前の団体の原告適格」鎌野邦樹・花房博文・山野目章夫編『マンション法の判例解説』勁草書房。

小野浩、二〇一四、『住空間の経済史――戦前期東京の都市形成と借家・借間市場』日本経済評論社。

加世田尚子・坪本裕之・若林芳樹、二〇〇四、「東京都江東区におけるバブル期以降のマンション急増の背景とその影響」『総合都市研究』八四号、二五～四二頁。

金本良嗣・藤原徹、二〇一五、『都市経済学（第二版）』東洋経済新報社。

株式会社タス、二〇一六、『賃貸住宅市場レポート　首都圏版　関西圏・中京圏・福岡県版二〇一六年六月』(http://www.tas-japan.com/pdf/news/residential/Vol78_Vol50residential20160630.pdf)。

鎌野邦樹ほか、二〇一四、「ミニシンポジウム　区分所有法制の国際比較」『比較法研究』七六号、一九六～二三七頁。

菊地英明・金子能宏、二〇〇五、「社会保障における住宅政策の位置づけ――福祉国家論からのアプローチ」『海外社会保障研究』一五二号、三～一七頁。

北村喜宣、二〇一五、「空家対策特措法の制定と市町村の空き家対応施策」『論究ジュリスト』一五号、七〇～八〇頁。

北村喜宣、二〇一二、「空き家対策の自治体政策法務（一）」『自治研究』八八巻七号、二一～四七頁。

橘川武郎・粕谷誠編、二〇〇七、『日本不動産業史――産業形成からポストバブル期まで』名古屋大学出版会。

久保倫子、二〇一五、『東京大都市圏におけるハウジング研究――都心居住と郊外住宅地の衰退』古今書院。

厚生行政調査会編、一九四一、『住宅問題の解決――住宅營團並貸家組合とは?』商工行政社。

高層住宅史研究会編、一九八九、『マンション六〇年史――同潤会アパートから超高層へ』住宅新報社。

河野勝、二〇〇二、『制度』東京大学出版会。

国土交通省住宅局、二〇〇九、『既存民間住宅を活用した借上公営住宅の供給の促進に関するガイドライン（案）』(http://www.mlit.go.jp/common/000116309.pdf)。

越澤明、二〇一一、『後藤新平――大震災と帝都復興』ちくま新書。

越澤明、二〇一二、『大災害と復旧・復興計画』岩波書店。

児島達也、一九九九、「阪神・淡路大震災における応急仮設住宅の費用算定に関する研究」神戸大学大学院自然科学研究科修士論文（http://www.arch.kobe-u.ac.jp/~a7o/activity/theses-data/gra-mas/h11_m_kojima.pdf）。

小玉徹、二〇一七、『居住の貧困と「賃貸世代」――国際比較でみる住宅政策』明石書店。

齋藤純子、二〇一三、「公的家賃補助としての住宅手当と住宅扶助」『レファレンス』六三巻一二号、三～二六頁。

齊藤広子・中城康彦、二〇〇九a、「フランスの中古住宅取引における情報と専門家の役割」『都市住宅学』六七号、六二～六七頁。

齊藤広子・中城康彦、二〇〇九b、「英国における中古住宅売買の取引制度と専門家の役割」『日本建築学会技術報告集』一五巻二九号、三〇一～三〇四頁。

齊藤広子・中城康彦・小川清一郎、二〇一〇、「ドイツの中古住宅取引制度と専門家の役割――公証人の役割に注目して」『都市住宅学』七一号、一四～一九頁。

齊藤広子・中城康彦・小川清一郎、二〇一二、「米国カリフォルニア州の住宅取引における住宅・土地・住環境の情報の開示と専門家の役割」『都市住宅学』七九号、一三一～一三九頁。

榊淳司、二〇一六、『マンション格差』講談社現代新書。

鷺永司・熊野稔・平岡透、二〇一五、「コンパクトシティを目指す地方都市の動向と評価に関する研究――富山市と青森市を事例として」『日本建築学会中国支部研究報告集』三八号、七四五~七四八頁。

佐藤岩夫、二〇〇九、「『脱商品化』の視角からみた日本の住宅保障システム」『社会科学研究』六〇巻五・六号、一一七~一四一頁。

佐藤達夫、一九九四、『日本国憲法成立史（第三巻）』有斐閣。

塩崎賢明、二〇〇九、『住宅復興とコミュニティ』日本経済評論社。

塩崎賢明、二〇一三、「復興予算問題が突きつけたもの」平山洋介・斎藤浩編『住まいを再生する――東北復興の政策・制度論』岩波書店。

島本慈子、二〇〇五、『住宅喪失』ちくま新書。

住宅金融公庫編、二〇〇〇、『住宅金融公庫50年史』住宅金融普及会。

邵珮君・室崎益輝、二〇〇一、「台湾地震における住宅復興に関する研究――1年半後の住宅再建の考察について」『地域安全学会論文集』三号、一五七~一六二頁。

砂原庸介、二〇一一、『地方政府の民主主義――財政資源の制約と地方政府の政策選択』有斐閣。

砂原庸介、二〇一二、『大阪――大都市は国家を超えるか』中公新書。

砂原庸介、二〇一六、「災害復興と都市・住宅政策」御厨貴編著『大震災復興過程の政策比較分析――関東、阪神・淡路、東日本三大震災の検証』ミネルヴァ書房。

住田昌二、二〇一五、『現代日本ハウジング史――一九一四~二〇〇六』ミネルヴァ書房。

瀬古美喜、二〇一四、『日本の住宅市場と家計行動』東京大学出版会。

曽我謙悟、二〇〇五、「都市計画と制度・経済・政治――都道府県データの計量分析」『ノモス』一七号、五三~六八頁。

高村学人、二〇一二、『コモンズからの都市再生――地域共同管理と法の新たな役割』ミネルヴァ書房。

竹井隆人、二〇〇七、『集合住宅と日本人――新たな「共同性」を求めて』平凡社。

田近栄治・宮崎毅、二〇一三、「震災における被災者生活再建支援のあり方――制度の変遷と課題」『季刊社会保障研究』四九巻三号、二七〇～二八二頁。

垂水英司、一九九八、「公的住宅の供給と公的支援策」神戸都市問題研究所編『震災復興住宅の理論と実践』勁草書房。

富田和暁、二〇一五、『大都市都心地区の変容とマンション立地』古今書院。

中川寛子、二〇一五、『解決！空き家問題』ちくま新書。

中澤高志、二〇〇六、「住宅政策改革と大都市圏居住の変容に関する予察――東京大都市圏を中心に」『経済地理学年報』五二号、一～一八頁。

長嶋修、二〇一四、『「空き家」が蝕む日本』ポプラ新書。

中村武生、二〇〇五、『御土居堀ものがたり』京都新聞出版センター。

中山徹、一九九五、『「検証」大阪のプロジェクト――巨大開発の虚像と実像』東方出版。

西川雅史、二〇一一、「乳幼児医療費助成制度の一考察（下）――市町村の制度選択」『青山經濟論集』六二巻四号、八七～一一一頁。

西川雅史・林正義、二〇〇六、「政府間財政関係の実証分析」『フィナンシャル・レビュー』八二号、一九七～二二二頁。

西田奈保子、二〇一五、「仮設住宅と災害公営住宅」小原隆治・稲継裕昭編『震災後の自治体ガバナンス』東洋経済新報社。

西山徳・樋口秀・中出文平・松川寿也、二〇一七、「地方都市での勤労単身世帯の居住実態とまちなか居住の可能性に関する研究」『都市計画論文集』五二巻三号、一〇二一～一〇二八頁。

日本経済新聞社企画調査部・高層住宅研究会、一九八二、『高層マンションの居住者調査結果概略報告書』。

日本住宅協会、一九九五、『昭和の集合住宅史』星雲社。

日本住宅総合センター、二〇〇〇、『米英の借家制度と定期借家の経済分析』(http://www.hrf.or.jp/app/uploadfiles/etc_99610.pdf)。

野澤千絵、二〇一七、『老いる家　崩れる街――住宅過剰社会の末路』講談社現代新書。

原武史、一九九八、『「民都」大阪対「帝都」東京――思想としての関西私鉄』講談社選書メチエ。

原田純孝、二〇〇一、「現代日本の住宅法制と政策論理――イギリス、ドイツ、フランスとの比較の視点から」『住宅・土地問題研究論文集』二三号、一～五九頁。

平山洋介、二〇〇九a、『住宅政策のどこが問題か――「持家社会」の次を展望する』光文社新書。

平山洋介、二〇〇九b、「持家社会のグローバル化について」『都市住宅学』六五号、一一～一四頁。

平山洋介、二〇一三、「『土地・持家被災』からの住宅再建」平山洋介・斎藤浩編『住まいを再生する――東北復興の政策・制度論』岩波書店。

福井秀夫、二〇〇一、『都市再生の法と経済学』信山社。

福田健志、二〇一三、「空き家問題の現状と対策」『調査と情報』七九一号、一～一一頁。

藤森克彦、二〇一〇、『単身急増社会の衝撃』日本経済新聞出版社。

復興庁、二〇一四、『東日本大震災から三年　復興の状況と最新の取組』(http://www.reconstruction.go.jp/topics/main-cat1/sub-cat1-1/20140318_higashinippondaishinsai_fukkoh.pdf)。

本間義人、一九八三、『現代都市住宅政策』三省堂。

本間義人、二〇〇四、『戦後住宅政策の検証』信山社。

増田悦佐、二〇一四、『城壁なき都市文明――日本の世紀が始まる』ＮＴＴ出版。

増永理彦、二〇一二、『ＵＲ団地の公的な再生と活用――高齢者と子育て居住支援をミッションに』クリエイツかもがわ。

松島茂・竹中治堅編、二〇一一、『バブル／デフレ期の日本経済と経済政策　歴史編③　日本経済の記録　時代証言集（オーラル・ヒストリー）』内閣府経済社会総合研究所。

松本恭治、二〇一三、「集合住宅における空き家問題――地方都市から大都市への警告」『都市問題』一〇四巻四号、七九～八九頁。

御厨貴、二〇一六、『戦後をつくる――追憶から希望への透視図』吉田書店。

村辻義信、二〇一二、「マンション建替え法制とその問題点及び建替え実現のための実務上の留意点」浅見泰司・福井秀夫・山口幹幸編著『マンション建替え――老朽化にどう備えるか』日本評論社。

八木寿明、二〇〇七、「今、住宅ローンが変わる――住宅金融公庫から住宅金融支援機構へ」『レファレンス』五七巻一号、三三～四七頁。

安本典夫、二〇一三、『都市法概説（第二版）』法律文化社。

安本典夫・森川憲二、二〇一三、「復興まちづくりと集団移転の事業制度」平山洋介・斎藤浩編『住まいを再生する――東北復興の政策・制度論』岩波書店。

山崎福寿、二〇〇一、『経済学で読み解く土地・住宅問題――都市再生はこう進めよ』東洋経済新報社。

山崎福寿、二〇一四、『日本の都市のなにが問題か』ＮＴＴ出版。

山崎福寿・瀬下博之、二〇一二、「マンションの建替え決議と補償のあり方について」浅見泰司・福井秀夫・山口幹幸編著『マンション建替え——老朽化にどう備えるか』日本評論社。

山本理、二〇一二、「マンション建替えの諸側面　マンション建替えの動向と障害克服の可能性」浅見泰司・福井秀夫・山口幹幸編著『マンション建替え——老朽化にどう備えるか』日本評論社。

山本理奈、二〇一四、『マイホーム神話の生成と臨界——住宅社会学の試み』岩波書店。

横山和輝、二〇一六、『マーケット進化論——経済が解き明かす日本の歴史』日本評論社。

吉原祥子、二〇一七、『人口減少時代の土地問題——「所有者不明化」と相続、空き家、制度のゆくえ』中公新書。

米山秀隆、二〇一五、『限界マンション——次にくる空き家問題』日本経済新聞出版社。

あとがき

本書では、「住宅」という言葉を用いてきたが、言うまでもなく「住宅」は「家」でありそこに住む「家族」と切り離すことができない。思えば、私の家族は東京・大阪を中心に都市を転々と移動しながら「住宅双六」を展開しつつ、他方で持家に行動を制約されてきたところもある。

大阪で会社勤めをしていた父は若いうちに郊外のニュータウンに小さな戸建てを購入し、私はそこで生まれた。その数年後に父は東京に転勤することになり、それから十数年にわたって私たち家族は二つの社宅に住み続けた。その間、購入していた戸建てには祖父母が住んでいたが、しばらくして祖父は亡くなり、その後、当時住んでいた社宅も被害を受けた阪神・淡路大震災のあとに、両親は祖母を引き取って戸建てを処分し、新築の分譲マンションを購入した。

そのマンションを購入したあと、早いうちに祖母が他界し、父は単身赴任で台湾に行き、私は大学進学で東京へと移った。父は台湾から戻っても、大阪・名古屋・東京での交互の赴任が続き、私は大学院に進学して東京に住み続け、さらには地元の大学を出た弟も東京へと来ることになった。

「実家」には母だけが住んで四人家族が別の住宅で四世帯を作るということもあり、東京組は同居するというような対応にもなっていったが、それでも広すぎる「実家」のローンをはじめ住宅費が家計を圧迫してきたことは間違いない。

私が大阪市立大学に就職して関西に戻ってから、その「実家」であるマンションは、新しい家族とともに近くの賃貸住宅に住んでいた私が購入することになった。不動産仲介の事業者にお願いし、市場価格で購入することで、両親は多少の住み替えの原資を得て東京暮らしを始め、私たち家族は民間賃貸から一応の住宅更新を果たしたことになる。しかしながら因果なもので、「実家」が今度は本格的に空き家となる。二年間の在外研究の期間中、条件に合う借り手をうまく見つけることができなかったからである。

序章にある「自分が政治とは関係なく住まいを得た」と思う「長く民間の賃貸住宅を借りた後に、民間の金融機関で住宅ローンを組み、特に政府からの補助金を受けずに中古住宅を購入したような人」は、自分自身の来歴を意識したところがある。しかし政治学を研究するようになった私には、市場での取引だけが全てとは思えず、また福祉国家となったはずの日本において、なぜ自分たちが住宅という生活上どうしても必要なものに多額の費用を払い続けなくてはならないのか、長く疑問を感じてきた。本書の議論はすぐに効果のある解決策を提示するわけではないが、本書で論じた「制度」としての持家社会が住宅にかかる費用を増やしてしまうこと、そして住宅の所有に特別の意味を持たせてしまうことは、自分自身の抱えてきた疑問に対する答えでもある。

在外研究のために滞在するバンクーバーは、住宅と政治について関心を持つ研究者には極めて刺激的な都市である。特に二〇一五年以降の住宅価格の高騰のために、入手可能な住宅（affordable housing）を求める市民の声は強く、住宅政策がテレビや新聞で報道されない日はないと言っていい。もちろん、滞在中に行われたブリティッシュコロンビア州議会選挙では、それが常に第一の争点であった。入手可能な住宅を供給することは政治の責任であり、それを前提に政策の議論が行われているのを見ることは、そうあるべきだとは思いつつも新鮮な経験であった。

とはいえ住むとなると、賃貸住宅は供給が限られて家賃は高騰しており、現地に知人もいない短期滞在者が賃貸住宅の契約をするのは苦労した。しかし、ほとんど家賃が相対的に安いというだけの理由で住み始めた住宅は、移民を集めて人口を増加させるバンクーバーの（再）開発のフロンティアというべき地域にあり、伝統的に多い中国系の移民だけではなく、インド・フィリピン・ブラジルなどから新たに移民としてやってくる人々が多かった。そこでの経験は、発展する都市における移民と住宅というテーマが将来の研究課題としていかに魅力的なものであるかを教えてくれるものだった。

一年数カ月が経ったあと、予期しないトラブルで、その借家を二カ月以内に明け渡すように家主に言われた。借家人保護の強い日本では考えられないが、ともかく新しい家を探すものの、一年末満の契約しかできないことや、子どもの小学校への通学の利便性を考えると、転居可能な物件は極めて限定されていた。結局そのうちのひとつに落ち着くことができたものの、それを決めるまでたかだか数日の間でも非常に強いストレスを感じる日々が続いたことは忘れられない。

本書では、強すぎる借り手保護を弱めるべきだと論じたが、それは保護をなくしてしまうこととは異なる。日本においても国外からの移民が増えるようになっている中で、従来とは異なるかたちで借り手の保護を考えていくことは避けられないだろう。市場の機能を活かそうとすることと、政治の機能を通じて住まいという人々の生活に最も重要なものを保護することは、決して両立しないものではなく、バランスの問題として議論できることだと信じている。

本書を執筆したきっかけは、ミネルヴァ書房のPR誌「究」への連載の依頼を受けたことである。率直に言って、五〇〇〇字程度のまとまりのある文章を二年に渡って毎月書くという作業は本当に苦行というもので、何度かやめたくなるときはあったが、一冊の本の原稿を用意するには効率的なしくみではある。その一般向けの連載をもとにすることになった本書は、純然たる研究書というわけではないが、先行研究とデータに頼りながら日本における住宅と政治の全体像を描こうとするものになったと思う。自分自身の研究という意味では中間報告的な位置付けでもあり、本書で論じたものの十分ではない部分について、これからも新たなデータを集めながら継続的に研究を続けていきたいと考えている。

「究」の連載は、大阪市立大学から大阪大学に移り、住宅についての研究を始めた二〇一四年の末に、他の仕事でご一緒した安宅美穂さんからご依頼を受け、手探りで執筆を始めることになった。安宅さんが連載開始前に退職されたため、連載は大木雄太さんの支援を得た。紙幅の決まった原稿で、こちらの面倒なお願いにも柔軟に応えてくださり、二〇一六年八月からのバンクーバーと日本とのやり取りもスムーズに進めていただいた。加筆修正した原稿がほぼ完成した二〇一七年末に今度は大木さんが退職されて、書籍化は堀川健太郎さんにお願いすることになった。お忙しい中、校正の過程では極めて適切な指摘を用意され、こちらの無理なお願いにも対応してくださっていることに心から感謝したい。また、行き届いた校正の仕事をしてくださった深田和子さんにもお礼申し上げたい。

連載の、そして本書の原型となったのは、二〇一四年度に行われた首都大学東京での「都市政治論」の集中講義である。住宅の研究を始めたばかりで、その準備は個人的にも苦労した記憶はあるが、授業を通じてこのテーマで研究を続けることの重要性を確信することができた。当時の受講生の皆さんの他、講義の依頼をくださった大杉覚先生、集中講義の期間中に何かと話し相手になってくださった伊藤正次先生、河野有理先生、谷口功一先生、松井望先生にお礼申し上げたい。また、この集中講義と並行するかたちで、二〇一四年度の大阪大学政治学ゼミでは、住宅・都市と政治をテーマとした演習を行った。ゼミの受講生にはそれぞれのリサーチを踏まえて論文を書いてもらったが、いずれも本当に質の高いもので、むしろ私が刺激を受けることが多く、そこでの議論の一部が本書にも反映されている。参加してくれた受講生の皆さんには改めてお礼を申し上げたい。なお、本書第5章の後半は五百旗頭真先生を研究代表者とする科学研究費助成事業の成果として公刊された論文（「災害復興と都市・住宅政策」御厨貴編著『大震災復興過程の政策比較分析』ミネルヴァ書房）を基にするものである。プロジェクトのリーダーであった御厨貴先生をはじめ、研究発表の場でコメントをくださった参加者の皆様にもお礼を申し上げる。

連載が終わり、書籍化に向けて多くの加筆修正を行ったが、その際に何人かの方々からコメントをいただいた。もう一〇年以上一緒に研究を続けている曽我謙悟先生は、今回も貴重なコメントをくださった。日本では、住宅と政治について研究する研究者が多いとは言えず、研究の意義について悩むこともあるが、曽我先生が関心を共有し、常に背中を押してくださったことで、新たな研究に向かうことができた。また、面識がないにもかかわらず、草稿を読んで欲しいという突然のお願いを快くお引き受けくださった国土交通省の三善由幸さんが、実務家として、また経済学の研究者としての観点から重要なコメントをくださったことにも感謝したい。そして、長年の友人である内山貴之さんと根津修二さんが、連載中から内容について相談に乗り、本書がどのように読まれるかについてアドバイスをくださったことにも感謝している。

バンクーバーでの在外研究という貴重な経験を積むことができたのは、研究科長の大西裕先生をはじめとする神戸大学大学院法学研究科の支援のおかげである。着任早々の在外研究をお許しいただいた研究科の先生方に改めて感謝を申し上げたい。また、滞在先のブリティッシュコロンビア大学への紹介の労をおとりくださった竹中治堅先生、受け入れ教員として素晴らしい研究環境を提供してくださったアジア研究所のイブ・ティベルギアン（Yves Tiberghien）先生、そして日本研究センターの松井茂記先生とデイビッド・エディントン（David Edington）先生を始めとする皆さまにお礼を申し上げる。

バンクーバーで私たち家族を支えてくださった皆さん、とりわけヘンリー・ウォン（Henry Wong）さん、ペニー・ウォン（Penny Wong）さん、カシアノ・フェルナンデス（Cassiano Fernandes）さん、カーラ・カルヴァーリョ（Carla Carvalho）さん、小島正裕さん、小島優子さん、塩田良介さん、塩田由樹子さん、長江大介さん、長江真菜さんの友情と誠実さには心から感謝している。私にとって、彼らなしのバンクーバーでの生活を想像することはできない。同世代の子どもを持つ親として共感するだけではなく、友人として彼らと一緒に過ごした時間は何にも増して貴重で、彼らから学ぶことは本当に多かった。在外研究の終了とともにバンクーバーを離れなくてはならないのは寂しい限りだが、これから新たなかたちでの交流が始まると信じている。

自分が子どもを持つ身になると、家族のための住宅にどれだけ費用がかかるか、そして東京でのひとり暮らしを許すのがいかに大変かよく分かる。遠く離れたバンクーバーでの生活に至るまで、支援を惜しまずにいてくれた父・繁雄と母・るみ子には改めて感謝している。妻の瑞穂は、生活における喜びと苦さを共有するパートナーであり、当然ながら私が住宅について考えるときの一番の話し相手である。英語が上手で社交的な彼女と一緒にバンクーバーに来たおかげで、私ひとりではできない様々な経験をすることができた。長男の諒と次男の大知には、突然の海外生活という大きな戸惑いを与えてしまったが、彼らが努力して現地の学校に参加していくのを見るのは誇らしくもあり、自分も仕事を頑張らなくてはと思わせてくれる活力となってきた。同じ住宅でともに歩んできた家族に対して改めて心から感謝を述べるとともに、本書を捧げたい。

二〇一八年三月

バンクーバーの寓居にて

砂原庸介

付記

本書は以下に挙げる科学研究費助成事業の成果のひとつとして出版される。記して感謝したい。

「政治制度が住宅を中心とした都市政策に与える影響の分析」（基盤研究（C）、研究課題／領域番号16K03470、二〇一六〜一八年度）、研究代表者：砂原庸介

「関東、阪神・淡路、東日本の三大震災の復旧・復興過程に関する政治学的比較研究」（基盤研究（B）、研究課題／領域番号25285049、二〇一三〜一五年度）、研究代表者：五百旗頭真

「東日本大震災における復興の総合的研究――まちの復興、生活の再建、生業の復活を中心に」（基盤研究（B）、研究課題／領域番号16H03586、二〇一六〜一八年度）、研究代表者：五百旗頭真

や・ら・わ行

た　行

な　行

は　行

ま　行

さ　行

索　引

あ　行

か　行

《著者紹介》

砂原庸介（すなはら・ようすけ）

1978年 大阪府生まれ。
2006年 東京大学大学院総合文化研究科国際社会科学専攻博士後期課程単位取得退学。
2009年 博士（学術）。
大阪市立大学大学院法学研究科准教授，大阪大学大学院法学研究科准教授，神戸大学大学院法学研究科准教授を経て，ブリティッシュコロンビア大学アジア研究所客員准教授（2016年 8 月～2018年 8 月）。
現　在 神戸大学大学院法学研究科教授。
主　著 『地方政府の民主主義』有斐閣，2011年。
『大阪』中公新書，2012年，第35回サントリー学芸賞受賞。
『民主主義の条件』東洋経済新報社，2015年。
『分裂と統合の日本政治』千倉書房，2017年，第17回大佛次郎論壇賞受賞，ほか。

叢書・知を究める⑫
新築がお好きですか？
――日本における住宅と政治――

2018年 7 月20日　初版第 1 刷発行　〈検印省略〉

定価はカバーに
表示しています

著　者　砂　原　庸　介
発行者　杉　田　啓　三
印刷者　田　中　雅　博

発行所　株式会社　ミネルヴァ書房

607－8494　京都市山科区日ノ岡堤谷町 1
電話代表（075）581－5191
振替口座 01020－0－8076

創栄図書印刷・新生製本

ISBN978-4-623-08366-4
Printed in Japan